21世纪高等学校计算机教育实用规划教材

现代教育技术教程

范官军 杨强 主编
徐小利 陆峰 彭文秀 周汝瑞 宦成林 魏登峰 副主编

清华大学出版社
北京

内 容 简 介

本书旨在提高师范生的教育技术应用能力，帮助读者了解现代教育技术的相关知识，熟悉信息技术支撑下的各种教学与学习环境，能对基于各种信息化环境的教学进行设计并实施，掌握信息技术与课程整合的方法，并具备一定的信息化教学资源的设计与开发的能力。本书的主要内容包括教育技术概述、现代教育技术与教师专业化发展、信息化教学设计、多媒体课件制作、信息技术和课程整合概述及各学科整合案例、现代教育技术环境与系统等。

本书封面贴有清华大学出版社防伪标签，无标签者不得销售。
版权所有，侵权必究。举报：010-62782989，beiqinquan@tup.tsinghua.edu.cn。

图书在版编目(CIP)数据

现代教育技术教程/范官军，杨强主编. —北京：清华大学出版社，2015(2025.2重印)
(21世纪高等学校计算机教育实用规划教材)
ISBN 978-7-302-39604-8

Ⅰ. ①现… Ⅱ. ①范… ②杨… Ⅲ. ①教育技术学－高等学校－教材 Ⅳ. ①G40-057

中国版本图书馆CIP数据核字(2015)第049761号

责任编辑：黄 芝 李 晔
封面设计：常雪影
责任校对：时翠兰
责任印制：沈 露

出版发行：清华大学出版社
网　　址：https://www.tup.com.cn, https://www.wqxuetang.com
地　　址：北京清华大学学研大厦A座
邮　　编：100084
社 总 机：010-83470000
邮　　购：010-62786544
投稿与读者服务：010-62776969, c-service@tup.tsinghua.edu.cn
质量反馈：010-62772015, zhiliang@tup.tsinghua.edu.cn
课件下载：https://www.tup.com.cn, 010-83470236

印 装 者：涿州市般润文化传播有限公司
经　　销：全国新华书店
开　　本：185mm×260mm
印　　张：15.75
字　　数：379千字
版　　次：2015年8月第1版
印　　次：2025年2月第11次印刷
印　　数：9101～9600
定　　价：49.80元

产品编号：050527-02

出版说明

随着我国高等教育规模的扩大以及产业结构调整的进一步完善,社会对高层次应用型人才的需求将更加迫切。各地高校紧密结合地方经济建设发展需要,科学运用市场调节机制,合理调整和配置教育资源,在改革和改造传统学科专业的基础上,加强工程型和应用型学科专业建设,积极设置主要面向地方支柱产业、高新技术产业、服务业的工程型和应用型学科专业,积极为地方经济建设输送各类应用型人才。各高校加大了使用信息科学等现代科学技术提升、改造传统学科专业的力度,从而实现传统学科专业向工程型和应用型学科专业的发展与转变。在发挥传统学科专业师资力量强、办学经验丰富、教学资源充裕等优势的同时,不断更新教学内容、改革课程体系,使工程型和应用型学科专业教育与经济建设相适应。计算机课程教学在从传统学科向工程型和应用型学科转变中起着至关重要的作用,工程型和应用型学科专业中的计算机课程设置、内容体系和教学手段及方法等也具有不同于传统学科的鲜明特点。

为了配合高校工程型和应用型学科专业的建设和发展,急需出版一批内容新、体系新、方法新、手段新的高水平计算机课程教材。目前,工程型和应用型学科专业计算机课程教材的建设工作仍滞后于教学改革的实践,如现有的计算机教材中有不少内容陈旧(依然用传统专业计算机教材代替工程型和应用型学科专业教材),重理论、轻实践,不能满足新的教学计划、课程设置的需要;一些课程的教材可供选择的品种太少;一些基础课的教材虽然品种较多,但低水平重复严重;有些教材内容庞杂,书越编越厚;专业课教材、教学辅助教材及教学参考书短缺,等等,都不利于学生能力的提高和素质的培养。为此,在教育部相关教学指导委员会专家的指导和建议下,清华大学出版社组织出版本系列教材,以满足工程型和应用型学科专业计算机课程教学的需要。本系列教材在规划过程中体现了如下一些基本原则和特点。

(1) 面向工程型与应用型学科专业,强调计算机在各专业中的应用。教材内容坚持基本理论适度,反映基本理论和原理的综合应用,强调实践和应用环节。

(2) 反映教学需要,促进教学发展。教材规划以新的工程型和应用型专业目录为依据。教材要适应多样化的教学需要,正确把握教学内容和课程体系的改革方向,在选择教材内容和编写体系时注意体现素质教育、创新能力与实践能力的培养,为学生知识、能力、素质协调发展创造条件。

(3) 实施精品战略,突出重点,保证质量。规划教材建设仍然把重点放在公共基础课和专业基础课的教材建设上;特别注意选择并安排一部分原来基础比较好的优秀教材或讲义修订再版,逐步形成精品教材;提倡并鼓励编写体现工程型和应用型专业教学内容和课程体系改革成果的教材。

（4）主张一纲多本，合理配套。基础课和专业基础课教材要配套，同一门课程可以有多本具有不同内容特点的教材。处理好教材统一性与多样化，基本教材与辅助教材，教学参考书，文字教材与软件教材的关系，实现教材系列资源配套。

（5）依靠专家，择优选用。在制订教材规划时要依靠各课程专家在调查研究本课程教材建设现状的基础上提出规划选题。在落实主编人选时，要引入竞争机制，通过申报、评审确定主编。书稿完成后要认真实行审稿程序，确保出书质量。

繁荣教材出版事业，提高教材质量的关键是教师。建立一支高水平的以老带新的教材编写队伍才能保证教材的编写质量和建设力度，希望有志于教材建设的教师能够加入到我们的编写队伍中来。

21世纪高等学校计算机教育实用规划教材编委会

联系人：魏江江 weijj@tup.tsinghua.edu.cn

前　言

21世纪人类社会已经进入了信息化社会时代，信息技术全面介入教育领域引发了教育理念、教育方法和教育组织形式等方面的变革。现代教育技术能力作为教育教学能力的重要组成部分，是教师必须具备的重要素质。因此，应在教育技术能力上大力培养高等院校师范专业的学生，使得这些未来的教师们成为以现代教育思想与现代教育技术武装起来的新型教师，进而推进我国的基础教育事业向前发展。

国家教育部于2004年12月25日颁布《中小学教师教育技术能力标准（试行）》（下称"标准"）。"标准"中对中小学教师教育技术能力的培养从"意识与态度"、"知识与技能"、"应用与创新"、"社会责任"四个方面提出了具体的要求。师范生是未来教师的主要来源，教育技术能力成为师范生培养的重要内容之一。本书是以"标准"为基本依据，并结合作者近年来在现代教育技术公共课教学中师范生教育技术能力培养的实践上取得的成果和积累的相关资料的基础上编写而成。编写过程中，作者梳理了当前师范生对教育技术知识的需求，借鉴了国内外同类教材的内容编排，尝试着对教育技术公共课的课程教学内容体系进行了重新构建。

本书旨在提高师范生的教育技术应用能力，帮助学习者了解现代教育技术的相关知识；熟悉信息技术支撑下的各种教学与学习环境；能对基于各种信息化环境的教学进行设计并实施；掌握信息技术与课程整合的方法；并具备一定的信息化教学资源的设计与开发的能力；从而成为未来教育改革的预备队与生力军。全书共分9章，主要内容包括：教育技术概述、现代教育技术与教师专业化发展、信息化教学设计、多媒体课件制作、信息技术和课程整合概述及各学科整合案例、现代教育技术环境与系统等。

本书具有以下特色。

（1）将理论与实践相结合。本书主要围绕当前各学科信息技术与课程整合的实际需要进行编写，侧重于突出现代教育技术在教学中的具体应用。

（2）针对性强。针对"标准"中的要求，着重于对师范生教育技术能力的培养。

（3）讲练结合。符合教师授课的需要，为每一部分都设计了教学目标，相应的实践项目、思考与练习等内容。

本书由范官军、杨强任主编。第1章和第2章由杨强、范官军编写；第3章由徐小利、魏登峰编写；第4章和第5章由周汝瑞编写；第6章和第9章及附录由陆峰编写；第7章和第8章由彭文秀、宦成林编写。全书由范官军统稿。

本书在编写过程中参考了大量的研究资料,其中的主要资料已在"参考文献"部分中列出,如有遗漏,恳请原谅,在此对这些资料的作者表示感谢。在本书的出版过程中,得到了清华大学出版社的大力支持与帮助,在此同样表示衷心的感谢。

希望本书的出版,能对广大从事"现代教育技术"公共课教学的教师,各级各类学校的一线教师和教育技术从业者有所帮助。由于作者学识与经验有限,书中谬误之处在所难免,请读者不吝赐教。

编 者
2015 年 3 月

目 录

第 1 章　教育技术概述 ··· 1

1.1　教育技术基本概念 ··· 1
  1.1.1　技术 ··· 1
  1.1.2　教育 ··· 2
  1.1.3　教育技术 ··· 2
  1.1.4　现代 ··· 8
  1.1.5　现代教育技术 ··· 9
  1.1.6　教育技术学 ··· 10
  1.1.7　电化教育（信息化教育）·· 10
1.2　现代教育技术的产生与发展 ·· 11
  1.2.1　国外教育技术的产生和发展 ·· 11
  1.2.2　我国教育技术的发展 ··· 14
1.3　现代教育技术的发展趋势 ··· 15
  1.3.1　网络化 ··· 15
  1.3.2　多媒体化 ·· 16
  1.3.3　愈来愈强调教育技术应用模式的多样化 ································· 16
  1.3.4　虚拟现实技术的应用 ··· 17
  1.3.5　愈来愈重视人工智能在教育中应用的研究 ····························· 17
  1.3.6　愈来愈重视教育技术理论基础的研究 ··································· 17
  1.3.7　绩效技术 ·· 18
思考与练习 ·· 18

第 2 章　现代教育技术与教师专业化发展 ································· 19

2.1　教师教育技术能力要求 ·· 19
  2.1.1　信息时代呼唤学习能力发展与创新人才培养 ·························· 19
  2.1.2　信息技术驱动教育变革 ··· 21
  2.1.3　信息时代呼唤教师角色转换 ··· 23
  2.1.4　信息时代的教师教育技术能力要求 ······································ 24
2.2　信息时代的师范生信息素养教育 ·· 27
  2.2.1　信息素养的概念 ··· 27

  2.2.2 师范生信息素养的培养 …………………………………… 28
 2.3 现代教育技术促进教师专业化发展 ………………………………… 31
  2.3.1 教师专业化与教师专业发展 ………………………………… 31
  2.3.2 运用现代教育技术促进教师专业化发展 …………………… 32
  2.3.3 教师进行教育技术课题研究深化教师专业化发展 ………… 33
 思考与练习 ……………………………………………………………………… 36

第3章 信息化教学设计 ……………………………………………………… 37

 3.1 教学设计概述 ………………………………………………………… 37
  3.1.1 教学设计的含义 ……………………………………………… 37
  3.1.2 教学设计的应用层次 ………………………………………… 38
  3.1.3 教学设计的一般过程 ………………………………………… 39
 3.2 信息化教学设计的过程与方法 ……………………………………… 48
  3.2.1 信息化教学设计的基本原则 ………………………………… 48
  3.2.2 信息化教学设计过程模式 …………………………………… 49
  3.2.3 信息化教学设计的成果 ……………………………………… 58
  3.2.4 信息化教学设计的评价 ……………………………………… 58
  3.2.5 信息化教学设计应用典范——英特尔®未来教育
     (Intel Teach to The Future) ………………………………… 59
 3.3 信息化教学评价 ……………………………………………………… 60
  3.3.1 信息化教学评价与传统教学评价 …………………………… 60
  3.3.2 信息化教学评价的原则 ……………………………………… 61
  3.3.3 信息化教学评价工具 ………………………………………… 62
 思考与练习 ……………………………………………………………………… 65

第4章 多媒体素材的获取 ……………………………………………………… 66

 4.1 文本媒体处理 ………………………………………………………… 66
  4.1.1 文字的来源 …………………………………………………… 66
  4.1.2 文字的编辑与保存 …………………………………………… 71
 4.2 图形和图像媒体处理 ………………………………………………… 71
  4.2.1 图形和图形文件格式 ………………………………………… 72
  4.2.2 图像和图像处理 ……………………………………………… 74
  4.2.3 图像信息的获得 ……………………………………………… 76
  4.2.4 图像信息的加工处理 ………………………………………… 77
 4.3 声音媒体处理 ………………………………………………………… 79
  4.3.1 声音信息的获得 ……………………………………………… 79
  4.3.2 声音信息的存储 ……………………………………………… 80
  4.3.3 声音信息的加工处理 ………………………………………… 80
 4.4 动画媒体处理 ………………………………………………………… 81

4.4.1　动画信息的存储 ··· 81
　　4.4.2　动画的制作 ··· 81
4.5　视频媒体处理 ··· 82
　　4.5.1　视频信息的存储 ··· 82
　　4.5.2　视频信息的采编 ··· 83
思考与练习 ·· 83

第 5 章　多媒体课件的设计 84

5.1　多媒体课件的类型及特点 ·· 84
　　5.1.1　课件的结构类型 ··· 84
　　5.1.2　课件的教学类型 ··· 84
5.2　个别辅导型课件 ··· 85
　　5.2.1　教学过程及教学特点 ·· 85
　　5.2.2　课件的结构 ··· 85
5.3　操练与练习型课件 ··· 86
　　5.3.1　教学过程及教学特点 ·· 87
　　5.3.2　课件的结构 ··· 87
5.4　模拟型课件 ·· 88
　　5.4.1　教学过程及教学特点 ·· 88
　　5.4.2　课件的结构 ··· 89
5.5　游戏型课件 ·· 90
　　5.5.1　教学过程及教学特点 ·· 90
　　5.5.2　课件的结构 ··· 91
5.6　咨询型课件 ·· 91
　　5.6.1　教学过程及教学特点 ·· 92
　　5.6.2　课件的结构 ··· 92
5.7　第二代教学软件——积件 ·· 92
思考与练习 ·· 94

第 6 章　多媒体课件制作 95

6.1　多媒体课件制作概论 ··· 95
　　6.1.1　多媒体及多媒体技术 ·· 95
　　6.1.2　多媒体课件 ··· 97
　　6.1.3　多媒体课件设计与制作 ··· 99
6.2　PowerPoint 多媒体课件制作 ··· 100
　　6.2.1　PowerPoint 操作基础 ·· 101
　　6.2.2　演示文稿的外观风格设置 ·· 102
　　6.2.3　多媒体对象元素的使用 ··· 104
　　6.2.4　课件导航与超链接 ·· 110

6.2.5　动画效果的使用…………………………………………………112
　　　6.2.6　创建课件…………………………………………………………114
　6.3　Flash 交互式多媒体课件制作……………………………………………116
　　　6.3.1　Flash MX 2004 使用基础………………………………………117
　　　6.3.2　动画的制作………………………………………………………122
　　　6.3.3　课件制作…………………………………………………………124
　6.4　网络课件制作简介…………………………………………………………129
　　　6.4.1　Dreamweaver 使用基础…………………………………………129
　　　6.4.2　创建网页型课件…………………………………………………134
　6.5　Authorware 多媒体课件制作………………………………………………137
　　　6.5.1　Authorware 基础…………………………………………………137
　　　6.5.2　Authorware 中结构化设计课件模板……………………………143
　思考与练习…………………………………………………………………………149

第 7 章　信息技术和课程整合概述……………………………………………150

　7.1　信息技术与课程整合的定义………………………………………………150
　7.2　信息技术与课程整合的目标………………………………………………151
　7.3　信息技术与课程整合的具体方式…………………………………………152
　7.4　信息技术和课程整合教学模式……………………………………………154
　　　7.4.1　什么是教学模式…………………………………………………154
　　　7.4.2　教学模式的结构…………………………………………………155
　　　7.4.3　信息技术与课程整合教学模式…………………………………156
　思考与练习…………………………………………………………………………156

第 8 章　信息技术和课程整合案例……………………………………………157

　8.1　信息技术与语文课程整合…………………………………………………157
　　　8.1.1　信息技术与语文课程整合概述…………………………………157
　　　8.1.2　信息技术与语文课程整合案例…………………………………159
　8.2　信息技术与数学课程整合…………………………………………………163
　　　8.2.1　信息技术与数学课程整合概述…………………………………163
　　　8.2.2　信息技术与数学课程整合案例…………………………………164
　8.3　信息技术与英语课程整合…………………………………………………168
　　　8.3.1　信息技术与英语课程整合概述…………………………………168
　　　8.3.2　信息技术与英语课程整合案例…………………………………170
　8.4　信息技术与物理课程整合…………………………………………………175
　　　8.4.1　信息技术与物理课程整合概述…………………………………175
　　　8.4.2　信息技术与物理课程整合案例…………………………………176
　8.5　信息技术与思想政治课程整合……………………………………………179
　　　8.5.1　信息技术与思想政治课程整合概述……………………………179

  8.5.2 信息技术与思想政治课程整合案例 ……………………………… 181
 8.6 信息技术与历史课程整合 …………………………………………………… 184
  8.6.1 信息技术与历史课程整合概述 ………………………………… 184
  8.6.2 信息技术与历史课程整合案例 ………………………………… 185
 8.7 信息技术与美术课程整合 …………………………………………………… 188
  8.7.1 信息技术与美术课程整合概述 ………………………………… 188
  8.7.2 信息技术与美术课程整合案例 ………………………………… 190
 8.8 信息技术与音乐课程整合 …………………………………………………… 192
  8.8.1 信息技术与音乐课程整合概述 ………………………………… 192
  8.8.2 信息技术与音乐课程整合案例 ………………………………… 194
 8.9 信息技术与体育课程整合 …………………………………………………… 197
  8.9.1 信息技术与体育课程整合概述 ………………………………… 197
  8.9.2 信息技术与体育课程整合案例 ………………………………… 200
 思考与练习 …………………………………………………………………………… 202

第 9 章 现代教育技术环境与系统 ……………………………………………… 204

 9.1 多媒体教室及多媒体网络教学系统 ……………………………………… 204
  9.1.1 多媒体教室 ………………………………………………………… 204
  9.1.2 多媒体教室系统组成 …………………………………………… 206
  9.1.3 多媒体教室的使用 ……………………………………………… 210
  9.1.4 多媒体教室的发展趋势 ………………………………………… 211
  9.1.5 多媒体网络教学系统 …………………………………………… 213
 9.2 微格教学系统 ………………………………………………………………… 215
  9.2.1 微格教学 …………………………………………………………… 215
  9.2.2 微格教学系统的组成与使用 …………………………………… 217
  9.2.3 微格教学实践与评价 …………………………………………… 221
  9.2.4 微格教学训练基本内容 ………………………………………… 223
 思考与练习 …………………………………………………………………………… 224

附录 A　微格教学技能评价量表 ……………………………………………………… 225

附录 B　微格教学技能训练实验效果评价量表 …………………………………… 231

参考文献 ………………………………………………………………………………… 234

第 1 章 教育技术概述

学习目标：
1. 理解教育技术和现代教育技术的基本概念。
2. 了解现代教育技术的发展趋势，并时刻关注现代教育技术的发展方向和最新研究热点。

现代教育技术作为专业化教师必备的职业技能，值得每一位教师学习和研究。正确而高效地使用现代教育技术，将有利于提高教师专业化水平、优化教学过程、提高教学质量。在实践中，需要正确认识和理解现代教育技术的内涵，避免由于对现代教育技术的认识不足，造成对现代教育技术的错误理解，从而使教育技术在教育教学领域的应用受到阻碍。

1.1 教育技术基本概念

对现代教育技术的认识与理解，需要不断观察其客观本质，从而正确理解其内涵。认识"现代教育技术"，理解其内涵，将要对"现代"、"教育"和"技术"三个词进行分析，并在此基础上厘清与"现代教育技术"相关的几个术语，下面分别进行阐述。

1.1.1 技术

广义的技术是指人类在改造自然、改造社会和改造人自身时所应用的一切手段、方法和知识等活动方式的总和。至少包括三个不同的内容：

（1）制造工具、机器、各种用途的货物和日常用品的生产技术，即与物质性、经济性的生产相关的技术。

（2）建立并规定社会和组织关系的组织技术或社会技术，如法律等。

（3）精神技术。在专门的科学部门，在哲学、语言和艺术创作中都会使用到这些技术。它们给我们提供处理问题的模式，借助这种技术，我们才能对世界、对人类以及我们自身有所了解，才能把握其间的意义和价值。

马克思认为技术的本质乃是人的本质的外化。技术作为人的创造物，它的本质不过是人的本质力量的对象化。正如人的本质不是具体的抽象物一样，技术的本质不是某些抽象物，它实际上体现的是一种关系，一方面体现人与自然界之间的一种客观的物质、能量和信息的交换过程；另一方面反映技术形态中人与人及人与社会的关系。

《技术史》（辛格、威廉斯等）中对技术下的定义是，技术是为了满足人类的需求而改变物质世界的活动。认为"技术属于制（making）和作（doing）范畴，是人工化的物质变换、能量转化和信息处理的手段和方法,并非一切手段和方法都是技术,技术有知识形态(包括 Know-how)的要素及表现、物质形态(包括机器)的要素及表现与工艺形态(包括技能)的要素及表现"。这进一步给出了技术的三个基本特征:一是功能特征,技术是物质、能量、信息的人工化转换,人工化是 doing 和 making 的实践行为和过程;二是社会目的特征,即技术是人们为了满足自己的需要而进行的加工制作活动,这也是技术作为过程的特征;三是内部特征,即认为技术是实体性因素(工具、机器、设备等)、智能性因素(知识、经验、技能等)和协调性因素(工艺、流程等)组成的体系。因此,从技术系统看,不能把它仅仅归结为"实物",或把它仅仅归纳为"知识",而是包含将技术作为"过程"的理解。

《自然辩证法百科全书》定义技术为:"人类为了满足社会需要依靠自然规律和自然界的物质、能量和信息来创造、控制、应用和改进人工自然系统的手段和方法。"

技术的本质不可能用一句话完整地进行表述。要准确地理解它,需要综合各种论述以及根据自己对所处自然社会中的各种"技术"的直接观察和思考而得出。一般说来,对技术(technique)的本质可理解如下。

(1) 技术是人创造出来的。

(2) 技术是为了满足人的需求(社会的或个人的)而根据事物发展规律和真理总结和选择出来的某种活动。

(3) 技术能将物质、能量和信息进行人工转化。

(4) 技术是人与自然、人与社会的中介关系,人通过技术作用于自然和社会,自然和社会也通过技术反作用于人。因此,技术是实现实践活动的必需。

(5) 技术有实体形式(如工具、机器等),有智慧形式(如知识、经验、技能等),有系统形式(如技术流程,技术实现环境等)。

(6) 技术是人创造、控制、应用和改进人工自然系统的手段和方法。

1.1.2 教育

教育是人类社会一种复杂的活动,教育的本质可以理解为。

(1) 教育是社会活动中的一种,它与其他的社会活动复杂相关。

(2) 教育是与社会中的人直接相关的一种活动,与社会中人的发展和社会的发展是直接相关的。

(3) 教育在微观上是为社会人的发展服务的;在中观上是为由人组成的团体(如国家、社会)的发展而服务的;在宏观上是为人类社会服务的。而人的发展构成并服务于社会的发展,社会的发展为人的发展提供前提条件并干预人的发展,二者紧密联系。

(4) 教育是作为自然的人的本质的一种表现形式,是将地球上自然的人与地球上其他生物区分开来的一种特有的活动形式。

(5) 教育本身是一种技术活动,因为技术是人与社会在实践中自觉采取的、经过选择的活动。

1.1.3 教育技术

教育技术中的"技术"在广义上和其他的技术具有相同的本质,即技术的一般本质(或普遍本质),而一旦将"技术"放在教育活动中看待,"技术"就有了"教育"的烙印,教育中的"技术"有着跟其他所有的技术所不同的、可以跟其他技术区分开来的"技术特性",即教育中技术的本质属性。根据上述对"技术"的本质和"教育"的本质的阐述,对"教育技术"的"技术特征"给出如下解释。

(1) 教育(educate,动词)本身属于一种技术活动,因此教育技术的"技术(technology)"实际上就是教育活动的具体实现形式。

(2) "技术"(technology)是为"教育"服务的技术。"教育"是对"技术"的限定词。

(3) 教育技术的"技术"有多种呈现形式。有实体形式,如多媒体教室设备、语言实验室设备、移动学习PDA、电子白板、人工智能人机芯片等;有智慧形式,如中小学教师教学规范用语集合,启发、开导、组织、教学引入的方法、手段、技巧等,有系统形式,如虚拟教学系统(包含硬件设备、软件,其软件指教学内容、教学方式、系统支持和管理软件、人与虚拟环境的交互形式等)、智能教学系统、网络教学系统等。

(4) 教育中的"技术"受到人的社会中其他领域的"技术"的影响,同时教育中的"技术"也影响人的社会中其他领域的"技术",它们之间甚至是可以相互转化的。当技术从其他领域转化到教育当中的时候需要为符合教育的本质而进行改造。

(5) 教育技术(一种活动形式)有些时候就是教育(educate)本身,有些时候又是指教育(education)当中为"本位的教育"服务的技术。

(6) 有时技术并不是为某一确定的目的(如教育、商业)而直接开发出来,但经过修改和改进(有可能仅仅是在智慧或系统形式上而不是在硬件或基本技术环境上)。可以为教育教学服务,而成为教育技术。当然也有直接为教育而开发的技术,典型的例子如电子教学用白板(不仅仅是白板本身,还包括白板使用的支持环境、教学中使用的一些支持模块——演示物理实验的软件、教师使用白板的技术方法等),其他的例子还很多,如在军队中广泛使用的模拟坦克和飞机驾驶训练仪等。

(7) 教育技术中的技术是经过"选择"的——这是技术的本质,它符合一定的教育目的,这个目的就是提高教学效率、创造教育机会、揭示教育规律、提高人的绩效、促进人的发展。

(8) "教育技术"的发展是和广泛意义上的"技术"的发展紧密相关的。

(9) "教育技术"和其他的"技术"会不断地融合和分化。

经过上述对教育技术的"技术特性"的认识之后,教育技术(Educational Technology)的本质可描述如下。

(1) 教育技术是为了教育(education)的目的而使用的技术。

(2) 教育技术代表由多种形式为教育服务的各种技术所组成的一个集合。

(3) 教育技术的多种形式表现为:硬件形式(物化形式)与软件形式(智慧形式);系统形式与个体形式;自然形式(技术的自然属性)与社会形式(技术的社会属性)等。

(4) 教育技术的直接作用是提高教育教学效果、提高人的绩效和人的发展。

(5) 教育(educate)本身就是技术的一种活动形式。

(6) 教育技术可以和其他形式的技术相互利用和转化。

1. AECT 1994 定义

1994年,美国教育传播与技术协会(Association of Educational Communication and Technology,AECT)的Seels与Richey合著了《教学技术:领域的定义与范畴》,其中对教育技术概念作出了一个在我国影响较大的定义,国内通常称为"AECT 1994定义"。

Instructional Technology is the theory and practice of design, development, utilization, management and evaluation of processes and resources for learning.

教育技术是为了促进学生的学习，对有关的学习过程与学习资源进行设计、开发、利用、管理和评价的理论和实践。

AECT 1994 教育技术定义中的学习是指由经验引起的行为、知识、能力的相对持久变化。影响并促进学习既是教育技术的出发点，又是最终目的和归宿，教育技术所包含的各个部分都要围绕促进学习来进行，体现了以学习者为中心的思想。

教育技术的研究对象是有关学习过程和学习资源。但这里所说的学习过程（即"AECT 1994 定义"所说的学习过程），根据西尔斯和里奇原著中的本意，是指广义的学习过程，既包括无教师参与的学习过程，也包括有教师参与的学习过程，而有教师参与的学习过程通常又称为"教学过程"，所以，更确切地说，AECT 1994 定义中的广义学习过程，实际是"学与教"的过程，或者说是包括学习过程和教学过程两个方面。"过程"是指为了达到预定学习效果而采取的一系列操作或活动，是一个包括输入、行为和输出的序列。过程通常是程序化的，但不总是这样。当过程由一系列正式的步骤组成时，它是程序化的；当过程顺序不是很有序时，过程就不一定是程序化的。过程的设计是否合理，取决于我们对学习资源、学习内容、学习者的有机安排。学习资源并非仅指用于教学过程的设备和材料，而是指在学习过程中可被学习者利用的一切要素。学习资源有人力资源和非人力资源之分。人力资源包括教师、同伴、小组、群体等；非人力资源包括各种教学设施、教学材料和教学媒体等。这些学习资源既可以单独使用，也可以组合使用。

将 AECT 1994 定义用来观察教育技术实践十分方便。首先，教育技术的目的是为了促进学习。关于学习过程，教育技术改变过去仅以口耳相传的教学方式，将媒体的使用和媒体对信息的传递能力，对学生认知水平的影响，学生的接受效率等因素考虑在内，使教学方法在符合现代教育思想的条件下更充实且更具活力。关于学习资源，教育技术将人、媒体、信息、环境等均看成是帮助和促进学习的可用资源，研究如何使这些资源在学习过程中更好地发挥作用及如何开发更具价值的教学信息资源，这种极具系统论色彩的研究方法使其对问题的探究更深入更彻底。

教育技术的五个范畴，包括设计、开发、利用、管理和评价，它们既是工作过程，也是工作方法，具体含义如图 1.1 所示。

1) 设计

设计是详细说明学习条件的过程，其目的是为了生成策略或产品。这里的设计既包括微观水平的设计，又包括宏观水平的设计。宏观层次设计如教学系统的设计，微观层次的设计如某一课、某一单元的设计或者微观的信息设计。

从设计范畴的理论研究和实际探索的落脚点出发，可将设计范畴分为教学系统设计、信息设计、教学策略和学习者特征四个子领域。其中教学系统设计是一个包括分析、设计、开发、实施和评价教学等步骤的有组织的过程；信息设计主要指运用有关心理学原理来设计传递信息与反馈信息的呈现内容、呈现方式以及人机交互等。信息设计常常与媒体和学习任务的性质有关；教学策略是对具体的教学内容、教学活动程序、方法、媒体等因素的总体考虑；学习者特征是指影响学习过程有效性的学习者经验背景的各个方面，包括智力因素、非智力因素以及文化背景、宗教背景等。

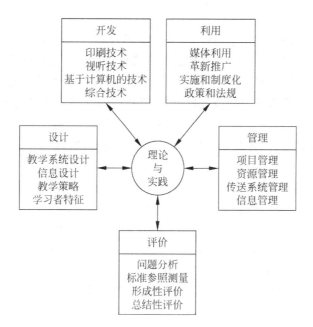

图 1.1 教育技术的五个范畴

2) 开发

开发是指针对学习资源和学习过程,按照事先设计好的方案予以实施将其转化为物理形式的过程。由于技术是开发范畴的驱动力量,从技术发展的历史过程来划分,可将开发范畴分为印刷技术、视听技术、基于计算机的技术和整合技术四个子领域。这种划分并不是简单对技术进行分类,而是基于一定的理论与设计原则对各种开发技术特征的详细阐释。印刷技术是主要通过机械或照相印刷过程制作、发送材料(如书和静态视觉材料)的方法,包括文本、图形和照片等形式的呈示和复制,即文本材料和视觉材料的开发,它们在很大程度上依赖于有关人的视知觉、阅读、信息加工过程以及学习的理论;视听技术是通过机械或电子设备来制作或发送材料以呈现听觉和视觉信息的方法。视听技术能够根据行为主体和认知心理学的原理开发线性动态的视觉信息;基于计算机的技术是利用基于微处理器和有关的教学资源来制作和发送材料的方法。基于计算机的技术通常包括硬件和软件两个方面;随着计算机技术的进一步发展,特别是网络通信、多媒体、数据库、人工智能、专家系统、人机界面技术的进步,基于计算机的教学系统正在朝着集成化方向发展;把信息资源、工具、在线帮助、监测系统、情境、教学和管理等功能都综合在一个系统环境中,这种方法就是整合技术。这种技术的特征是学习者可以在各种信息资源中进行高度的交互活动。

3) 运用

运用是通过教与学的过程和资源来促进学习者学习活动的过程。运用范畴包括四个子领域,即媒体的利用、革新推广、实施和制度化、政策和法规。媒体的利用是对学习资源的系统使用,是依据教学设计方案进行决策的过程。革新推广是为了使改革的成果能被采纳而通过有计划的策略进行传播的过程。实施是组织中的个人对革新成果的合理使用。制度化的目的是要将革新成果整合到整个组织结构中。政策和法规是影响和规范教育技术推广和使用的强制性规则和行为。

4）管理

管理指的是通过计划、组织、协调和监督来控制教学。管理范畴分为项目管理、资源管理、传送系统管理和信息管理四个子领域。项目管理是指计划、监督和控制教学设计和开发项目；资源管理是指计划、监督、控制资源分配以支持系统和服务；传送系统管理包括计划、监督和控制那些组织教学材料分发的方法，是用于向学习者呈现教学信息的媒体和使用方法的组合；信息管理包括计划、监视和控制信息的存储、转换或处理，其目的是为学习提供资源。管理范畴的发展趋势是管理决策将越来越依靠信息。

5）评价

评价是对一个事物价值的确定。在教育技术领域中，它是对计划、产品、项目、过程、目标或课程的质量、有效性或价值的正式确定。评价范畴包括问题分析、标准参照测量、形成性评价和总结性评价。问题分析是指使用信息收集和决策策略来确定问题的本质和范围，是教学评价的前端步骤，目标和约束条件都要在这个步骤中阐明；标准参照测量是确定学习者对预定内容掌握程度的技术，它使学生知道相对于标准来说，他们目前所达到的程度；形成性评价包括收集达标方面的信息，并使用这些信息作为进一步发展的基础；总结性评价包括收集达标方面的信息和使用这些信息来做出利用方面的决策。关于形成性评价和总结性评价的区别，斯泰克(Bob Stake)有一句很好的总结："当厨师品尝汤时，那是形成性评价；当客人品尝汤时，那就是总结性评价。"对于教育技术来说，既要注重对教育、教学系统的总结性评价，更要注重形成性评价并以此作为质量监控的主要措施。为此应及时对教育、教学过程中存在的问题进行分析，并参照规范要求(标准)进行定量的测量与比较。

教育技术的五个范畴，即设计、开发、利用、管理和评价，既相互独立又相互渗透。其中设计、开发、利用是教育技术研究中相对独立的内容或阶段，前者的输出是后者的输入，后者的输入是前者的输出。另外，虽然研究者的工作可以集中在一个范畴里，但他们需要其他范畴的理论与实践的研究成果。实践者则经常需要同时考虑几个或者所有范畴的功能。这五个范畴之间的关系不是一个线性的关系，它们都围绕"理论与实践"开展工作，并通过"理论与实践"相互作用、相互联系。

需要指出，AECT 1994 教育技术领域定义在英文表达上将原来的"Educational Technology"改为"Instructional Technology"，汉语直译为教学技术，因此有人认为教育技术只关心技术在学校教育中的应用，而教学技术则可以包括技术在教学与培训中的应用；也有人认为教育技术的概念范围太宽泛，而教学技术则集中于教学问题。但在一般情况下，国际上将这两个术语作为同义词，并且国内也习惯于教育技术的称呼。因此，本书不刻意讨论它们的区别。

2. AECT 2005 定义

2005 年，美国教育传播与技术协会对教育技术的新定义是：Educational Technology is the study and ethical practice of facilitating learning and improving performance by creating, using, and managing appropriate technological processes and resources。

"教育技术是通过创造、使用、管理适当的技术过程和资源，促进学习和改善绩效的研究和符合道德规范的实践。"新的定义表明：

(1) 教育技术有两大领域："研究"(study)和"符合道德规范的实践"(ethical practice)。

(2) 教育技术有双重目的："促进学习"(facilitating learning)和"改善绩效"(improving

performance)。由此看出，随着事业的发展，教育技术的目的已从"为了学习"（for learning）扩展到进一步"促进学习"而不是"控制或强迫学习"（facilitating rather than controlling or causing learning）；扩展到学习之外的"绩效"的改善方面；扩展到对学校教育与企事业人员培训的双重考虑；扩展到教学效果、企业效益与教育投入（成本）等多因素的整体评价。

（3）教育技术有三大范畴："创设"（creating）、"使用"（using）、"管理"（managing）。

（4）教育技术有两大对象："过程"和"资源"。新界定中"过程"和"资源"之前有一个限定词："appropriate technological"，表明是指"适当的技术性的"、"过程"与"资源"，这与1994定义中的"学习过程"与"学习资源"有一定区别。

（5）教育技术的主要特征在于其技术性。表现为教育技术研究的重点是适当的技术性过程与技术性资源；表现为技术实践的"符合道德规范"性、技术工具与方法运用的先进性、技术使用效果的高绩效性。

3. AECT 2005定义（简称"2005定义"）与AECT 1994定义（简称"1994定义"）的各层面比较分析

2005定义与1994定义相比，其差异处有以下几点。

第一，虽然2005定义仍然把教育技术界定为一个领域，但是领域名称由1994定义的"教学技术（Instructional Technology）"变为了2005定义的"教育技术（Educational Technology）"。显然，"教学"这个概念要比"教育"这个概念狭窄得多，教学是教育的一个子集，所以教学技术就是教育技术的一个子集。在AECT以往的定义中，"教育技术"和"教学技术"这两个名称曾被交替使用，那是教育技术人对本领域名称的一个不断地探索和反思。AETC 2005定义最终使用了"教育技术"这个词，是建立在对教育技术领域认识逐渐深入的基础上的。

第二，教育技术的领域发生了变化，由1994定义的"理论"与"实践"变为了2005定义的"研究"与"实践"。2005定义使用了"研究"这一术语，"把教育技术的研究方法从遵从自然科学规范的科学探究发展到了反思性的实践"。这是由于自然科学规范所包含的研究方法可能导致教育技术更加倾向于技术论的方向，而反思性实践作为一种新的研究方法被应用到教育技术中，则不仅可以避免这种倾向，还可以使教育技术保持人文内涵。教育技术作为一个交叉学科，借用了许多其他学科的理论，因此适用于教育技术领域的理论建设是很重要的。新定义在这方面的改变或许会使人们忽略对理论的研究，不利于教育技术的学科建设。

第三，在"实践"前面加上了"符合道德规范的"这一限定词。长期以来，人们对技术的过度重视，使人们在教育技术的实践过程中出现了不道德的，甚至违法的行为，有些技术至上者一味地追求新技术的应用，而不考虑当时当地的实际情况，以致给教育技术、教育的发展带来了不良影响。因此，在教育技术领域，对职业道德的关注正在不断增强。2005定义明确地把"符合道德规范"纳入专业定义之中，说明了教育技术这一领域正在不断地走向成熟。每一领域都有自己默认的职业道德规范。但是，把"职业道德规范"明确纳入领域定义中的只有教育技术一家。因此，虽然职业道德问题重要，但是把它纳入定义的合理性还需要再探讨。

第四，教育技术的研究对象发生了变化，由1994定义中的"过程和资源"改为了2005定义中的"适当的技术过程和资源"。在2005定义中，使用了"适当的技术"来同时修饰"过程"和"资源"。这里，"适当的"一词意指"技术性的过程和资源的设计、使用和管理必须符合它们的目的，适应当时的约束条件和情景，适合特定年龄的用户，要用最简约、最有利的工具和方案去解决学习问题"。另一方面，"适当的"一词还包含一些道德纬度方面的评价标准。

关于使用"技术性"的一词来同时修饰"过程"和"资源"有不同的见解。一种认为这样定义可以明确教育技术的研究对象，即和技术相关的才是属于教育技术要研究的内容，同时也可避免教育科学内众多二级学科互相"抢饭碗"；另一种则认为教育技术的研究对象不仅包含"技术性的过程和资源"，也包含了"非技术性的过程和资源"。笔者认为这两种观点都有它的合理之处，因此关于把"技术的"一词纳入定义中是否合适同样值得商榷。

第五，教育技术的研究范畴发生了变化，用2005定义的"创建(creating)、使用(using)、管理(managing)"取代了1994定义中的"设计(design)、开发(development)、运用(utilization)、管理(management)、评价(evaluation)"。2005定义中的三个范畴使用的都是动名词，包含了过程与状态双层含义。1994定义中均使用了名词，仅能表示性质和状态等静态属性。具体包括三个方面，一是把1994定义中的"设计"和"开发"两个范畴合并成了2005定义中的"创造"一个范畴。"'创造'包括一系列有目的的活动，用来设计、开发有效学习必须的材料、扩展资源和支持条件。"可见，"创造"包括了"开发"、"设计"这两个过程，并且是一种比"开发"、"设计"更富内涵且要求更高的过程。也更能体现21世纪人们对创新的要求。二是将1994定义中的"运用"改为了"使用"。"使用"比"运用"更加注重要将学习者带入真实的环境之中，是以实际行动为中心的。三是将1994定义中的"管理"、"评价"在2005定义中用"管理"一个范畴代替。其原因有二，一方面是因为"管理"这个范畴在一定程度上包含了"评价"范畴；另一方面是因为在创造、使用、管理的各个阶段都包含有这个过程，因此就不再单独列出。

第六，教育技术的研究目的发生了变化，2005定义在1994定义"促进学习"的基础上又加入了另一目的"改善绩效"。一般绩效技术的定义为，"绩效技术是运用分析、设计、开发、实施和评价的系统方法来提高个人和组织结构工作业绩的研究领域。"新定义中的绩效指的是学习者能够运用新获得知识与技能的能力。因此，一般意义上的绩效技术所包含的范围要比新定义中绩效的含义广泛得多。绩效技术是教学系统设计成熟发展后的产物，1994定义提出后，在领域内绩效技术越来越受到重视，在2005定义中明确地将其纳入其中，对拓宽教育技术的研究和实践领域均大有益处。

1.1.4 现代

在本书中，"现代"的意义是指当前所处时代。当前的时代是信息技术高度发达的时代，信息技术在各种领域的应用日趋成熟，已经成为现代社会不可或缺的关键技术之一。进入21世纪以来，随着信息社会的高速发展，人们的工作、生活已不知不觉沉浸在信息的海洋当中。智能移动电话、银行卡、乘车、数字电视、卫星电视、计算机互联网、笔记本电脑、汽车导航定位仪、MP3-player、MP4-studio、PSP、PDA、平板电脑等信息技术几乎无处不在。现代信息技术对政治、经济、军事、文化、教育产生了深远的影响，促使各国都将信息科技发展和应用作为国家战略进行规划和建设。与此同时，个人的成长与发展也受到强烈冲击，尽管传统教与学的模式依然占据了基础教育、学历教育的主流，但人们不得不承认这样一个事实，现代信息技术环境下，人类的学习已经发生了深刻的变革，人们的学习习惯、学习途径和工具、学习方式和方法都已渐渐产生了变化。

作为信息社会具有鲜明特点的职业，教师在面对具有后现代、感性与理性综合思维模式

"数字土著"的挑战以及激烈行业竞争时,一方面,要在个人专业(职业)发展上寻求突破;另一方面,还要接受来自信息技术环境下教育教学对教师教育技术能力提出的要求。提高教师信息技术与教育技术素养,鼓励和支持将信息技术运用到教学当中,养成学习"不断发展中的信息技术"、"实用的技术"、应用"身边的技术"的习惯,不仅能促进教师个人的专业(职业)发展,而且也能促进和提高学生的信息化学习素养,构建信息环境下的新型教学与学习,提高教与学的质量。

1.1.5 现代教育技术

随着教育技术的发展,研究者不断尝试将技术运用到教学之中,让枯燥静态的学习内容生动活泼地展示在同学们面前,大大提高了教学效果。另一方面,这种运用也对教师提出了更高的要求,我们必须寻找现代教育技术与学科整合的最佳结合点,实现课堂教学最优化。

"现代教育技术"是20世纪90年代以后在国内兴起,并与"教育技术"并行通用的一个概念,两者没有本质的区别。人们使用这个概念,当然不是希望借此创造一个中国的教育技术,以区别于"Educational Technology",只是为了形象地表明教育技术是教育系统中更具"先进性"的要素。与很多冠以"现代"的词一样,现代教育技术中的"现代"代表着当前的教育技术与稍早以前的教育技术在技术手段、方法、途径等的不同。类似的词不少,如现代农业、现代战争、现代教育等。当前,随着信息技术的发展,人们更加习惯于使用"现代教育技术"这个名词了,这说明人们把教育技术研究的重点更多地放在多媒体技术和计算机网络上了,也使得教育技术所具有的现代化和信息化意义更加外显化了。

对"现代教育技术"界定众说纷纭,没有定论。归纳起来有以下三种不同的认识。

第一种是手段、方法说。南国农教授认为"现代教育技术是把现代教育理论应用于教育、教学实践的现代教育手段和方法的体系"。包括以下几方面:

(1) 教育、教学应用的现代技术手段,即现代教育媒体;

(2) 应用现代教育媒体进行教育、教学活动的方法,即媒传教学法;

(3) "优化教育、教学的系统方法,即教学设计。"(南国农)有学者则认为,"现代教育技术是指以计算机为核心的信息技术在教育、教学领域的运用。"(何克抗)这可以看作是狭义的现代教育技术。

第二种认为我国的现代教育技术相当于美国的教育技术。"现代教育技术"是相对"传统教育技术"的一个术语,任何时代、任何形式的"教育"都有其"教育技术",只是"技术"的含量和水平有高有低而已。教育技术不仅包含物化的媒体技术,也包括非物化的教育规划与开发技术、教学设计与组合技术、教学策略与方法技术、教学信息传播与交互技术、教学测量与评价技术、教学管理与控制技术。随着现代教育思想和理论的发展,以及信息技术,尤其是计算机技术、通信技术的发展与教育中的应用,教育技术也进入了一个新的阶段。为了强调教育技术理论和实践在现阶段要融合和运用更多的现代媒体、现代学与教的基本理论、现代方法论去解决教育教学问题,就冠以"现代教育技术"之称,而定义仍沿用美国AECT教育技术1994新定义。

第三种以美国AECT教育技术1994新定义为基础,结合我国实际,李克东教授提出现代教育技术的定义:"现代教育技术就是运用现代教育理论和现代信息技术,通过对教与学过程和教与学资源的设计、开发、利用、评价和管理,以实现教学优化的理论与实践。"

与教育技术定义比较,该定义强调必须运用现代教育理论和现代信息技术;不但研究学习过程,还要研究教学过程;强调现代教育技术追求的目标是实现教学过程优化。

可以从以下四个方面来理解该定义的基本思想。

(1) 现代教育技术应用必须要以现代教育理论作指导。现代教育技术的应用,是教育思想的体现。应用现代教育技术,首先必须考虑能充分体现教师的指导作用,充分发挥学生作为认知主体地位的新教育思想。

(2) 现代教育技术要充分运用各种信息技术。在当前,应用于教育中的现代信息技术主要包括模拟与数字音像技术、卫星广播电视技术、计算机多媒体技术、人工智能技术、互联网络通信技术和虚拟现实仿真技术等。对现代信息技术的使用,应根据教学实际的需要加以选择,同时不能一味地追求高档设备而抛弃常规的音像技术,要避免出现高级设备低级使用的现象。

(3) 现代教育技术是以优化教与学过程和教与学资源为任务,这就要求不仅要研究教与学资源,还必须重视研究教与学的过程,即对教学模式的研究。

(4) 现代教育技术的应用包括设计(设计教学过程、教学软件、教学环境和教学模式)、开发(开发教学软件、硬件、课程和教学模式)、应用(应用于实际教学过程中)、评价和管理五个基本环节。而且,随着现代信息技术的发展,教育技术的应用方式也在不断地发展。

1.1.6 教育技术学

通常,站在"学习内容分类"的角度,"教育技术学(Educational Technology)"是以"教育技术"为研究对象的一门学科。

"任何一门学科的独立性,首先取决于它自己具有特定的研究对象,具有不为任何其他学科所专门研究的课题。"教育技术学科的独立性体现在,"教育技术学"以有关"教育技术"的问题作为研究对象,具有不为任何其他学科所专门研究的课题。比如"汽车驾驶技术虚拟教学系统的开发与研制(技术系统的研制)","如何提高课堂教学视觉媒体的心理认同(有关技术实体和技术认知的研究)","学生课堂信息接收容量研究(技术软件研究)"等。

1.1.7 电化教育(信息化教育)

电化教育是一个具有中国特色的词。南京金陵大学(南京大学前身)是我国电影教育和电化教育事业的发源地。该校在校长陈裕光、院长魏半广的支持和倡导下,理学院于1930年成立电影教育委员会;1936年成立电影教育部;1938年创设影音专修科即电化教育专修科;1942年在我国大学中最早出版有关电影和电教事业的综合性刊物——《影音》月刊。20世纪40年代后期,电化教育专修科主任兼教育电影部主任孙明经首倡以"影音教育"一词替代"电化教育"。金大电化教育专修科遂于1947年4月改称"电影播音专修科",教育电影部改称"影音部"。

电化教育的发展,大致经历两个阶段。20世纪90年代中期以前,是前发展阶段,使用的名称是电化教育或视听教育;20世纪90年代中期之后,是后发展阶段,使用的名称是电化教育或信息化教育,后者是信息时代对电化教育在名称上进行符合时代特征的变化。这两个阶段使用名称不同,但本质没变。

教育技术和电化教育(信息化教育)并不是相同的概念,没有可比性。教育技术有自己的特点,它代表的是教育中的各种技术(technique)的集合。信息化教育(电化教育)事实上就是一类教育的方式,在这类的教育方式中,采用了"电化"或"信息化"的工具、手段和方法,而这些工具、手段和方法,具体指的就是"教育技术"。

"教育技术"和"教育技术学"也不能等同。在实践中,可以看到"教育技术"和"教育技术学"的混用。一个比较常见的例子就是:"教育技术是一门研究……的学科",这是一种不规范的说法,两者的内涵很容易造成混淆。当然,这可能是一种习惯,比如物理学专业学生,被问及学什么专业的时候,通常说"物理"而不说"物理学",这似乎无可非议。然而,"教育技术(如果作为替代"教育技术学"学科的称呼)"却经常和"教育技术(作为一类技术的集合体)"相混淆。因此,严格区分两者的使用,对理解教育技术的内涵、保障交流的顺畅很有必要。

1.2 现代教育技术的产生与发展

关于教育技术的起源,学术界普遍认同的是较为狭窄的、更具有明确定位和时间划分意义的观点,即教育技术的产生应以 20 世纪 20 年代出现的"视觉教育运动"为起点。因此,研究教育技术的发展史,更多的是着眼于这不到百年的历程。

教育技术的历史虽然不长,但它的成长经历却很复杂,主要体现在两个方面。一方面是教育技术不是在某个单一领域或方向上的逐渐深入,而是多条线索、多个领域并行交叉结合的过程;另一方面,教育技术的发展过程不是以自身原始细胞为基础,产生细胞裂变或功能扩张式的发展,而是兼收并蓄、有机整合的过程,它对外界相关因素的综合吸纳要大大多于自身机体的演变与派生。所以研究教育技术的发展历史,既可以了解教育技术的结合过程;另一方面,又可以了解教育技术的发展过程不是以自身原始细胞为基础,产生细胞裂变或功能扩张式的发展,而是兼收并蓄、有机整合的过程,它对外界相关因素的综合吸纳要大大多于自身机体的演变与派生。所以研究教育技术的发展历史,既可以了解教育技术在不同时期的形态,同时也可以帮助我们更好地理解这一学科的综合性特征。

1.2.1 国外教育技术的产生和发展

与其他很多应用型学科一样,教育技术也是在技术的应用与理论的发展相互作用下前进的。为了更清楚地了解教育技术发展的脉络,我们从媒体和理论两个方面对其历程作一个回顾。

1. 媒体与技术

可以说教育技术产生的最原始动机,是人们对直观教学的追求。在 17 世纪,捷克教育家夸美纽斯(J. A. Comenius)对班级授课进行了理论上的论证和教学法上的阐明,倡导这种适合于当时教育需要的教学形式。同时,根据班级授课制的特点和当时教学内容的变化(如大量增加了自然科学的知识),他又较为系统、全面地提出了直观教学的思想,认为"知识的开端永远必须来自感官","在可能的范围之内,一切事物都应该尽量地放到感官跟前……假如事物本身不能得到,便可以利用它们的模型图像。"这一思想经过很多教育家,包括裴斯泰洛齐、福禄培尔、第斯多惠等人的不断探索和完善,成为一个在西方很有影响的教育理论体系。在 17~19 世纪,直观教学在教育界得到广泛的应用。

19 世纪末 20 世纪初,科学技术飞速发展,各种电子类新媒体大量涌现。在直观教学思想的促进下,这些新的科技成果迅速被应用到教学活动中,并获得了巨大的成功。

20世纪初,幻灯、无声电影等新兴视觉媒体大量应用于课堂。1922年美国成立了国民教育电影协会;1925年意大利成立了教育电影馆;1928年美国柯达公司成立教学电影部专门组织制作教学电影。美国在1918—1928年间兴起了一场大规模的教学改革运动——视觉教育运动,全国成立了5个视觉教育专业组织,20多个教师培训机构开设了视觉教育课程,出现了5种视觉教育学术杂志。今天,学术界正是以这场视觉教育运动为标志,作为教育技术发展的起点。

其他媒体的应用也随之迅速推进。1928年美国俄亥俄州航空学校建立以成年人为对象的教育广播电台,1937年威斯康星州的"空中学校"利用无线电台播送7个科目的课程供5～12年级的学生收听。

20世纪30年代有声电影开始应用于学校教育,视觉教育扩展到视听教育。

20世纪50年代电视媒体兴起。1950年美国爱德华专科学校创办了第一个校园电视台。1957年,美国实施"资助小学电视教学方案"。50年代末60年代初,教育电视台雨后春笋般地在世界各地涌现,仅美国就有300多个,日本也有100多个。同时,闭路教育电视系统也在许多大学和地区开始建立。20世纪60年代电视在教育中的应用规模迅速扩大。日本学校的电视使用率在1968年为17%,1970年为71%。美国在1970年有75%的公立学校以各种形式利用电视教学节目开展教学。

20世纪70年代中期卫星电视系统开始出现。1974年美国通过"6号实用技术卫星"转播电视教学节目,揭开了卫星教育电视的序幕。由此产生了教育技术中又一个新的发展领域——远距离教育,并很快成为教育技术中规模最大的一种教学形式,它对教育的规模化发展,尤其是偏远地区教育的推动起到了重要的作用。

进入20世纪90年代,计算机及网络技术的发展突飞猛进,教育技术迎来了一个新的媒体革命时代。这一时期,除了上面提到的基于集体化教学所应用的媒体技术外,用于另一种教学模式——"个别化学习"的教学媒体也在发展之中,这种教学媒体在早期称作程序教学机或自动教学机。它是一种预先装入编制好程序教材的机械装置,在学习者控制下,它能自动呈现教学信息,并对学习者的操作判断行为进行反馈,从而起到"刺激、反应、强化"作用。它与普通视听觉媒体的重要区别是,由学习者控制并具有鲜明的交互功能。学习者可以根据自己的判断对机械施加反应,通过机械的反馈信息,不断地修正自己的判断和反应行为,并得到强化,以实现学习目标。因此教学机械是适用于个别化学习的工具。

一般认为,美国心理学家普莱西(S. L. Pressey)是世界上第一台教学机器的发明者。1924年他根据桑代克(E. L. Thomdike)学习定律中的准备律、练习律、效果律设计了一台可以进行测验、记分和教学的简单仪器,并在之后的几年中,不断地改进和完善这种教学机器。但由于当时社会上对其需求不强烈,加之机器性能有限,没能得到推广。

20世纪50年代中期,美国心理学家斯金纳(B. F. Skinner)根据操作条件反射原理,在普莱西教学机器的基础上,进一步提出了教学材料的程序化思想,并设计了新一代教学机器,即程序教学机。在斯金纳的推动下,20世纪50年代末60年代初成为教学机器发展的黄金时期,数十种教学机器问世并进入实用阶段。1958年美国哈佛大学和拉德克利夫大学用10部程序教学机进行人类行为课程的教学。1961年美国空军应用教学机器进行了为期16个月的军事技术训练,既缩短了时间,又降低了成本。这一时期教学机器所用的程序教材,也曾在很多国家的各级各类教学和训练中逐步推行。但随着人们期望值的提高,教学机器所要承担的教学内容越来越复杂、功能越来越多,开发技术的局限再一次显现出来。到20世纪70年代,教学机器的研发速度日趋减缓,同时随着计算机技术的成熟,人们开始放弃传统的电子机械方法,转向用计算机实现程序教学的思想,并很快获得成功。这一时期,美国、英国、法国、日本等国家都纷纷制定政府计划,投资开发和推广计算机教育工程。美国伊利诺伊大学研制的PLATO计算机教学系统到1979年已可提供1000万教学人数,它储存有100余门课程的6000多套教学程序。20世纪80年代末,美国中小学拥有计算机超过200万台。加拿大中小学计算机普及率达60%以上。日本高中以上学校计算机普及率在80%以上,中小学也达60%以上。1997年新加坡教育部投资,给全国每所学校都增添计算机,即使是小学,也拥有100台以上的计算机数量,并把所有学校的计算机联成一个区域网络。

20世纪90年代,人类迈入了计算机与信息时代,作为信息时代的标志性技术——计算机与互联网,成为教育技术媒体领域最为重要的成员。由于计算机与网络具有多媒体性、交互性、远程传输、开放性等特征,使得教学信息在综合化、个性化、远程化、共享化等各个方面都产生了质的飞跃。21世纪教育技术也迈入了以计算机与网络技术为核心的媒体技术时代,在全新的理念中对学习过程和资源予以新的研究和实践。

2. 理论与概念

教育技术的理论发展与媒体技术及其他相关学科的理论发展具有紧密的关联性,通常是对探索性实践的总结、综合与升华,之后是对实践的再指导。

事实上,在20世纪20年代美国的视觉教育运动时期,并没有正式使用"教育技术"一词。当时名称采用的是"视觉教育",主要是指利用各种视觉媒体,如幻灯、无声电影等,向学生提供生动的视觉形象以辅助教学。1922年美国出现了全国视觉教育学会(YAW)等民间学术团体。1923年,美国教育协会成立了下属的视觉教育分会,成为第一个官方的视觉教育学术机构。这些机构的建立为教育研究开辟了一个新的领域,教学人员在这一领域中开展了大量的实验和研究,在视觉教育的有效性和适应性方面取得了一系列的成果。

这一时期的理论代表是霍本(C. F. Hoban)的观点。他在《课程的视觉化》一书中,系统地论述了视觉教育的理论基础,提出了将各种媒体按具体或抽象程度进行分类的观点,并设计出了分类的层级模型。

20世纪30年代中期,广播、有声电影的出现,使得视觉教育一词无法概括新的实践活动,于是人们开始采用"视听教育"一词。1947年,美国教育协会视觉教育分会正式改名为视听教育分会。随着企业、军队和社会服务机构中的视听教育活动的开展,该分会的成员组成扩展到了学校以外的社会力量之中,其作用也从教学活动的研究,延伸到视听教材的制定、专业人员的培训等领域。1953年该分会出版了专业刊物《视听传播评论》。

在视听教育理论研究中,最具代表性的是美国教育家、俄亥俄州立大学教授戴尔(E. Dale)。他的代表作《教学中的视听方法》作为视听教育的标准教科书广泛流行。书中所论述的著名的"经验之塔"理论,成了当时乃至后来视听教育中的主要理论依据。

总体而言,无论是视觉教育还是视听教育,它的基本理念是相同的,即关注视听设施的利用,凭借视觉和听觉的刺激,实现学习经验的具体形象化。它们都是较多地关注教材而较少关注开发教材的过程,把视听教材看作是教师教学的辅助工具。

进入20世纪50年代,视听教育因传播理论和早期系统观念的引入,发生了一次重大的变化。随着电视媒体的普及,程序教学与教学机器的风靡一时以及计算机辅助教学的研究,视听教育又迎来了一个新的媒体变革时期。教材操作的自动化、形态的多样化、教学过程的程序化等新的研究目标与尝试,引发了人们对"视听教育"的重新界定。此时,传播学在各行业开始产生影响,有些学者包括霍本和戴尔也开始转变角度,将教学过程作为信息传播过程加以研究,把目光从单一物质技术的应用扩展到对教学过程的关注,探讨教与学的活动中涉及的所有传播元素和环节,研究从发送到渠道、接收以及干扰的整个传播过程。

系统理论是20世纪50年代出现的方法论学科,其目的是从新的角度揭示客观世界的本质联系和运动规律,为科技的发展提供一种新的思路和方法。霍本和芬恩(J. D. Finn)这两位当时美国视听教育界的泰斗,于20世纪50年代末向业内介绍了系统理论,并提出了教学系统的概念,指出视听领域的研究重心应是整体教学系统的规划和设计,而非只限于教具和教材本身。传播理论和系统理论拓宽了视听领域的视野,学者们开始把关注的焦点从视听教具逐渐过渡到整体教学传播过程和教学系统的宏观层面上。

鉴于这样一种变化,在1971年美国视听教育协会正式更名为美国教育传播与技术协会(AECT),并于1972年将其实践的领域定名为教育技术。至此,教育技术一词才作为一个学术领域的正式名称确立起来。在随后的20多年里,教育技术在相关学科发展的影响下,不断地进化和丰富。计算机与网络的发展促使媒体传播技术的发展进入一个信息技术时代。在早期程序教学理论的深刻影响下,教学设计研究开始出现,并与系统理论相结合,使教学系统开发成为现代教育技术的重要内容。20世纪80年代以后,教学设计理论日趋成熟,与媒体技术的结合也更加紧密。同时,学习心理学的新发展为教育技术的理论注入了新的活力。在新的心理学理论指导下,对教学设计的研究已成为当今教育技术的热点。

1.2.2 我国教育技术的发展

我国教育技术的发展历程与世界教育技术发展的各个阶段基本相似,只是由于我国的经济、历史、科技等原因,与美国等发达国家相比有所滞后。教育技术在我国的发展历史可以分为两个大的阶段。

1. 电化教育的发展

20世纪20年代,受美国视觉教育运动的影响,在我国的一些大城市,如上海、南京等地的学校中,教育界人士开始尝试用无声电影、幻灯等媒体进行教学,标志着我国电化教育萌芽的出现。20世纪30年代到40年代,这一活动发展很快,应用规模不断扩大,同时也出现了电化教育的专业培训机构,理论研究逐步深入,出现了一些文章和专著。这一时期南京金陵大学在推进电化教育方面最为著名。20世纪40年代,当时的南京国民政府教育部成立了电化教育委员会,"电化教育"一词作为这一领域的正式名称开始确认。

新中国成立以后,我国政府对电化教育予以了充分的重视,在中央文化部和教育部的推动下,全国开展了多种形式的学术活动,出版了多种专业期刊、论著。20世纪60年代开始,各类学校应用录音、电影、幻灯投影等媒体进行教学的活动十分活跃,同时无线广播在社会教育方面获得大规模应用。各地建立起了官方性质的电教机构。

进入20世纪80年代我国电化教育迅速发展,各级各类的电教机构日趋健全,管理与推广步入规模化和组织化。媒体技术迅速提高,在原有的幻灯、录音、语音室等设备基础上,电视媒体、计算机等开始普及。电教教材的开发速度加快,并且数量剧增,使用率也大幅提高。1978年成立了中央广播电视大学,利用卫星电视进行教学,到1994年中央电大已开设了359个专业、1000多门课程,培养了157万名毕业生和2000多万名非学历教育结业生。在20世纪80年代中期,一些师范大学开设了电化教育本科专业。随着对理论研究的进一步深入,出现了大量专业期刊和论著。

2. 教育技术的全面发展

从20世纪80年代后期,随着与国外教育技术界交流的增加,新的理论、经验、成果的不断吸纳,人们发现我国电化教育的发展基本上是在视听教育的研究范畴中。为适应新时代的教育需求,促进我国教育改革的深入,有必要借鉴国外教育技术的成果和经验,对电化教育重新定位。在这样一个思想指导下,我国的电化教育开始向教育技术转变,出现了教育技术全面发展的新态势。

在媒体技术方面,计算机辅助教育得到充分重视,学校计算机的普及率迅速上升。很多高校在20世纪80年代就成立了计算机中心或实验室。1987年国家教委基础教育司成立了"全国中小学计算机教育研究中心",推动中小学计算机教育的开展。到1997年全国已有两万多所中小学校配备了近50万台计算机,同时校园网、校校通工程也迅速推广。2000年教育部提出,从2002年开始全国中小学逐步完成信息技术课程的开设,进一步推动了以计算机技术为核心的现代综合媒体技术在教育中的应用。

在研究和实践的领域上,教育技术突破了原有对视听媒体的应用范围,扩展到"教学设计"、"多媒体教学"、"信息技术与课程整合"、"网络教学"等多个领域,而且在认知领域的(计算机辅助教学)研究上也取得了丰硕成果。在教学软件的开发上出现了科技企业与教育机构联合运作的良好局面。可以说,最近十年我国教育技术在理论成果和教学产品上是有史以来最为丰富的时期。

在学科发展上,从20世纪90年代开始各高校纷纷将原电化教育专业名称改为教育技术学专业,人才培养层次不断提高,同时对师范生公共课的开设及教师的在职培训也在不断加强。专业人才队伍的完整化、多层次化以及教育技术的普及,促进了教育技术在理论与实践研究上得以持续快速地发展。

1.3 现代教育技术的发展趋势

随着计算机技术、卫星通信技术、网络技术、虚拟现实技术、人工智能技术等在教育领域应用研究的不断深入,现代教育技术的发展趋势将表现在以下几个方面。

1.3.1 网络化

教育技术网络化的最明显标志是因特网(Internet)应用的急剧发展。据最近的报道,目前网上的用户已达3000万以上,而且还在以每月10%的速率急剧增加。体现在因特网上的这种远程、宽带、广域通信网络技术的重大革命,肯定会对未来的高等教育产生深远的影响,这种影响不仅表现在教学手段、教学方法的改变上,而且将引起教学模式和教育体制的根本变革。

基于因特网环境下的教育体制与教学模式不受时间和空间的限制,通过计算机网络可扩展至全社会的每一个角落,甚至是全世界,这是真正意义上的开放式大学。在这种教育体制下,每个人既是学生又是教师,每个人可以在任意时间、任意地点通过网络自由地学习、工作或娱乐。每一个人,不管贫富贵贱都可以得到每个学科第一流老师的指导,都可以向世界上最权威的专家"当面"请教,都可以借阅世界上最著名图书馆的藏书甚至拷贝下来,都可以从世界上的任何角落获取到最新的信息和资料。由于是基于信息高速公路的多媒体教育网络,所有这些都可以在瞬息之间完成,你所需要的老师、专家、资料和信息,都是远在天边,但又近在眼前。世界上的每一个公民,不管其家庭出身、地位、财富如何,都可以享受到这种最高质量的教育,这是真正意义上的全民教育。

在上述教育网络环境下,既可以进行个别化教学,又可以进行协作型教学,还可以将"个别化"与"协作型"二者结合起来,所以是一种全新的网络教学模式。这种教学模式是完全按照个人的需要进行的,不论是教学内容、教学时间、教学方式甚至指导教师都可以按照学习者自己的意愿或需要进行选择。在 21 世纪,这种基于因特网的、不受时空限制的、真正的开放大学将会变得愈来愈普遍则是确定无疑的。

1.3.2 多媒体化

近年来,多媒体教育应用正迅速成为教育技术中的主流技术。换句话说,目前国际上的教育技术正在迅速走向多媒体化。

1. 多媒体教学系统

与应用其他媒体的教学系统相比,多媒体教学系统具有以下优点。

多重感观刺激;传输信息量大、速度快;信息传输质量高、应用范围广;使用方便、易于操作;交互性强。可以说,正是由于多媒体教学系统具有的诸多优势,目前现代教育技术正迅速走向多媒体化。

2. 多媒体电子出版物

多媒体技术除了可直接应用于教学过程之外,在教育领域还有另一方面的重要应用,这就是以 CD-ROM 光盘作存储介质的电子出版物。例如,电子百科全书、电子词典、电子刊物等。在电子大百科全书中,它的每个条目不仅有文字说明,还有声音、图形,甚至活动画面的配合。此外,还具有辅助教学功能,可以对学生进行辅导、答疑、布置作业。

1.3.3 愈来愈强调教育技术应用模式的多样化

即使是像美国以及北大西洋公约组织所属的这类发达国家,对教育技术的应用也不是同一模式、同一要求,而是根据社会需求和具体条件的不同划分不同的应用层次,采用不同的应用模式。目前在发达国家,教育技术的应用大体上有以下四种模式。

基于传统教学媒体(以视听设备为主)的"常规模式";

基于多媒体计算机的"多媒体模式";

基于因特网的"网络模式";

基于计算机仿真技术的"虚拟现实模式"。

其中常规模式不论是在我国还是在发达国家,在目前或今后一段时间内,仍然是主要的教育技术的应用模式,尤其是在广大中小学更是如此。在重视"常规模式"的同时,应加速发展"多媒体模式"和"网络模式",这是现代教育技术发展的方向和未来。

1.3.4 虚拟现实技术的应用

"虚拟现实"(Virtual Reality,VR)模式,是一种最新的教育技术应用模式,是多媒体技术的进一步发展。多媒体技术提供的是交互界面,而虚拟现实提供的则是交互空间,即计算机媒体、三维空间加声音。其主要特征可概括为实时交互性(Real-Time Interactive)、多感知性(Multi-Sensation)、存在感(Presence)和自主性(Autonomy)。虚拟现实提供了高度逼真的模拟环境,使用者在其中成为"虚拟真实"世界的参与者,成为屏幕上活动的一部分。使用者完全沉浸于其中而无法将其与真实世界区分开来,给人以较强的"临场感"和"逼真感"。

虚拟现实技术是计算机科学与技术的延伸。它与多媒体声像、人机接口、通信与机器人技术密切相关。完整的人体跟踪界面包括带有提供三维视频效果的头戴显示器,有精细感觉又在景物范围内产生运动的数据手套,以及其他身体运动跟踪装置。虚拟现实技术的应用几乎包括人类活动的全部领域,如在医学中仿真各种外科手术,包括一般的开刀直至复杂的人体器官更换。学生可以不必冒医疗事故风险就可以反复练习病房中的各种实际操作。在工业领域可以用来搜索汽车、飞机模型并检测性能。上地理课时,虚拟现实可以把学生带到非洲或者美洲旅行,让他们欣赏那里的自然景色和风光。上物理课时,学生可以在虚拟世界中观察原子、粒子,目睹各种物理现象等。在教育技术领域中,虚拟社区、虚拟学校是现在正在研究的重要内容。

1.3.5 愈来愈重视人工智能在教育中应用的研究

智能辅助教学系统由于具有"教学决策"模块、"学生模型"模块和"自然语言接口"模块,因而具有能与人类优秀教师相媲美的下述功能。

(1) 了解每个学生的学习能力、认知特点和当前知识水平;

(2) 能根据学生的不同特点选择最适当的教学内容和教学方法,并可对学生进行有针对性的个别指导;

(3) 允许学生用自然语言与"计算机导师"进行人机对话。

1.3.6 愈来愈重视教育技术理论基础的研究

没有理论的实践是盲目的实践,没有理论指导的应用只能停留在一个较低的水平上不会有突破性的进展。因此,近年来,国际教育技术界在大力推广应用教育技术的同时都日益重视并加强对教育技术理论基础的研究,这表现在以下两个方面。

一方面是重视教育技术自身理论基础的研究。最明显的例子就是美国AECT学会专门撰写的专著"教育技术的定义和研究范围"。该书不仅是美国电教界的重要理论研究成果,也是当今国际电教界的重要理论研究成果,它对整个20世纪90年代乃至21世纪初教育技术学的发展起到了有力的推进作用,对我国电教事业的发展产生了深刻的影响。我们应对此给予足够的重视。

另一方面是加强将认知学习理论应用于教育技术实际的研究。对于认知心理学来说,这类研究本属应用范畴;但是对于教育技术学来说,由于认知心理学是其理论基础之一,所以,上述研究属于教育技术学本身的理论方法研究。认知学习理论开始占主导地位。

1.3.7 绩效技术

由于理论与技术的迅速发展,绩效的提高将越来越受到关注,"新的对绩效而不是学习的强调,也可能影响教育技术领域的功能和角色定位"。一般谈到绩效主要是面向企业,企业绩效技术是教育的一个新的研究和实践领域,它使教育技术走出学校,面向社会,充分发挥了教育技术的巨大潜力。

"绩效"指有目的的、有预定结果的行为倾向,是企业组织所期望的、符合企业总目标的业绩。价值观是绩效概念的基本属性之一。绩效技术是教学系统设计学科发展的产物,其中重要的理论与做法源于教学设计。绩效技术与教育技术有着千丝万缕的联系,如两者都是用系统论方法分析、解决问题,有着相同或相近的运行模式,目标也都是提高质量,提高效益。

美国的教育技术工作者在企业绩效技术方面做了大量研究和实践工作,教育技术的科研课题多与企业需求紧密结合,充分运用教育技术研究成果,提出了许多完整的培训运作机制及过程模式,以达到用绩效技术提高企业的整体效益。高校与企业结合,教育技术与绩效技术在美国发展得比较成熟,收益颇丰。在我国,教育技术主动进入企业,寻求绩效技术的实际研究课题,为企业解决具体问题已成为重要的发展方向之一。

思考与练习

1. 简述 AECT 1994 定义及其内涵。
2. 简述 AECT 2005 定义及其与 AECT 1994 定义的区别。
3. 简述现代教育技术的内涵。

第 2 章　现代教育技术与教师专业化发展

学习目标：
1. 了解信息时代对教师教育技术能力的要求。
2. 了解信息技术对教育改革的影响。
3. 了解信息时代教师如何进行角色的转变。
4. 掌握信息素养的概念。
5. 掌握师范生信息素养培养策略。
6. 掌握现代教育技术如何促进教师专业化发展。

随着教育信息化进程的快速发展,多媒体技术、通信技术、网络技术等已逐渐渗透到教育的各个方面,因特网、电子邮件、卫星远程通信、传真通信、虚拟现实等新的教育媒体的运用,强烈地冲击着人们的教育思想观念,改变着教育教学的环境、过程、方式、方法,同时一方面要求培养学生的学习能力和创新能力,另一方面要求教师的角色也要发生转变,提高教师的教育技术能力。

2.1　教师教育技术能力要求

2.1.1　信息时代呼唤学习能力发展与创新人才培养

在信息时代,人才及其所拥有的知识和智力是最宝贵和稀缺的资源,是可以支配和决定其他资源运作效益的资源。信息时代将是一个经济全球化的时代,是合作取胜、协作竞争的时代。因此信息时代的发展要求集科技、文学、经贸和外语才能于一身的新型复合型人才,要求新型人才不仅一专一能,而且多专多能。同时要求新型人才善于协调、能搞好人际关系、具有兼容大度的胸怀和团结拼搏的精神,具有强烈的创新意识和创造激情、不畏权威的怀疑精神和追根究底的求索精神,具有知识创新和技术革新的能力,能在自己的专业领域或其他领域不断有新发明、新发现、新创造和新开拓。

因此,在信息时代,新型人才的培养是重中之重。而这一重任责无旁贷地要由教育来完成。传统教育为社会培养了大量人才,有力地促进了社会发展。但是目前脱胎于工业社会的传统教育已经不能适应信息时代的发展要求,因此必须进行教育改革,改变传统的教学手段和教学方式,以培养创新型的高素质人才。

1. 信息时代要求培养学生的学习能力

进入 20 世纪 50 年代末,计算机的出现和逐步普及,把信息对整个社会的影响逐步提高到一种绝对重要的地位。人类的信息在 19 世纪是每 50 年增加一倍,20 世纪 70 年代是每

5年增加一倍,20世纪末是每3年增加一倍,而信息社会则是12个月翻一番。信息、知识成几何级数急剧增加,人类进入了信息时代。人类的生存方式和学习方式正在经历着一场历史性的巨大变革。使得没有任何知识和技能可以成为一个人终生的学识,终生学习已成为一种世界潮流。而个人要跟上迅速出现的新形势,就必须具备丰富的能力,即学习能力。也就是说,个体的学习能力已成为一项最基本的生存能力,只有不断地学习才能适应未来社会带来的不断变化。学习能力可以说是人类获得个体行为经验所必需的能力。它具体体现为,获取信息的能力(包括感知能力、阅读能力、搜集资料的能力);加工、应用、创造信息的能力(包括记忆能力、思维能力、表达能力、动手操作能力、创造能力等);学习的调控能力(包括确定学习的目的,制订和调整学习计划,培养学习兴趣,克服学习困难等);自我意识和自我超越的能力。

2. 信息时代要求培养学生的创新能力

国家创新能力关系中华民族的前途和命运。在知识经济时代,国家的创新能力,包括知识创新和技术创新能力,是决定国家在国际竞争和世界总格局中地位的重要因素。1995年,江泽民同志在全国科技大会提出"创新是一个民族进步的灵魂,是国家兴旺发达的不竭动力"的论断,首先引发了科技界对于创新问题的讨论。1997年底,中国科学院提出了建设国家创新体系的建议,而国家创新体系的基础是教育。1999年6月中共中央、国务院在《关于深化教育改革全面推进素质教育的决定》中明确提出,要"以培养学生创新精神和实践能力为重点"实施素质教育。

社会的进步、人类的发展、科技的飞跃,归根到底在于人才的创造性劳动。21世纪是创新的世纪,21世纪的激烈竞争呼唤创新人才。哈佛大学校长普西认为:"一个人是否具有创造力,是一流人才和三流人才的分水岭。"因此说,高度的创新能力是21世纪人才所必备的基本素质。

具体说来,创新能力是人类所具有的、运用一切信息创造出某种新颖、独特、有社会或个人价值产品的能力。从思维活动的过程来看,创新能力作为一种复杂的、高层次的智慧活动,是多种认知能力、多种思维方式共同作用的结果。它要求人们具备宽广而扎实的基础知识、广阔的视野,以及善于综合开拓新领域的能力、掌握创新知识的方法论,尤其是具备良好的创造技能。它反映的是创新主体的行为技巧和运用能力,主要包括信息加工能力、动手能力、熟练掌握和运用创新技术的能力与创新结果的能力。它是深刻的认知能力、敏锐的观察能力、丰富的想象能力、创新性的思维能力的综合体。其中深刻的认知能力是基础,敏锐的观察能力是关键,创造性和创新性的思维能力则是其重要支柱。

一个没有创新能力的人,很难在人才竞争愈加激烈的知识经济时代立足,更不要说发展了。这就要求我们21世纪的公民转变观念,把自己培养成为创新人才,在学习中自觉突出和强化创新能力的培养,使自己成为适应知识经济时代发展需要的优秀人才。

现代教育技术要求教师改变过去的教学观念,从以传授知识为主转变为侧重学生能力的培养。在信息社会中,知识更新快,学习者在学校学习的知识只是他人生中所学知识的一小部分。因此,教师传授的知识是远不能够满足需要的,每个人必须学会自己学习。在教学过程中,教师不仅要注重讲授知识,更重要的是培养学生的能力。在课堂教学中教师可采用研究型教学方式,使学生积极参与,主动交流,帮助学生发现规律,掌握知识,激发学生的创造欲,促进学生的思维能力、想象能力和创新能力的发展,培养学生的科学精神。

2.1.2 信息技术驱动教育变革

随着信息技术的发展及其在教育中的应用,教育将从内容、形式、方法和组织等方面发生根本性的变革。这种变革是一个系统综合的过程,远不是一蹴而就的,而是需要经历许多中间过程,这其中既有教育系统自身的变革,也有新兴技术在教育教学中的应用。

1. 信息技术促进教育改革

随着信息社会的不断发展,传统教育愈来愈不能适应社会的发展要求。信息社会对教育的要求以及信息技术对教育的影响促使传统教育发生彻底变革,这种变革的当务之急是改革教育的结构、内容和方式。

首先要破除传统的教育思想,树立现代化的教育思想和观念。现代教育思想主要包括现代教育观、现代教学观、现代学生观、现代教材观、现代学校观以及现代人才观。传统教学过分强调教师的主导作用和书本知识的传授,而忽视了学生的主体作用和能力的培养,认为教学的功能只有一个,就是传授书本知识;而现代教学观认为教学具有多方面的功能,它既要传授知识,又要发展多种能力如学习能力、信息能力,还要培养品德。只有建立起现代化的教育思想和观念,才能实现全面的教育改革。

其次要改革教育目标和内容。21世纪教育的目标是培养全面发展,具有高度创新能力和使用信息化手段获取知识和更新知识能力的高素质人才。为了实现新的教育目标,教育内容也必须做出相应的改革。其总的趋势是,教材的难度增加,重视基本理论,强调知识内在的联系,要按照高难度、高速度和理论化原则重新编写教材。在课程设计上注重学科结构合理,教学内容少而精,着重使学生掌握一般的基本原理以发展学生的认知能力。制定教学大纲要着眼于能力特别是思维能力、创造能力的培养,而不是现成知识的传授和一般技术的培训,教育内容还要与生产实践相结合,着力培养学生解决实际问题的能力。

再次要改革教育形式和方法。信息化教育不再局限于传统的"班级授课制"这种单一的教学组织形式,而是传统教育、个别化教育、远程教育等相结合,多种办学形式并存,不同类型和层次的学校并存,多种功能的教育融合,重在个别化教育和创新性自主学习,使受教育者具有极大自由选择余地和发展空间。信息时代的教育不仅要抓基本教育,而且要改革中等教育结构,积极发展职业技术教育,还要改革高等教育结构,发展远距离教育、成人教育以及继续教育,融学校教育、社会教育于一体。教学方法的改革,应在传统教学的基础上,逐步采用多种多样的教学方法进行教改实验,把传统教学中单一、落后的手段改变成多样化的现代化教育技术手段,使其更适应社会发展的要求,更能体现信息时代的特征。

最后要构建新型教学模式。教学模式是指在一定的教育思想、教学和学习理论的指导下,在某种教学环境和资源的支持下,教与学活动中,各要素之间稳定的关系和活动过程的结构形式。信息技术的运用对传统教学提出了挑战,对教师的角色、学生的地位、媒体的作用以及教学过程进行变革,从而构建能适应信息时代的新型教学模式。

2. 多媒体技术广泛应用

随着信息技术的发展以及信息高速公路的建成,多媒体技术将广泛应用,教师不仅可根据教学需要,自己制作多媒体课件,而且可非常方便地从软件数据库中选择并提取相关的文字、声音、图片、图像等各种媒体信息,加以组合安排,供辅助课堂或学生自学使用。这样,多媒体技术就成为人们进行有效学习的得力工具。

首先多媒体提供了多样化的学习方式。

（1）个别化主动式学习。多媒体鼓励以学习者为中心的学习模式，学习者可根据自己的兴趣、爱好、知识经验、任务需求和学习风格来使用信息，选择自己的认知环境。信息技术的发展为这种自主的个别化学习方式提供了物质条件和技术保证。作为用户、学校和学习者个人，只要拥有多媒体终端机，就可以从公用网络的资源数据库中，非常方便地获取所需要的各种学习资源，使个别化的学习方式得以真正确立。

（2）结构化发现式学习。多媒体营造出了由学生控制的发现式环境，这种发现式环境允许学生在特定的内容领域进行探索和检验假设，它主要以认知心理学理论为基础，发展学生高级思维和解决问题的技能。教师使用信息技术帮助学生学会组织、解释和运用材料，信息技术的这些运用将有助于学习者获取信息社会所需问题解决的技能。

其次多媒体技术使继续教育和技术培训更加方便有效。当代信息社会，知识更新急剧加速，人们不能不置身于不断的学习之中，继续教育已成为时代的需求。这种继续教育不仅有助于各种职业技能培训，更重要的还在于满足技术更新、技术进步所要求的职业素质教育。不管是哪种情况，都不可能完全通过办校、办班来解决（尽管这是一条非常重要的途径），大量的还要依靠在职自学或远距离教育来补充和提高。而后一种途径，又正好可发挥信息技术与信息高速公路的优势，使学习者不仅可通过多媒体终端机，不断补充与更新自己的知识，而且还可通过电信大学和模拟式训练，从而使继续教育和技术培训更加方便和有效。

3. 网络教学日益发展

随着网络技术、通信技术的快速发展，互联网络在我国日益普及，人们在尝试网络通信的同时，也想到把互联网技术应用于教育实践，出现了网络教学模式。这种教学模式的特点主要有开放性、协作性、交互性、共享性、实时性及个别化等。

网络教学为信息时代的教育提供了极大的支持。

（1）有利于学生信息能力的培养。开展网络教学，有利于培养学生利用网络进行信息获取、分析、加工的能力，从而有利于学生信息能力的培养。

网络的信息量大、信息传递便捷、交互性强的特点，有利于开展发现式和协同式教学，培养学生发现问题、提出问题和解决问题的能力，从而有利于学生创造能力的培养。在网络教学中，教师可以随时掌握新资料、汲取新知识、利用新教材，从而有效地完成教学任务。解决教学内容滞后于时代发展的矛盾。

（2）提高教学质量。网络庞大的信息资源、优越的多媒体功能和多向交互功能为教学提供了用之不竭的多种媒体信息，学校不需要再用大量经费和人力管理自己的媒体资料库，真正实现了资源共享。这样，每个人都有机会享受"名师"的指导，都可以借阅世界上著名图书馆藏书，都可以从世界上的任何角落获取最新的信息和资料。

（3）有效实施全民教育和终身教育。开展网络远距离教育，是信息时代最为有效的全民教育和终身教育方式。随着信息技术的发展以及信息高速公路的形成，远距离教育将具有双向传输的交互性能。学习者不仅可以在课堂看或听远距离传输来的教学内容，而且也可在家里看到课堂的景象，听到教师的讲授，或者看或听自己所需要任何一门课程的声像材料，并能与教师"面对面"地交流。由于是借助于信息高速公路的多媒体教育网络，所有这些都可以在瞬间完成，所需要的教师、专家、资料和信息，都是远在天边，又近在眼前。世界上的每一个公民,不管其家庭出身、地位、财富如何,都可以享受这种高质量的教育,这是真正意义上的全民教育。

(4) 教学科研更加富于成效。随着信息技术的发展以及信息高速公路的形成,信息技术也使得教学科研更加富于成效。这表现在以下几个方面。

首先是文献检索更加方便。教师在家里就可从国内外查询与收集到所需要的研究资料,不必再耗费大量的时间和精力。

其次推广和交流成果效率更高。不仅可广泛而迅速地推广与交流优秀教师的教学经验和研究成果,而且能科学地对研究项目进行辅助设计与模拟,对研究数据进行统计、计算与整理,准确地研究结果进行判断和分析,从而使研究周期大为缩短,研究成果的科学性大大增强。

总之,信息技术为当代教育理论提供了许多实现的途径,给当代教育带来了翻天覆地的变化。但与此同时,我们不应完全否定传统课堂教学的长处,学校应充分发挥其特有的人文和情感氛围,注重教学的优化设计,寻求课堂教学的最佳结合点,优质高效地培养能够适应信息时代要求、适合21世纪需要的新型创新性人才。

2.1.3 信息时代呼唤教师角色转换

21世纪是一个以"信息化"为主要特征的"知识经济"时代。信息不但是一个国家、民族生死存亡、兴衰成败的关键,同时也促使传统行为方式进行变革,这既提出了挑战,也提供了更大的可能和机遇。信息技术的发展使教育的观念、对象、手段和方法都发生了新变化。

要使我们的学校能够培养出具有信息时代社会适应力的高素质人才,我们的教师就必须从信息时代教育特征及人才需求的实际出发,树立新型教师角色整合的新理念,完成现代教师的角色转型。

1. 由从注重自己的"教"向注重学生的"学"转变

信息技术条件下,教师作为唯一的知识来源、知识传授者的传统地位动摇了,教师在传授知识技能方面的职能变得复杂化了。教师不局限于传授现成的教科书上的知识,更重要的是指导学生如何获取所需要的知识,掌握获取知识的工具和处理各种信息的能力。学生的学习方式正由传统的接受式学习向创造性学习转变。这就要求教师必须从传授知识技能的角色向教育促进者的角色转变,把教学的中心放在促进学生的"学"上,教师要成为学生学习的促进者。这一角色的重要转变,最集中地体现了改革和时代性的特征。教师的工作更侧重于指导学生形成良好的学习习惯,掌握学习策略,发展认知能力;教师要创设丰富的教学情境,培养学生的学习兴趣,激发学生的学习动机;教师要为学生创设一个接纳的、鼓励性的、宽容的课堂气氛。教师要改变过于强调知识传授的倾向,努力促使学生形成积极主动的学习态度,教学过程应是师生平等对话的过程。

教师要尽快充当起教学活动中共存的双主体之一的角色,发挥出教师的主体性作用,促进另一主体——学生的主动性、积极性、创造性的充分发挥。教师一方面应培养学生"会学",引导学生质疑、调查、探究,在实践中学习掌握获取知识的方法,学习根据需要去选取并处理各种不同信息的方法,从而让学生获得鲜活的知识;另一方面应该为学生的健康发展指明正确的方向,使他们获得高尚情操的陶冶与发展健全的人格,使学生树立健康的道德观和正确的人生观。

2. 由知识传授者向知识构建者转变

随着网络技术的发展,知识更新速度加快,学习者通过网络就可便捷快速地获得所需要的各方面的知识,个体的发展水平将越来越取决于不断利用信息、培养自我学习和自我教育的能力。信息化时代学生从被动地接受知识转变为主动地获得知识,教师不再是文化知识传播的中介,而是学生学习方法的指导者。通过调动学生学习的主动性和积极性,提高他们获取信息的能力,以及充分利用信息资源快速高效地解决问题的能力。帮助他们运用新的信息技术去获取知识,教师应成为学生自主学习的引导者和促进者。

传统教学中,国家统一编写教材规范教师对学生的知识传授,信息资源单纯而狭窄,相对来说,教师并没有多少信息选择和组织的自由和必要。随着信息化时代的到来,各种信息通过便捷而多样的媒体迅速传播,这些信息既开阔了学生的视野,又因其中必然掺杂着不利于学生身心健康的成分,对学生的健康发展构成了威胁。教师作为教学的主导者,必须运用其高度的智慧和经验,对众多的信息进行组织和选择,给学生营造一个有利的信息空间。特别是在课堂教学中,运用现代化手段为学生创设学习情境,开拓多媒体教学空间;编制教学软件,促进课程向地方化、校本化、个性化、综合化方面发展,实现课程教学综合化和知识的融会贯通;主动投身课程教学思想和教学方法的理论研究与实践探索,提高网络时代课程教学理论的研究水平。

3. 由"教学专制型"向"教学交流型"转变

在传统的教育教学活动中,教师是整个活动的主导者。漫长的传统文化形成了"师道尊严"的森严壁垒,教师与学生的关系是不平等的,教师高高在上,教师教什么,学生就学什么,教师让学生怎么样,学生就怎么样。网络形成的开放式教育系统,有利于师生之间平等民主关系的建立。在网络教育中,学生充满个性的主体性意识得以张扬,师生之间交流与合作的范围更加宽广,当教师给学生传授知识时,不是自上而下的"给予",而是与学生一道去探索,在主观上"分享"他们尚未获得的经验与知识。这样,师生之间追求知识的过程也是精神交流与对话的过程。他们彼此相互理解和认同,相互接受和汲取,创设出民主、平等与开放的教育氛围,在互动的过程中相互创造。

总之,信息时代,教育具有了新的特征,教师也必将走出传统的角色,继而扮演新的角色,实现教师角色的转换成了时代发展的必然,而角色的转换对教师的能力结构又提出了新的要求。

2.1.4 信息时代的教师教育技术能力要求

在教育信息化不断深入发展的今天,现在教育技术受到了前所未有的重视。对于课程的直接实施者——任课教师而言,他们不仅要与时俱进,更新教学理念,更要提高教育技术能力。在推进教育信息化的进程中,教师的教育技术能力已经成为影响教育信息化推进和教育改革成败的关键因素。

为提高我国中小学教师教育技术能力水平,促进教师的专业化发展,2004年12月25日,教育部借鉴国外教师教育技术标准、结合我国教育国情,颁布了《中小学教师教育技术能力标准(试行)》(以下简称"标准"),这是我国第一个中小学教师专业能力标准。该标准详细规定了中小学教师应该具备的教育技术能力要求。师范生是明日之教师,是未来中小学教师队伍的主要后备军,对中小学教师的教育技术能力要求应该也是师范生努力达到的标准。

"标准"主要内容包括教学人员教育技术能力标准、管理人员教育技术能力标准、技术人员教育技术能力标准三部分。对中小学教师的教育技术能力从意识与态度、知识与技能、应用与创新、社会责任四个方面进行了详细的规定,为提高广大中小学教师教育技术能力和水平,促进教师专业能力的发展,提出了明确要求。由于面向教学人员、管理人员和技术人员的三个标准的整体结构相同,现以面向教学人员的教育技术能力标准为例,介绍该标准的内容结构。中小学教学人员的教育技术能力标准具体内容如下。

1. 意识与态度

"意识与态度"既是能力建设的原动力,也是培养反思和持续发展能力的长期动力。意识到教育技术的重要价值是教育技术能力建设这一系统的重要动力系统。它是教育技术应用的前提,如果应用教育技术的意识不强烈,应用教育技术的态度不积极甚至惧怕和抵制教育技术的应用,就根本谈不上用教育技术来提高教学效果和效率。应用教育技术的意识与态度主要包括以下内容。

(1) 重要性的认识。"标准"在"重要性认识"中,依次从国家改革层面、教师专业素质层面、教学过程层面三个层次提出了要求,引导教师从宏观到微观分析教育技术的实际价值,并落实到教育的最终目标——创新人才的培养上。

(2) 应用意识。"标准"将"应用意识"分解为"教学过程中的应用"、"教学改革中的应用"、"丰富学习资源中的应用"、"新技术的应用",引导教师在各类教学实践中体验和分析教育技术的实践价值。

(3) 评价与反思。"标准"在"评价与反思"中,要求教师在教学实践中形成对教学资源的利用、教学过程、教学效果与效率等进行评价与反思,引导教师在实践的基础上进行评价与反思,通过评价与反思落实实效。

(4) 终身学习。"标准"从"教育技术作为学习对象"和"教育技术作为学习工具"两个角度说明了教育技术在教师的专业能力发展中的作用。教育技术既是教师完善自身素质结构过程中的学习对象,也是教师专业能力发展过程中的学习支撑工具,在实现教师专业终身发展中具有双重价值。

2. 知识与技能

理解和构建教育技术的"知识与技能",结合已有知识和教学经验,构建面向实践的教育技术知识和富有认知灵活性的教育技术技能,这是应用教育技术的基础。为了能够有效利用教育技术,教学人员要积极学习应用教育技术的基础,要积极学习应用教育技术所必需的教育理论与观念、信息技术知识与技能、教学设计方法、资源选择与开发的技术与方法、教学应用的模式与结构等教育技术基本知识与技能。应用教育技术的知识与技能主要包括以下内容。

(1) 基本知识。"标准"在"基本知识"中规定了教师必须具备的教育技术基本知识,了解教育技术基本概念;理解教育技术的主要理论基础;掌握教育技术理论的基本内容;了解基本的教育技术研究方法。教育技术基本知识是理解和掌握教育技术实践的基础,教师应该在自己应用知识和教学经验的基础上,理解教育技术的基本概念、理论和方法,形成合乎教育技术规律的知识结构。

(2) 基本技能。"标准"在"基本技能"中规定了教师必须具备的教育技术技能:掌握信息检索、加工与利用的方法;掌握常见教学媒体选择与开发的方法;掌握教学系统设计的一般方法;掌握教学资源管理、教学过程管理和项目管理的方法;掌握教学媒体、教学资源、教学过程与教学效果的评价方法。教育技术基本技能是在教学实践中应用教育技术的基础，教师应结合实际应用情境理解各种教育技术技能以及实际应用过程，逐步形成具有广泛迁移价值的、灵活变通的教育技术技能，以便有效应对复杂的教学实践和多样化的教学需求。

3. 应用与创新

教育技术的最终目的是教学应用与教学创新。从各类实际需要出发全方位、开放性地"应用"教育技术，在实践中谋求"创新"与突破。"应用与创新"是教育技术能力的核心部分和集中体现。在当前全面实施新课程改革的背景下，教师的教育技术应用也被赋予了更为丰富的内涵。教育技术应用与创新的关键是进行教学设计与实施、信息技术与课程整合、自主学习与协作学习等。教育技术的应用与创新主要包括以下内容。

（1）教学设计与实施。"标准"对教学过程中各个阶段中教师教育技术的应用提出了明确的要求，既包括课堂教学的教学设计和教学准备阶段，也包括课程教学实施和教学管理阶段，还包括课程教学实施中和实施后的教学评价阶段。

（2）教学支持与管理。"标准"从设计、应用并优化教学环境资源到对教学资源、学习活动、教学过程进行教学管理等方面对教师提出要求。从单纯关注教学设计到关注学生的学习需求，向学生提供优化的学习环境和学习资源，并对学习环境和学习资源进行有效的管理。

（3）科研与发展。为了提高教学效果，在教育技术应用的过程中，必须加强教育技术应用的研究，"标准"要求教师将教学与科研相结合。研究教育技术如何与具体学习相结合，如何更好地发挥教育技术在学科教学中的作用，使教育技术不断深入到学科教学中。"标准"还从利用信息技术学习业务知识，发展自身的业务能力等方面对教学提出要求。

（4）合作与交流。"标准"要求教师充分利用教育技术加强与校内教师同行和教育管理人员的交流互助，整合各类资源；借助教育技术与异地的教师开展专业研讨和合作教研，通过教育技术寻求专家答疑和专业支持。这样就将教育技术的应用范围从课堂教学内拓展到课程教学外，甚至利用互联网等现代教育技术实现随时随地的合作和交流。

4. 社会责任

教育技术在为教育、教学和学习带来诸多便利的同时，也带来了一系列的社会问题和各种各样的负面影响，需要教师在学习和应用教育技术时面向每个学生公平应用，并以身垂范，引导学生逐步形成健康、合法地应用现代教育技术的习惯。促进学生在利用技术、资源方面能够全面、公平、健康、安全、规范地成长。教育加护的社会责任主要包括以下内容。

（1）公平利用。在教育技术应用过程中，由于学生个体差异的存在，不同性别、不同家庭经济背景的学生之间必然产生很大的差别。教师在学校层面配置和组织学生使用教育技术时，应有意识地为女童、家庭贫困学生以及各类学习障碍学生创造平等使用技术的机会，有意识、有目的地缩小这种差别。

（2）有效应用。在教学设计、教学实施、教学支持和教学管理等各个环节中规划和使用教育技术时，要充分考虑不同起点水平、不同学习能力、不同认知风格的学生，为不同学生利用教育技术开展学习创设合适的条件，并为学生的个性发展留下空间。

（3）健康使用。注意结合教学中的教育应用实例，引导学生通过观察、体验、思考、讨论等方式,辩证认识现代技术的利弊,逐步形成适度应用现代教育技术的健康习惯,避免学生过分沉溺于互联网等现代技术;同时逐步养成识别和主动远离不健康信息、合理防范自己信息安全和人身安全的意识和能力。

(4) 规范行为。教师要结合教学活动中的教育技术应用,渗透相关法律的教育与讨论,促进学生的理解和内化;同时,要结合实际案例和具体活动指导学生以合乎规范的方式使用现代技术,通过行为指导教师本身的示范并逐步规范学生的行为。

2.2 信息时代的师范生信息素养教育

21世纪以多媒体和网络为代表的信息技术得到了飞速发展,人类社会全面进入信息化时代,计算机和网络正在深刻地影响人们的生产、生活和学习方式。在人才的培养目标模式中,一个新概念"信息素养"正引起教育界的普遍关注。

信息素养不仅成为当前评价人才综合素质的一项重要指标,而且将影响信息时代每一个社会成员的基本生存能力。信息时代,社会每个成员的生活、工作无不与信息有关,人的信息素养是衡量信息化社会人类文明的重要标志。

2.2.1 信息素养的概念

信息素养是信息时代的新概念,是现代社会成员的基本生存能力。在信息时代,信息日益成为社会各领域中最活跃、最具有决定意义的因素。

1974年,美国正式提出"信息素养"的概念。信息素养包括三个层面,文化层面(知识方面)、信息意识(意识方面)、信息技能(技术方面)。到1989年,信息素养的概念逐渐被普遍认可,正式定义为:"要成为一个有信息素养的人,他必须能够确定何时需要信息,并已具有检索、评价和有效使用所需信息的能力。"

1992年多莱(Doyle)在《信息素养全美论坛的终结报告》中,对信息素养的概念作了详尽表述。"一个有信息素养的人,他能够认识到精确和完整的信息是作出合理决策的基础;能够确定信息需求,形成基于信息需求的问题,确定潜在的信息源,制定成功的检索方案,包括基于计算机的和其他的信息源获取信息、评价信息、组织信息用于实际的应用,将新信息与原有的知识体系进行融合以及在批判思考和问题解决的过程中使用信息。"

作为未来的基础教育一线教师,高师学生的信息素养水平将影响到中小学教育的整体发展水平,关系到未来创新人才和信息化人才的培养。教师应具备的信息素养如下。

1. 信息意识

(1) 积极的投入态度。对信息有正确的理解,关注信息的发展进程,积极接触新技术,关心教育信息化进程,积极投入到教育信息化工作中,具有利用信息技术解决学习、工作、生活等问题的思想意识。

(2) 较强的敏感度和发展预测能力。信息时代的教师具备这种意识才会有一种开明、容忍的心态和不断进取的精神,才能正确地引导学生发展。

(3) 敏锐的文化判断能力。信息时代的教师应该具备一双慧眼,具有敏锐而正确的文化判断和选择能力,识别网络中各种文化的真假、美丑与善恶,引导学生树立正确的网络信息文化意识,使学生免受不良的、消极文化的影响。

(4) 强烈的社会责任感。教师担负的责任是培养下一代新人,培养我们未来的创造者。信息时代的教师应该具有强烈的社会责任感,要经常上网,积极主动地认识网络里虚拟仿真的生活形式,为培养具有健全思想品德和富有创造力的未来社会创造者尽自己的责任。

(5) 强烈的网络参与意识。网络信息文化的一个重要特征就是互动性,互动就要求参与。信息时代的教师应该积极参与,只有参与才能认识网络信息文化的各种表现,也才能了解青少年学生在网上的各种活动。

2. 信息知识

(1) 信息科学知识:教师应对计算机的组成、原理、发展、运用以及网络信息技术、通信技术的原理要有一定的了解,并掌握有关的基础知识。

(2) 信息工具知识:教师应掌握文字处理工具、浏览器、搜索引擎工具、网页制作工具、电子邮件、英语等信息工具的基本知识。

3. 信息能力

(1) 信息获取能力。信息时代,知识爆炸,面对大量的信息,要找到自己所需的信息,就要求教师必须有一定的信息获取能力。如:上网搜寻信息、阅读有关纸质媒体、电视媒体、电子读物信息等。

(2) 信息加工、整合和运用能力。教师使用信息是为了教学和教研,信息获取后必须经过加工、处理、整合才能成为自己所需的信息形式。如:使用 Word、PowerPoint、Authorware、Dreamweaver 和教学软件。

(3) 信息传递能力。将信息以各种形式进行信息组织、表达、传递的能力。如:使用磁盘、光盘、优盘、电子邮件等传递信息。

(4) 团队合作能力。利用信息技术进行教育、教学改革是一项艰巨的工作,单位个人或少数几个人是无法完成的,这就要求教师互相协作、经常交流,共同解决利用信息技术进行教育时碰到的问题,才能有利于教学工作。

4. 信息道德

(1) 信息道德意识。教师务必遵守网上秩序,严于律己,不能制作、复制、传播各种违法乱纪和不利于建设的信息,应该自觉遵守网络道德规范。

(2) 信息安全意识。信息时代信息安全常识有所了解,并能积极维护信息安全。网上产生的计算机病毒、电脑黑客、网络安全要有充分的认识。

2.2.2 师范生信息素养的培养

教师能力是搞好教学活动的重要因素,一般认为,传统课堂教学中,教师一般具备四种能力,即教学认知能力、教学操作能力、教学监控能力、教育探索能力。信息时代的教师新能力包括系统化教学设计能力、教学实施能力、教学监控能力、信息素养能力、教学研究能力、终身学习能力。可见,在信息化教育中,信息素养是教师能力的基本构成要素。

1996 年联合国教科文组织在发表的教育报告中指出:"对教师素质的重要性再怎么强调也不会过分,各国政府尤其要把重视基础教育师资的质量作为自己的重要职责。"无论是顺应时代的要求,或者是适应信息教育的开展,还是从教育系统本身出发,教师的信息素养都应该得到充分的重视。师范毕业生是我国中小学教师的主要来源。提高师范生的信息素养是有效提升我国中小学教师整体信息素养的根本性和基础性措施,也是一项重要任务。

高等学校培养师范类学生信息素养有以下策略可供参考。

1. 提升现代教育技术公共课的教学效果

现代教育技术是一门交叉学科,涉及的知识领域比较多,作为公共课,学时不多,学生不可能在短期内全面掌握现代教育技术的所有内容。因此,应该根据《中小学教师教育技术能力标准(试行)》的具体规定和中小学校实际应用情况及对中小学教师的要求进行定位,结合文理科学生不同的知识基础,精选教学内容,注重学科知识的更新,合理安排课程结构,加强实践环节的教学,突出重点,讲究实用,保证本课程教学的整体最优化。

具体而言,这门课程的教学要注重"四性",即系统性、师范性、示范性和实用性。首先,教育技术学有其自身的理论和理论基础,具有完整的系统性,必须包括理论基础、硬件设备的原理与操作、教学软件的设计与制作、多媒体技术、网络技术、远程教育技术、教学设计、现代教育技术的管理等等内容。其次,要突出其师范性,学生通过该课程的学习,可以使用教育技术的相关理论与本学科的课程进行整合,促进教学改革。再次,现代教育技术公共课本身应该成为一个应用现代教育技术进行教学的典范,让学生在感受教育技术的过程中接受教育技术,让学生在体验教育技术的过程中学习教育技术。所以,不论是组织以讲授为主的理论知识集体教学,还是组织基于网络资源的自主学习,或者组织任务驱动的技能训练,都要突出其教育技术特色。最后,现代教育技术公共课教学的主要目标不是培养现代教育技术方面的专家,而是培养普通师范生的实际应用能力,所以在教学内容的安排上,突出实际应用能力培养。通过学习使学生初步掌握教育技术的基础理论,现代教育媒体的操作使用方法,教学软件的设计、开发、制作技能,信息处理能力,教学设计能力,现代教育技术与专业学科整合的能力等6个方面的知识能力。

在教育技术公共课教学中,至少应该就1~2个专题,组织学生开展基于网络资源的学习。资源型学习是学生根据学习任务,从丰富的学习环境和学习资源中,在教师激发与引导下的正式或非正式实践活动,将检索和探求所获得的信息组合融会起来,支持活动的展开,形成自己的观点与认知方式,提高自己的信息素养、发展创造性思维能力、学会如何学习。资源性学习重在培养学生运用信息和媒体手段来解决实际问题的独立学习技能,在学习过程中学生通过对信息的搜集、加工、处理、利用和评价,从而达到课程和学习的目标。同时,学生也掌握了独立获取和处理信息的能力,培养了信息素养,有利于学生的终身学习。

2. 在学科教学论(法)课程中突出信息化教学设计与信息化教学实践能力的培养

师范生的信息素养其价值指向是师范生将来能在教学工作岗位上应用信息技术,有效提升教学效果,即师范生的信息素养最终要落实到教学能力上。所以,信息素养应用于学科是信息素养培养最终的落脚点。

每个专业的师范类教学计划中几乎都有学科教学论(法),课程中一般都包含实践环节,如编写教案、微格教学技能训练、教学见习等。每个师范类专业在当今的学科教学论(法)课程中,都应该强调信息化教学设计和信息化教学实践能力;突出网络信息资源、多媒体素材、多媒体课件、多媒体教学设备等的应用;应该给学生提供信息化教学环境作为教学技能训练的场所,如装备齐全的微格教室,在微格教学训练中,应强调学生驾驭课堂和操控多媒体设备的能力。组织教学见习时,也应该选择成功使用了信息技术手段的示范课。

3. 提倡在专业课程教学中使用信息技术

基础教育改革要求实现信息技术与学科课程整合,高师院校培养出的学生面向基础教育的第一线,因此高师教学实现信息技术与学科课程整合应该走在前列。高师院校在教学设备上一般都能配备多功能教室、语音实验室、多媒体网络实验室以及相应的电教设备。因此,高师院校在对学生专业课教学中,应该积极地开展信息技术与专业课程整合,合理的设计和利用教学媒体来辅助教学,一方面可以提高教学质量和教学效率,另一方面也可以让学生在专业课的学习过程中潜移默化地增强教育技术的应用意识与实际应用的能力。

学科课堂教学是培养和提高师范生信息意识的重要阵地,在各门学科的教学过程中通过开放式信息化教学环境的创设,将信息技术的内容,显性或隐性地贯穿于学科课程,以此来指导教师的教与学生的学。让学生在耳濡目染中感受信息技术带来的新鲜气息,体味信息技术的无限魅力,从而产生学习信息技术运用信息技术的强烈愿望和需求,认识到信息在信息时代的重要作用,使学生对信息产生积极的内在需求,迅速有效地发现并掌握有价值的信息。对信息产生敏感性和洞察力,这种信息意识的培养,是让学生主动参与,贯穿整个教学活动的知识内化和提升,能较好地培养学生的信息意识和情感,最终发展学生的信息素养。

4. 学校应发挥图书馆在信息素养教育中的作用

2003年初,教育部修订颁发的《普通高等学校图书馆规程(修订)》中指出,"高等学校图书馆是学校的文献信息中心,履行教育职能与信息服务职能,最大限度地满足读者的需求,为学校的教学和科学研究提供切实有效的文献信息保障。开展信息素质教育,培养读者的信息意识和获取、利用文献信息的能力"。图书馆在高校信息素质教育中的作用是其他设施无法代替的。我国高校学生的信息素养教育,在开展计算机教育和现代教育技术教育之前,一直是各高校图书馆以文献检索课的形式进行的。即使在目前,图书馆在对师范生进行的信息素养教育方面,仍然有许多有利条件。图书馆是各种文献信息资源的集散中心,图书馆有一批信息素养较高的专业人员,有相对完善的自动化、网络化的硬件设备及教学环境,图书馆开展信息素质教育是国家教育部明文规定的主要职责。充分发挥图书馆的信息资源、信息技术、信息环境和信息人才等多方面的优势,加强与其他部门的有力合作,使图书馆的用户教育从传统的文献检索技术培养向信息素养教育的方向发展,使广大师范生和图书馆的所有用户显著提高信息素养,在教学、科研以及学校发展、个人发展等方面更具有竞争力。

各门课程的教学中,不论是要求学生对课堂知识进行拓展延伸,还是要求学生进行自主学习获取学习资源,或者是要求撰写课程论文,教师都应该细致地指导学生如何利用图书馆,比如如何利用图书检索系统,快速地找到自己要借的书籍,如何利用数字图书馆,快速全面地检索到权威的文献资料。这些对于将来要从事教学与研究的师范生来说是十分重要的。

5. 建立合理的信息素养评价标准

师范生的信息素养培养结果要以中小学教师信息素养要求为准,信息素养的评价应该包括以下几个方面。信息意识及对信息化的理解和态度,获取和加工、处理信息,创造性地获取和利用信息,信息道德与安全。建立合理的信息素养评价标准,并严格按标准评价学生的学习结果,有利于学生信息素养的提高。

2.3 现代教育技术促进教师专业化发展

2.3.1 教师专业化与教师专业发展

1. 教师专业化

真正使教师专业化成为可能的是 18 世纪中叶的教育和教学理论的发展。义务教育的普及以及教育科学化运动促使人们对教育科学有了更深入的认识。无疑,师范教育在促进教师专业化方面是非常重要的。在师范院校中,师范生通过系统地学习教学理论和教学技能,并进入学校进行教育实习,能够确保在毕业以后以现代的教育思想和教学理论以及基本的教学技能来从事教学实践工作。教学技能技巧的大量运用,意味着在教学过程中所需的专业知识迅速增长,专业含义更加突出。

20 世纪 80 年代以后教师专业化的问题受到前所未有的重视,对教师专业化理论的重新构建成为欧美国家在世纪之交的一项重要课题。1983 年美国"高等教育委员会"发表的《国家在危急中,教育改革势在必行》、1986 年霍姆斯小组发表的《明天的教师》、卡内基工作小组发表的《国家为培养世纪的教师做准备》、"全美教学与美国未来委员会"相继发表的《什么最重要:为美国未来而教》和《做什么最重要:投资于优质教学》等系列报告,就是这一转变的重要标志。

其中美国卡内基财团组织的"全美教师专业标准委员会"倡导的《教师专业化标准大纲》,是一份迄今为止最明确地界定了教师"专业化"标准的文件,它明示了如下制定专业化量表的基本准则:

(1) 教师接受社会的委托负责教育学生,照料他们的学习——认识学生的个别差异并采取相应的措施;理解学生的发展与学习的方法;公平对待学生;教师的使命不停留于学生认知能力的发展。

(2) 教师了解学科内容与学科的教学方法——理解学科的知识是如何创造、如何组织、如何同其他领域的知识整合的;能够运用专业知识把学科内容传递给学生;形成传授知识的多种途径。

(3) 教师负有管理学生的学习并提出建议的责任——探讨适于目标的多种方法;注意集体化情境中的个别化学习;鼓励学生的学习作业;定期评价学生的进步。

(4) 教师系统地反思自身的实践并从自身的经验中学到知识——验证自身的判断,不断作出艰难的选择;征求他人的建议以改进自身的实践;参与教育研究,丰富学识。

(5) 教师是学习共同体的成员——同其他专家合作提高学校的教育效果;同家长合作推进教育工作;运用社区的资源与人才。

目前,我国已经有了成熟的师范教育体系,教师资格认证机制,以及相对完善的教师职称评定体系。这些都为我国的教师专业化提供了良好的基础。

2. 教师专业发展

从早期将教师专业化看作是一种单纯的教学技能训练和教学理论的学习,发展到教师对教学过程的探索、反思,以及对整个教学过程规律的探讨,教师专业化的理论更加系统。教师专业化的进程进入了一个系统发展的阶段,教师专业发展就成为了这个阶段面临的一个最重要的问题。因为要实现教师的专业化,不光是要教会教师使用各种教学技能,增长教学能力,更重要的是使教师能够像专家一样来对教学过程进行研究,发现其中的规律,而这样的一个过程可以看作是一个教师在专业化的过程中不断反思发展自己的过程。其中,1980年的《世界教育年鉴》更是以"教师专业发展"为主题发表了一系列的文章,指出教师专业化的目标有两个,其一是把教师视为社会职业分类;其二是把教师视为提供教育教学服务的专业工作者。专业化的目标是发展教师教育教学的知识和技能,提高教育教学的水平,这正是一种以发展教师的专业能力为目标的趋向。

从概念上来看,教师专业化和教师专业发展是不矛盾的。教师专业化使教师成为一个像医生、律师一样的职业,从事教育工作需要专门的专业知识和专业技能,以及与这些专业知识和技能相辅相成的专业情感。但是,教师的专业化并非一蹴而就,学生从师范院校中毕业以后也并非已经具备了从事教育的所有知识和技能。教师的专业知识和专业技能以及专业情感有一个成长过程,这个成长过程是教师在不断的教学实践中进行的,是一个终身学习和终身专业发展的过程。

要完成教师的专业发展,就需要在教师的教学实践中给教师提供专业成长的条件和环境。现代教育技术的发展给教师的专业成长提供了这样的条件和环境。

2.3.2 运用现代教育技术促进教师专业化发展

1. 运用现代教育技术更新教师的教学观念

(1) 教师自身的角色发生改变。当今世界科技日新月异,已经是一个网络无处不在的时代。教师作为教学系统的一个重要组成部分,应该在一个开放、自由的系统中与学生进行"视界的融合"。改变传统的教师权威角色,就是要运用现代信息技术,以互联网为平台,与学生进行平等对话与交流,打破传统教育教学观念的束缚,从自我封闭状态走向自由、开放、澄明的交互状态。

(2) 教师要重新定位教学活动中的学生。传统的教学活动中,教师是知识与学术的权威,教师对学生进行"填鸭式"的教学,学生只是被动的、接受式的学习,学生没有自主权。在这种教学状态下,学生严重缺乏学习的积极性、主动性、创造性。在今天的互联网背景下,学生进行探究学习,借助网络搜索资料进行创造性的学习。学生的学习积极性、主动性得到了充分发挥,学生不再只是一个"井底之蛙",在某些方面,可能"弟子不必不如师"。所以,在网络的支持下,教师要重新审视自己的教学对象。

(3) 教师要对教育中介进行再认识。教育中介是指那些在受教育者与教育者之间起桥梁作用的物质与意识的东西。教育中介包括物质中介与精神中介。教育物质中介主要指教学内容和教学工具。传统的教学活动中教师有一支粉笔、一本教材、一张黑板就能进行教学。网络时代的教学活动中,传统的黑板加粉笔的教室已经成为多媒体教室了,教师必须具备信息技术的素质才能进行教学活动。教学的工具也发生了变化,投影仪、电脑、音响、麦克风等信息技术设备远远优越于粉笔的功能,教师需要再认识教学工具。教学内容当然也不再是孔子时代的"六艺",也不再是"四书"、"五经"和"一本一纲"(教学大纲和教材),而是包括教材在内的多方面的知识内容。知识的获得不仅是从课堂上,还可以从生活中、从互联网上获得;知识不仅出现在书本上,还出现在网络中、电视媒体中。所以,教师要重新认识教学内容。

2. 运用现代教育技术提高教师的教学能力

（1）教师要掌握基本知识与技能。教师应掌握的基本知识包括了解教育技术的基本概念；理解教育技术的一些主要理论基础；掌握教育理论的一些基本内容；了解基本的教育技术研究方法。基本的技能包括：掌握 Windows 的一些基本操作方法，能够进行 word 文档编辑处理；掌握信息检索、加工与利用的方法，如利用 Google、baidu 等网站进行搜索下载；掌握教学媒体选择与开发的方法；掌握教学系统设计的一般方法，如制作电子教案、采用 PowerPoint 等制作教学课件。

（2）教师要具备一定的教学应用与创新的能力。教师能够利用互联网进行查找资料，如电子教案、学术论文；教师能够利用因特网来发表教学论文，如可以申请自己的 E-mail 来进行论文投稿；教师能够利用因特网同学生进行交流与联系；教师能申请教育博客进行思想交流；教师能够利用信息技术进行教育教学管理、学生管理；能够利用加密技术对学生的成绩、学生的评价、考核进行档案管理。

（3）要不断学习信息技术，充分利用网络辅助教学。利用网络先进的技术、丰富的信息资源上课。课前教师根据教学目标、教学内容收集相关材料，制作相关课件；课上教师交代课堂任务，让学生根据自己对任务的理解掌握情况，针对自己的薄弱环节自主探索、寻求、交流问题的答案或解决的办法，然后教师给出问题的答案或解决问题的方法。这种方式使得学生由知识的被动接受者向知识的探索者转变，避免了以往课堂上已经掌握了知识的学生无事可干或者尚未掌握前一部分知识的学生又无所适从的被动局面。这种模式非常有助于解决班级授课制之中的分层次、个性化教学问题，使因材施教成为可能，教学效率也必将得到大幅度提高。另外，课上教师可将部分课堂任务用电子邮件发布，同学们用电子邮件在线聊天进行课堂的延续交流，学生还可以用电子邮件的形式交课堂作业。应该注意的是网络教学应适度使用，一方面现阶段使用这种交流技术在教师技能、内容表达方面存在局限性；另一方面网络技术不可能完全取代课堂教学，因为课堂教学具有教师与学生面对面的直接交流方式。

3. 运用现代教育技术强化教师知识管理

随着社会的发展变迁，教育技术逐渐成为教师专业发展的核心动力，可以渗透到教师专业化发展的各个层面。面对知识的迅速更新，对知识进行管理成为每个人必须具备的基本能力。知识管理并不是简单地对知识进行记录或者给这些知识进行简单分类加以存储在文件夹中，而是首先对知识进行筛选，然后经过系统化梳理，让零碎的知识有条理地存储在大脑中并与他人分享。个人知识管理包括学习知识、保存知识、分享知识和使用知识。能够帮助我们进行知识管理的工具很多，比如，Google Reader 不仅可以作为学习工具，还可以作为保存知识和与他人共享知识的工具；博客或者微博可以作为保存知识、分享知识的工具，同时也可以帮助使用者梳理知识，开展反思性学习。教师可以把自己在日常教学中遇到的问题或感悟、收获等写在 Blog 中，便于日后的整理和利用，从而开展对教学问题的集体讨论以促进深入思考。另外，教师可以利用如微软开发的 OneNote 等软件来进行知识管理。

2.3.3 教师进行教育技术课题研究深化教师专业化发展

为了培养适应 21 世纪信息时代的创新人才，必须根据 21 世纪社会的变革来研究基础教育。跨入 21 世纪，世界各国相继开展基础教育课程改革运动。现代教育技术在基础教育课程改革的历史洪流中承担着重要的历史责任。要实现基础教育课程改革的一系列目标，离不开现代教育技术营造的信息化教学与学习的环境。基础教育课程改革的纵深发展迫切要求加强对现代教育技术课题的研究。中小学教师作为基础教育课程改革的生力军，既了解教学、了解学生，又具备一定的信息素养，是教育技术课题研究不可或缺的人员。中小学教师，参与教育技术课题研究，促进了基础教育课程的改革和实施，同时也深化了教师的专业化发展。

中小学教师从事教育技术研究有一些特别的地方。第一，在研究目的上，它们主要是解决教育教学实践中遇到的问题，寻求解决的办法或改进的措施，面向实际，站在前沿，重在应用。第二，由于中小学教师从事的教学活动单一，他们的研究往往只是课题中的一部分，因此非常需要与研究院所、高校或基础教育管理部门合作（当然，这些研究和管理机构也很需要教师掌握的教学一线实际状况）。第三，中小学教师所从事的教育技术课题研究，不指向高深的理论或者技术的前沿，而是着眼于在目前的环境下如何改进教学。第四，对中小学教师的教育技术课题研究，在方法上更多地采用行动研究或者叙事研究。他们的研究不宜用学院派的研究范式来衡量，应更多地提倡和顺应他们的优势——以行动研究解决教育教学实践中的问题。

1. 教学反思是教师开展教育教学研究的切入点

教学反思是教师在教学实践中批判地审视自己的教学行为及其所依据的观念、思想、教学结果、教学理论、教学背景，或给予肯定、支持和强化，或给予否定、思索和修正，从而不断提高自身主体性的过程，是教师借助行为研究，不断探究，解决自身和教学目的、教学工具等方面的问题。是将"学会教学"与"学会学习"统一起来，努力提升教学实践的合理性，使自己成为学者型教师的过程。新一轮基础教育课程改革倡导教师进行教学反思，成为反思性实践者，以提高教师的专业化素质，增强其进一步解读和实施新课程的能力。教学反思的策略很多，有个体反思、群体反思和综合反思等。其中个体反思是实施其他一切反思策略的根基和原动力。

教师在把教育技术应用到课堂教学和教学管理的过程中，会有很多值得反思和记录的地方，美国著名的教育学家波斯纳提出了一个教师成长的公式：经验＋反思＝成长。课后反思是教师将自己的课堂实践连同自己的体会和感受诉诸于笔端而实现自我监控最直接、最简易的方式。课后反思涉及实践主体（教师）方面的内容，实践客体（学生）方面的内容和教学方法、手段、效果等方面的内容。教师不仅要对课堂的事件进行客观的描述，对事件的发生，进行细致的分析，还要对相关问题提出研究方案。教育家苏霍姆林斯基也曾经建议："每一位教师都来写教育日记，写随笔和记录，这些记录是思考及创造的源泉，是无价之宝"。博客这种网络传播方式十分适合教师用来撰写和交流教学反思。它技术门槛低，只要有条件上网的教师都能学会。而且，教师个人的日志可以每天更新，分类管理，可以在"发表"的第一时间被他人访问，并可以留言，可以回复，还可以留下QQ等联系方式适时交流。这样，教师一方面有了撰写教学反思的空间，另一方面也容易结交志同道合的朋友，让教师生涯并不孤单。

新一轮课程改革不仅仅是课程、教材的内容、体系、结构和方法的变革，而且也是变革人。教师不仅仅是课程的被动解释者，也是课程的参与者、构建者和开发者，课堂不是单纯的课程实验场所，而是进行教育教学实验的实验室。这就要求教师必须以一个研究者的身份进入到课堂教学实践中去,成为一个对自己实践不断思索的"反思的实践者"。并在对实践不断进行反思的过程中,使其专业意识、专业知识和专业能力得到提升和超越。可以说,网络环境下的教学反思有利于深化教师群体的专业化发展。

2. 校本研究是教师展开研究和专业成长的依托

任何教学改革行为要最终落实到课堂上去,都需要教师才能完成。如果没有得到教师对研究成果的检验,那么就很难看到如何能够改进教学,或如何能够满足课程规划。如果教学要得到重大的改进,就必须形成一种可以使教师接受的、并有助于教学的研究方式——校本研究。校本研究就是以教师为研究主体,以解决在课程实施过程中教师所面对的各种具体问题为对象,有专业理论人员共同参与的一种教研活动方式。基础教育课程改革中很多改革措施的落实都需要教育技术的支持,在尝试和探索应用信息技术的过程中有很多问题是值得研究的。在开展教育技术校本研究活动中,学校作为课程改革与实施的最基本的单位,最重要的就是把立足点定位在充分利用本校特色和资源上,在上级教研主管部门的指导下,注重搞好校本研究的三个结合,一是与课堂教学改革、教学创新相结合;二是与提高教育教学质量相结合;三是与提升教师整体素质相结合。

在教学实践和日常活动中所体会及获取到的经验和教学反思有时是零碎的、不系统的,只有经过教师们的"去粗取精,去伪存真"的加工制作过程,才能形成系统的理性化认识,而课题则恰恰是教研科研工作一个有效的载体。广大教师应立足课堂,从教学实际出发,积极参与课题研究,边实践、边研究、边整合。学校应积极为教师创设一种宽松的学术氛围,保护尊重教师教学研究的积极性和创造性,增强教师的职业信心,充分肯定和承认教师的研究成果,鼓励教师大胆创新,引导教师上出"自己的课",写出"自己的文",走出"自己的路"。于学校而言,也可以课题为载体,提升校本研究的专业化品位。

校本研究对深化教师的专业化发展有着重要的意义。

(1) 校本研究的开展促使教师不断地学习教育教学理论,广泛地阅读专业书籍和相关文献。这从客观上扩大了教师的理论知识面,同时还增强了他们对文献和信息的收集、分析、处理能力,提高了教师教育教学理论水平。

(2) 增强教师的科研意识和科研能力。许多教师认识到单靠经验已不适应时代的要求。"教师即研究者"、"一个不具备研究能力的教师是不合格的教师"已成为共识。教师们若能以科研为动力,在教学改革、教学创新过程中积极探索,就会取得一定的成绩,就会在各种教学竞赛、优质课评比、评选中脱颖而出。实践证明,校本研究能够促进教师"教学研"一体化,使他们由经验型向研究型迈进,使他们的教师生涯具有专业化的可持续发展的空间。

(3) 促进教师的成长。在研究过程中,教师们牢牢把握向科研要质量的理念,把教学实践作为观察和思考的对象,并运用跨学科的方法从不同的角度进行剖析,然后提到理论的高度加以概括,说明教学的实质,进一步指导自己的教学实践。通过不断地"实践——认识——再实践"的过程,逐步探索出众多富有创新特色的、行之有效的教学模式。

3. 行动研究是教师提高科研能力最有效的方法

行动研究是一种教育研究方法,指教师在从事教育实践过程中,对自己的实践过程进行研究,融教育理论与实践于一体。它较适合于没有接受过严格教育实验训练的中小学教师使用,符合中小学教育科研的发展战略,有利于改变中小学教师的职业形象,提高中小学教师的教育科研素养,促进教师专业化发展,对于提高中小学教育教学质量具有十分重要的意义。行动研究主旨不在于构建教育理论体系,而更多地强调理论联系实践,强调个体或群体与专家或专业团体的密切结合。教师承担的研究任务和教师的教学行为直接相关,而且教师不是被动地执行专家提供的教学方案,而是在尝试和思考的过程中对方案进行评价和修改,与专家形成协作关系。专家更多的是负责理念的引领,而教师更多的是关注实践上的可行性,最终在先进教学理念的引领下获得符合教学实际需求的教学改革方案。

思考与练习

1. 简述信息技术对教育改革的影响。
2. 简述信息时代教师如何进行角色的转变。
3. 简述师范生信息素养培养策略。
4. 简述现代教育技术如何促进教师专业化发展。

第 3 章　信息化教学设计

学习目标：
1. 掌握教学设计和信息化教学设计的内涵。
2. 掌握教学设计的一般过程，并能够根据过程步骤完成教学方案的设计。
3. 掌握信息化教学设计过程模式及基本原则，能够按照教学设计的基本步骤和方法设计信息化教学。
4. 掌握信息化教学评价的原则和方法，能够熟练运用各种评价工具评价学习过程。

3.1　教学设计概述

教学是一项由教师教、学生学的统一活动，其目的是使学生在教师的指导下，积极、主动掌握系统文化科学基础知识、基本技能和发展能力，并形成一定的思想品德。在实际教学中，每一位教师都会事先认真考虑整个教学活动，依据一定的教育思想和自己对教育、教学过程的理解，以各种方式、方法对教与学的双边活动进行安排和考虑，以实现教学效果的最优化。实际上，这种对教学活动进行的规划和安排，就是教学设计。

3.1.1　教学设计的含义

在教育技术的五个研究范畴中，教学设计被认为是"教育技术对整个教育科学领域具有最大理论贡献的一个范畴"，在教育技术学科体系中占据着核心地位。我国对教学系统设计的研究开始于 20 世纪 80 年代中期，经过 20 多年的研究，在理论和实践方面都取得了很大的成果。20 世纪 90 年代以来，以多媒体计算机和网络通信技术为核心的信息技术发展非常迅速，在教育技术学领域的应用也越来越广泛，这不仅对传统教育观念、教学方式产生了巨大的影响，也使教学系统设计的理论、方法和应用的研究发生深刻的变化。随着教育信息化的进一步深入，教学系统设计在教育教学中地位越来越重要，各个学科的教学都需要有一定的教学系统设计理论作为指导，教师在设计和开发多媒体教材、实施多媒体教学过程、进行多媒体教学评价等方面才能做到科学合理，符合教育教学规律，实现教学的真正优化。

关于教学系统设计的定义比较多，各个定义的侧重点也有所不同，我们这里给出几种有代表性的定义供大家参考。

(1) 教学设计是设计科学大家庭的一员，设计科学各成员的共同特征是用科学原理及应用来满足人的需要。因此，教学设计是对学业业绩问题的解决措施进行策划的过程（帕顿，1989）。

（2）教学是以促进学习的方式影响学习者的一系列事件,而教学设计是一个系统化规划教学系统的过程(加涅,1992)。

（3）教学系统设计是运用系统方法分析研究教学过程中相互联系的各部分的问题和需求,确立解决它们的方法步骤,然后评价教学成果的系统计划过程(肯普,1994)。

（4）教学系统设计是运用系统方法分析教学问题和确定教学目标,建立解决教学问题的策略方案、试行解决方案、评价试行结果和对方案进行修改的过程。它是以优化教学效果为目的,以学习理论、教学理论和传播理论为基础(乌美娜,1994)。

（5）教学是一门科学,而教学设计是建立在教学科学这一坚实基础上的技术,因而教学设计也可以被认为是科学型的技术。教学的目的是使学生获得知识技能,教学设计的目的是创设和开发促进学生掌握这些知识技能的学习经验和学习环境(梅瑞尔,1996)。

（6）教学设计是指运用系统方法,将学习理论与教学理论的原理转换成对教学资料、教学活动、信息资源和评价的具体计划的系统化过程(史密斯、雷根,1999)。

（7）教学设计主要是运用系统方法,将学习理论与教学理论的原理转换成对教学目标、教学内容、教学方法和教学策略、教学评价等环节进行具体计划、创设教与学的系统"过程"或"程序",而创设教与学系统的根本目的是促进学习者的学习(何克抗,2002)。

对于教学系统设计的定义虽然是多样的,但各种定义有着共同的认识。首先,教学设计的目的是优化教学,否则,教学设计的整个工作是没有意义的;其次,教学设计运用的是系统方法;最后,教学设计要遵循教育教学的基本原理,设计包括整个教学过程和学习过程。我们认为教学系统设计是运用系统方法分析"教"与"学"过程中的问题,并建立解决问题的方案和策略,实施解决方案,对实施结果进行评价,并对以上步骤进行修正的过程。其根本目的是促进学习者的学习。

3.1.2 教学设计的应用层次

教学设计是一个问题解决的过程,根据教学中问题范围、大小不同,教学设计也相应地具有不同的层次,即教学设计的基本原理与方法可用于设计不同层次的教学系统。一般可归纳为三个层次。

1. 以"教学系统"为对象的层次——教学系统设计

这里所指的系统是特指比较大、比较综合和复杂的教学系统,例如,一个学校或一个新专业的课程设置和实施计划等。这一层次的设计通常包括系统目的、目标的确定、实现目标的方案的建立、试行和评价、修改等,涉及内容面广,设计难度大。因此教学系统设计需要由教学设计人员、学科专家、教师、行政管理人员,甚至包含有关学生组成的设计小组来共同完成。

2. 以"教学过程"为对象的层次——教学过程设计

教学过程设计是针对一门课程或一个单元,甚至是一节课或某个知识点的教学过程进行的教学设计。我们把它分为两个方面:一是课程教学设计。它主要根据课程规定的总的教学目标,在教学内容和教学对象分析的基础上,设计出每个单元、章节的教学目标和各知识点的设计。它是在课程目标体系的指导下,选择教学媒体,指定教学策略,形成课堂教学过程结构方案,付诸教学实践,并进行评价与修改。课程教学设计一般由教师或教研组来完成,也可以由教学设计人员、学科专家、教师共同完成,以保证课程规定的总教学目标的实现。课堂教学设计由任课教师完成。

3. 以"教学产品"为对象的层次——教学产品设计

教学设计的最初发展是从以"产品"为中心的层次开始的,它把教学中需要使用的媒体、材料、教学包等当作产品来进行设计。教学产品的类型、内容和教学功能常常由教学设计人员、教师和学科专家共同确定。简单的教学产品可由教师自己设计与制作,比较复杂的教学产品有时还须吸收媒体专家和媒体技术人员参加对产品进行设计、开发、测试和评价。

以上三个层次是教学设计发展过程中逐渐形成的,他们是紧密联系的。教学过程是整个教育过程的关键,教学过程设计在教学设计的三个层次中处于中心地位。

3.1.3 教学设计的一般过程

对一般教师而言,接触最多的是学科教学工作。因此,下面将以教学过程设计层次为主,介绍层次教学设计的一般过程。从了解学习对象、明确目标、把握内容、制定策略到权衡利弊,即从教给谁和教什么、为什么教、怎样教、教得怎样几个方面入手,形成各个层次。教学设计包含学习者、目标、策略、评价四个基本要素,如图3.1所示。

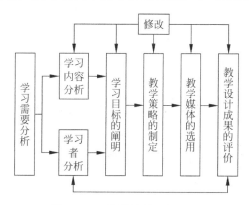

图3.1 教学设计的一般过程

下面将结合教学设计的一般过程简要介绍各层次的主要内容和相关方法。

1. 学习需要分析

学习需要分析关注的是"为什么教"的问题,指学生在学习方面目前的状况与期望水平之间的差距。这里,期望来自于社会和学生自身两个方面,是社会和学生自己对其能力素质及其发展的要求。

具体而言,学习需要分析,主要是进行三方面的工作。一是深入调查研究,分析教学中需要解决的问题是什么;二是通过分析该问题产生的原因,以确定解决该问题的必要途径;三是分析现有的资源条件和制约因素,明确设计教学方案以解决该问题的可行性。学习需要分析的结果是提供"差距"的有关数据和资料,以此帮助形成教学设计项目总的教学目标。进行学习需要分析的基本方法有如下两种。

1) 内部参照需要分析法

内部参照需要分析法是将学习者所在的组织机构所确定的目标与学习者学习的现状相比较,找出两者的差距,从而鉴别学习需要的一种方法。我国普通学校教育一般采用这种方法来分析和确认教学问题。

2) 外部参照分析法

外部参照分析法是将学习者的学习现状与外界社会所提出的要求相比较,找出两者差距,从而了解学习需要的一种分析方法。

2. 学习内容分析

学习内容是指为实现教学目标,要求学生系统学习的知识、技能和行为经验的总和。学习内容分析的常用方法有。

1) 归类分析法

归类分析法主要是研究对有关信息进行分类的方法,旨在鉴别为实现教学目标而需要学习的知识点,其分析案例如图3.2所示。

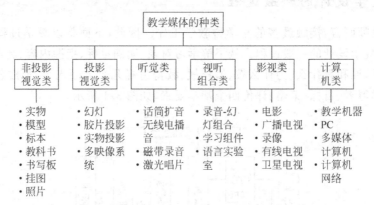

图 3.2　内容分析方法之归类分析法的应用案例

2) 层级分析法

层级分析法是用来揭示教学目标所要求掌握的从属技能的一种内容分析方法,这是一个逆向分析的过程,其分析案例如图3.3所示。

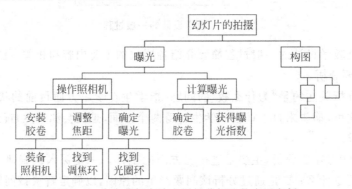

图 3.3　内容分析方法之层级分析法的应用案例

3) 概念图分析法

概念图分析法是一种语义网络的可视化表示方法,图中有许多节点,节点与节点之间的关系用加语义标记的连线来表示,其分析案例如图3.4所示。

3. 学习者分析

学习者分析又称教学对象分析。分析学习者主要目的是为了了解学生的能力、特征以及风格,为教学外部条件适应学生内部条件提供重要依据,主要从三个方面进行。

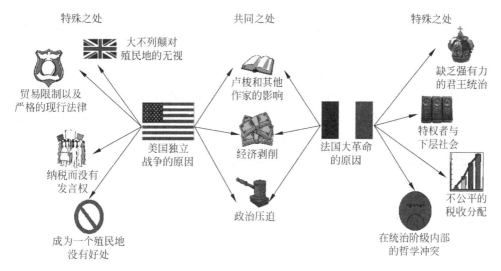

图 3.4 内容分析方法之概念图分析法的应用案例

1) 初始能力的分析

初始能力是指学生从事特定学习内容的学习前已经具备的知识技能基础,以及有关学习内容的认识与态度。预估学习者的起始能力的目的,是为了了解三方面的内容:一是了解学生是否具备了从事新的学习所必须具备的知识和技能基础;二是了解学生对将要学习的内容知道了多少;三是对学生学习态度的了解。

2) 学习者一般特征的分析

学生的一般特征是指学习者具有的与具体学科内容无关,但影响其学习的生理、心理和社会特征,包括年龄、性别、认知成熟度、学习动机、生活经验等内容。在教学过程中,教师应把握学生的一般特征方面的特点并以此作为集中教学时选择教学内容、制定教学策略等工作的依据,同时还要充分重视学生在一般特征方面的差异,并以此作为制定个别化学习的策略,进行个别辅导等工作的依据。

3) 学习风格的分析

学习风格是学习者持续一贯的带有个性特征的学习方式,是学习策略和学习倾向的综合。学习策略指学习者为完成学习任务或实现学习目标而采用的一系列步骤,其中某一特定步骤称为学习方法。每一个学生,在学习过程中表现出不同的学习倾向,包括学习情绪、态度、动机、坚持性以及对学习环境、学习内容等方面的偏爱。有些学习策略和学习倾向可能随着学习环境、学习内容的变化而变化,而有些则表现出持续一贯性。那些持续一贯表现出来的学习策略和学习倾向,构成了学习者通常所采用的学习方式,即学习风格。在分析教学对象的时候对学习风格做出诊断和验明,主要目的是在承认和尊重学生学习风格存在差异的前提下,为设计出有利于因材施教的教学方案提供依据。

4. 学习目标的阐明

学习目标(或教学目标)是对学习者通过教学后应该表现出来的可见行为的具体的、明确的表述。学习目标也称为行为目标,运用这个术语是为了强调教育结果的可观察性和可测量性。

1) 学习目标的分类

依照美国教育心理学家布卢姆(B. S. Bloom)提出的学习目标分类学说,所有以培养人为核心的教育目标可分为三个领域,即认知领域、动作技能领域和情感领域。

认知领域目标涉及对有关知识的回忆或再认,以及理智能力和技能的形成等方面的目标。布卢姆将这个领域的教学目标分为知道、领会、运用、分析、综合和评价六种不同的水平。

动作技能涉及骨骼和肌肉的使用、发展和调适,主要通过职业培训、实验课、体育课等科目进行学习与掌握。这里介绍辛普森(E. H. Simpson)等 1972 年的分类,将动作技能的教学目标分成七级,即知觉、定向、有指导的反应、机械动作、复杂的外显行为、适应和创新。

情感是人对客观事物态度的一种反映,表现为对外界刺激的肯定或否定,如喜欢、厌恶等。情感学习既与形成或改变态度、提高鉴赏能力、更新价值观念等方面有关,也影响认知的发展和动作技能的形成。这里介绍克拉斯伍(D. R. Krathwohl)等 1964 年的分类,该分类依照价值内化程度,将情感领域的教学目标由低到高划分成五级,即接受或注意、反应、价值化、组织和价值或价值体系的性格化。

2) 学习目标的编写方法

(1) ABCD 法。

ABCD 编写方法基本上反映了行为主义的观点,强调用行为术语来描述学习目标。下面是依据 ABCD 法编写的实例,并用符号标明了它的构成要素:

<u>初中二年级学生</u>,在观察各种云的图片时,<u>应能将卷云、层云和雨云分别标记出来</u>,
   A   C   B
<u>准确率达 90%</u>。
 D

① 对象 A(Audience)。

对象即指需要完成行为的学生、学习者或教学对象。如上例中的"初中二年级学生"。

② 行为 B(Behavior)。

在教学目标的构成要素中,实际的行为及其结果是一个最基本的要素。它说明了学生通过学习所能够完成的特定而可观察的行为及其内容。描述行为及其结果的基本方法是使用一个动宾结构的短语,其中表述行为的动词说明学习的类型,宾语则用来说明学生的行为结果或学生所做的事情。上面例子中"将卷云、层云和雨云分别标记出来"中的"标记"就是动宾结构短语中的行为动词,而"卷云、层云和雨云"则是动宾结构短语中的宾语。

③ 条件 C(Condition)。

学生在证实其相应的行为及其结果时,总是在一定的情境条件下进行的,也就是说在学生证实其终点行为时,我们常提出相应的限制条件。例如"可以借助字典"、"通过小组讨论"等都包含有相关条件。行为的条件一般包括以下因素。

- 环境因素(气温、光线、地点、噪音等)
- 人的因素(在教师的指导下进行、小组合作进行、学生独自完成等)
- 设备因素(设备、工具、图纸、计算器、说明书等)
- 信息因素(教科书、笔记、资料、图表、词典等)
- 问题明确性的因素(为证实学生的行为表现,提供什么刺激条件以及刺激的数量如何等)

编写良好的教学目标应尽可能地包含实际的有关条件,以使学生能在适当的环境中证实其行为结果。

④ 行为的标准 D(Degree)。

行为的标准是指行为完成质量可接受的最低衡量依据。为了使教学目标具有可测量性，应该对学生行为的标准进行具体的描述。学生行为表现的熟练程度一般而言是具有差异的，而且幅度可能很大。在教学目标编写时采用什么程度的标准要依据教学内容的实际要求，以大多数学生在经过必要的努力之后都能做到的事情作为行为的标准。行为的标准一般从行为的速度和准确性等方面进行描述。例如"在 5 分钟以内"、"误差在 1mm 以内"、"准确率达 90%"都包含了教学目标中的有关标准。

在一个教学目标中，实际的行为及其结果是基本组成要素，不能省略，而教学对象、条件和标准是可选择的要素，编写教学目标时不一定一一列出。若不提及标准，一般可认为是要求学生达到 100% 的正确率。以下是一个实例。

学完本单元以后，学生应能够。

- 给"社会学"下定义；
- 描述社会学学科发展过程的三大事件；
- 指出有关社会学的六种错误认识；
- 分析一项社会学研究的结果，并从该项研究中总结出一条合适的结论；
- 就关于社会化的生物学基础陈述自己的见解并加以论证。

这里没有说明条件和标准，主要原因是进行教学的教师将根据特定教学对象制定相应的条件和标准。

(2) 内部过程和外显行为相结合的编写方法。

行为主义观点编写教学目标的方法虽然能明确具体地描述教学目标，克服了传统方法的含糊性和笼统性，但它也存在一些缺点，比如说只注重学生外在行为的变化而忽略其内在能力和情感的变化。由于学生因学习而产生的比较持久的变化，除行为的变化以外，还包括认识、能力和心理倾向方面的变化，并且认识、能力和心理倾向的变化又很难行为化，因此为了全面准确编写教学目标，描述学生内部心理操作的术语就不可完全避免。于是，采用内部过程和外显行为相结合编写教学目标的方法便应运而生。

教育心理学家格朗伦(Gronlund N E)1978 年就指出，在编写教学目标时应首先明确陈述如理解、记忆、欣赏、掌握等内在的心理变化，然后再列举反映这些内部变化的行为表现。

例如，理解杠杆的原理。

- 能举出三种生活中采用杠杆原理的实例。
- 能用自己的语言说明杠杆的平衡条件。
- 能写出杠杆实例中的力臂和力矩的关系式。

这里"理解杠杆的原理"是教学目标的一般陈述，旨在理解。而理解是一个内部的心理过程，不能直接测量和观察。例中为了使"理解"能够得到测量和观察，利用了三个能证明学生是否具备"理解"能力的行为实例进行描述。

例如语文课的一个教学目标可以这样陈述，理解议论文写作中的"类比法"。

- 用自己的话解释运用类比的条件。
- 在课文中找出运用类比法阐明论点的句子。
- 对提供的含有类比法和喻证法的课文，能指出包含类比法的句子。

值得注意的是，这样陈述的教学目标强调教学的总目标是"理解"，而不是表明"理解"的具体行为实例。这些实例只是表明理解的许多行为中的行为样品。这样的目标就避免了严格的行为目标只顾及具体行为变化而忽视内在心理过程变化的缺点，也克服了传统方法陈述目标的含糊性。格朗伦的方法强调列举能力的例证，既避免了用内部心理过程表述目标的抽象性，也避免了行为目标的局限性。

（3）加涅的五成分式目标编写。

为了使行为目标与内在的心理变化有一个可以观察到的对应关系，加涅进一步发展了行为目标的思想，提出了五成分式教学目标陈述技术。其方法是：在学习者运用目标能力的具体任务中，观察符合要求的行为。通过运用两个动词：一个是定义能力的，另一个是定义可观察行为的，来对学习者的内在能力变化与外部行为表现进行界定。这五种成分分别是：代表学习结果类型的"习得的能力动词"，表3.1～表3.3给出了各类型学习目标的行为动词；表3.4呈现了与各类学习结果对应的能力动词；代表外部行为变化的"行为动词"，指明学习者行为操作内容的"对象"；规定执行行为所处环境的"情境"以及行为需要的"工具、限制或特殊条件"。

表3.1　编写认知教学目标可供选用的行为动词

目标层次	目标特征	可参考选用的动词
知识	对信息的回忆	列举、复述、排列、辨认、回忆、选择、表明、指明、背诵、说出……的名称、为……下定义
领会	用自己的语言解释信息	叙述、解释、鉴别、分类、估计、区别、举例说明、改写、摘要、猜测、选择、转换
应用	将知识运用于新的情境	运用、修改、制订计划、解答、说明、阐述、计算、解释、改变、制定……方案
分析	将知识分解，找出各部分之间的联系	分析、分类、比较、对照、图示、区别、检查、评析
综合	将知识各部分重新组合，形成一个新的整体	编写、写出、创造、设计、提出、组织、计划、综合、归纳、总结
评价	根据一定标准进行判断	鉴别、比较、评定、判断、总结、说出……价值

表3.2　编写情感教学目标可供选用的行为动词

目标层次	目标特征	可参考选用的动词
接受注意	愿意注意某事件或活动	知道、看出、注意、选择、接受、容忍、赞同、听讲
反应	乐意以某种方式加入某事，以示作出反应	回答、陈述、完成、选择、列举、记录、遵守、帮助、表现、欢呼、称赞、听从
价值化	对现象或行为做价值判断，从而表示接受、追求某事，表现出一定的坚定性	继续、评价、解释、区别、判别、论证、辩论、影响、支持、接受、承认、参加、完成、决定
组织	把许多不同的价值标准组成一个体系并确定它们之间的相互关系，建立重要的和一般的价值	决定、制定计划、选择、下定义、讨论、组织、判断、使联系、确定、建立、比较、系统阐述
价值体系性格化	具有长期控制自己的行为以致发展了性格化的价值体系	修改、改变、接受、判断、拒绝、相信、继续、解决、要求、正规、认为……一致、贯彻

表 3.3 编写动作技能教学目标可供选用的行为动词

目标层次	目标特征	可参考选用的动词
知觉能力	根据环境刺激作出调节	旋转、曲身、保持平衡、接住(某物)、踢、移动
体能	基本素质的提高	提高耐力、举重、迅速反应
技巧动作	进行复杂的动作	演奏、使用、装配、操作、调节
有意沟通	传递情感的动作	舞蹈、用动作表达感情、改变面部表情

表 3.4 反映不同能力类型的动词及其陈述的目标举例

能力	能力动词	例句(画线的字为行为动词)
智慧技能:		
辨别	区分	比较法语发音"u"和"ou"从而辨别两者。
具体概念	识别	通过说出代表性植物的根、茎、叶来识别之。
定义性概念	分类	运用定义对概念族系进行分类。
规则	演示	通过解答口述的例子,演示正负数的加法运算。
高级规则 (问题解决)	生成	综合可利用的规则,生成一段描述人们在害怕情境下行为的文章。
认知策略:	采用	采用想象一幅上海地图的策略,把回忆出的各区写成一张表。
言语信息:	陈述	口头上叙述 1932 年美国总统选举中的几个较大的问题。
动作技能:	执行	通过倒车到人行道上来执行这一项任务。
态度:	选择	选择打高尔夫球为休闲活动。

以下是一些运用五成分式目标陈述技术描述的教学目标实例。

例 1,阅读目标。

(情境)给出字母 b 和与之相应的字母 d、p、h 和 q,通过(行为动词)圈出 b,以(能力动词)区分(对象)b。

例 2,"边界"概念的教学目标。

(情境)给予一些关于线描述的例子,有的线规定了范围,有的则没有。通过(行为动词)选择出符合定义的例子,表明学生能(能力动词)分类出(对象)边界。

例 3,"整除法"规则的教学目标。

(情境)给予一组有关整除法(ahc/d)的 10 个表达式。通过(行为动词)写出答案,(能力动词)演示(对象)除法,且(工具或限制)在无任何特殊帮助的条件下正确率为 90%。

在日常学习和教学中,往往会出现学习者在学习之后表现出来的特定行为与能力不一致的情况,从而影响教师的判断和教学的进行。加涅的五成分式目标在一定程度上避免了学习者表现出的这种能力与行为的不一致。此外,加涅主张采用反映不同能力类型的动词来描述不同类型的目标,只要在目标中出现其中的一个动词,所期待的能力类型就会一目了然,与学习结果相适应的学习条件也就更容易被运用。

5. 教学策略的制定

教学策略是对完成特定的教学目标而采用的教学活动的程序、方法、形式和媒体等因素的总体考虑,也就是在不同的教学条件下达到不同的教学结果所采用的不同的方式、方法、媒体等。它包括对知识技能教学内容的序列安排;对认识活动过程中的系统问题和期望的学生反应的安排;对教学的组织形式和媒体呈现信息方式的安排。

教学策略主要是解决教师"如何教"和学生"如何学"的问题,是教学设计的研究重点。确定了教学目标,还不能立即进行具体的教学活动,必须考虑教学的具体安排以及教学的指导思想教学。教学策略的制定是一项系统考虑诸教学要素,总体上择优的富有创造性的设计工作。

下面将简要介绍几种常用的教学策略。

1) 先行组织者教学策略

这是美国心理学家奥苏贝尔提出的一种适合认知领域目标的教学程序。奥苏贝尔认为,促进学习和防止干扰最有效的措施,是利用适当相关的和包摄性较广的,最清晰和最稳定的引导性材料,即所谓的"组织者"。由于这些材料通常是在呈现教学内容本身之前介绍的,目的在于用它们来帮助确立有意义学习的方向,使学生在"已经知道的"与"需要知道的"之间架设起桥梁,因此又称先行组织者。它的基本过程是提出先行组织者,然后逐步分化,综合贯通。

奥苏贝尔还区分了两类组织者,一类是"说明性组织者",它提供适当的类属者,与新的学习内容产生一种上位关系,适合于学生对所学材料完全是新的和陌生的情境。另一类是"比较性组织者",既可用于新观念与认知结构中基本类似观念的整合,又可用于增强本质不同而貌似相同的新旧观念之间的可辨别性。它更适合于学生对所学材料有一定经验基础的情境。

2) 掌握学习教学策略

这是由布卢姆等人提出的一种教学程序,旨在把教学过程与学生的个别需要和特征联系起来,让大多数学生都能够掌握所教学的内容,达到预定的教学目标。它的基本过程是学生定常规授课,揭示差错,矫正差错,再次测评。

3) 情境——陶冶教学策略

这种教学程序最具代表性的是由保加利亚心理学家洛扎诺夫(Lozanov)首创的暗示教学,它主要适用于情感领域的教学目标,基本过程是:创设情景→参与各类活动→总结转化。

在"创设情景"阶段,教师通过语言描绘、实物演示、音乐渲染等手段,为学生创设一个生动形象的场景,以激起学生的情绪,有时也可以利用环境的有利因素进行;在"自主活动"阶段,安排学生加入各种游戏、唱歌、听音乐、表演、谈话、操作等,使他们在特定的气氛中主动积极地从事各种智力操作,在潜移默化中进行学习;在"总结转化"阶段,通过教师启发总结,使学生领悟所学内容主题的情感基调,达到情感与理智的统一,并使这些知识和经验转化成为指导思想和行为准则。

这一程序从人的认识是有意识心理活动和无意识心理活动的统一,是理智活动和情感活动的统一的观念出发,强调个性发展不仅要重视理智活动,而且要通过情感的陶冶,充分调动学生无意识心理活动的潜能,使他们在思想高度集中,精神完全放松的情况下进行学习。它通过设计某种与现实生活类同的意境,让学生在这种意境中无拘无束地与旁人相互作用,从中领悟到怎样对待生活、对待自己,以提高学生的自主能力和合作精神,达到陶冶个性和培养人格的目的。

4) 示范——模仿教学策略

这种教学程序历经久远,也是教学中最基本的程序之一,特别适用于动作技能领域的教学目标。通过这种程序进行教学的一些基本技能,如读、写、算,以及各种行为技能对人的一生都是十分有用的。它的基本过程是:定向→参与性练习→自主练习→迁移。

在"定向"阶段,教师既要向学生阐明所需要掌握的行为技能并解释完成技能的操作原理,又要向学生演示具体动作,学生则明确要学会行为技能的要求;在"参与性练习"阶段,教师指导学生从分解动作的模仿开始练习,并对每次联系提供反馈信息,给予及时的强化,使学生对所学的部分动作由不够精确、不太定时而逐渐走向精确、定时,并使一些不正确动作得到消除;在"自主练习"阶段,学生已经基本掌握了动作要领,在由单个的下属技能逐步结合成总扩技能时,就可以脱离教师的临场指导,通过加大活动量,使技能更加熟练;在"迁移"阶段,学生不需要通过思考便能完成行为技能的操作步骤,并模仿教师的示范,把行为技能运用于其他的情境,或与其他行为技能组合,构成更为综合性的能力。

6. 教学媒体的选用。

教学媒体的选用工作程序主要分为三个步骤。

1)媒体使用目标的确定

媒体使用目标是指媒体在实现教学目标的任务中将要完成的职能。按其职能分类,可把使用目标分为事实性、情景性、示范性、原理性、探究性等几类。

2)媒体类型的选择

媒体类型的选择是根据学习类型与媒体功能关系二维矩阵中的功能大小进行选择的。对于不同科目内容、不同的学习习惯类型、不同媒体所产生的功能大小是不同的。这必须通过大量的教学实践试验,探索其规律。

3)媒体内容的选择

媒体内容的选择通常包括如下一些成分:画面资料、画面的组合序列、教师的活动、语言的运用和刺激强度。

7. 教学设计成果的评价

经过前面几个阶段工作形成的教学设计成果,是一种新的教学方案,如学程教案、单元教案或一套新的教学材料(教学录像片、计算机课件)。教学方案以及新的教学材料设计完成后,就需要对它们实施的可行性,实施后的效果进行测量与价值判断,使教学工作不断得到检验、修正和完善。教学评价可以依照不同的分类标准进行划分,这里将简单介绍按照评价功能进行的分类。

1)诊断性评价

这种评价也称教学前评价或前置评价。一般是在某项教学活动开始之前,对学生的知识和技能、智力和体力,以及情感等状况进行"摸底"。通过了解学生的实际水平和准备状况,为教学决策提供依据,使教学活动适合学生的需要和背景。诊断性评价的目的是设计出可以满足不同起点水平和不同学习风格的学生所需的教学方案,并分别将学生置于最有益的教学程序中。

2)形成性评价

这种评价是在某项教学活动的过程中,为使活动效果更好而不断进行的评价。它能及时了解阶段教学的结果和学生学习的进展情况、存在问题等,以便及时反馈。形成性评价进行得比较频繁,如一个章节或一个单元后的小测验。教学设计活动中进行的评价主要是形成性评价,如对新的教学方案进行评价通常是在该方案的试行过程中进行的,目的是为修改该方案收集有力的数据和资料。对于提高教学质量来说,重视形成性评价比重视总结性评价更有实际意义。

3)总结性评价

这种评价又称事后评价,一般是在教学活动告一段落时为把握活动最终效果而进行的评价。具体如学期末或学年末各门学科的考核、考试,目的是验明学生的学业是否达到了各科教学目标的要求。总结性评价注重的是教与学的结果,借以对被评价者所取得的较大成果作出全面鉴定、区分等级和对整个教学方案的有效性作出评定。

3.2 信息化教学设计的过程与方法

信息化教学设计是指在信息化环境中所进行的教学设计,就是运用系统方法,以学为中心,充分利用现代信息技术和信息资源,科学地安排教学过程的各个环节和要素,以实现教学过程的优化。应用信息技术构建信息化环境,获取、利用信息资源,支持学生的自主探究学习,培养学生的信息素养,提高学生的学习兴趣,从而优化教学效果。

3.2.1 信息化教学设计的基本原则

与传统的教学设计相比,信息化环境下的教学设计更加重视学习者的主体作用,通过各种新颖的学习方式,充分利用信息技术和信息资源,科学地安排教学过程中的各个要素,为学习者提供良好的信息化学习条件。信息化教学设计的基本原则可以归纳为以下几点。

(1) 把学习者自主学习能力的培养放在首位。

未来教育的一个显著特征之一就是发展学习者的主体性、主动性。认知建构主义认为,自主性学习实际上是认知监控的学习,是学习者根据自己的学习能力、学习任务的要求,积极主动地调整自己的学习策略和努力方向的过程。在信息化教学中教师不再是简单的信息传递者,教师的职责变为通过指导学习者获得、解释、组织和转换大量的信息来促进学习,以解决实际工作、学习和生活中的问题。在这种模式中,学习者在学习时的各项具体活动中发挥主动性,积极参与、乐于探究、勇于实验、勤于思考。学习者承担着自我学习的责任,通过协同作业、自主探索的方式进行主动的知识建构在信息化教学模式中,我们只有加强自主性学习能力,才能在当今"信息爆炸"的时代实现自我可持续发展。

(2) 充分设计、利用各种信息资源来支持学习。

为了支持学习者的主动探索和完成意义建构,在学习过程中要为学习者提供各种信息资源(包括各种类型的教学媒体和教学资料)。但是必须明确,这里利用这些媒体和资料并非用于辅助教师的讲解和演示,而是用于支持学生的自主学习和协作式探索。因此对传统教学设计中有关"教学媒体的选择与设计"这一部分,将有全新的处理方式。例如在传统教学设计中,对媒体的呈现要根据学生的认知心理和年龄特征作精心的设计。现在由于把媒体的选择、使用与控制的权力交给了学生,这种设计就完全没有必要了。反之,对于信息资源应如何获取、从哪里获取,以及如何有效地加以利用等问题,则成为主动探索过程中迫切需要教师提供帮助的内容。显然,这些问题在传统教学设计中是不会碰到或是很少碰到的,而在信息化学习环境下,则成为亟待解决的普遍性问题。

(3) 以"任务驱动"和"问题解决"作为学习和研究活动的主线,在相关的有具体意义的情境中确定和教授学习策略与技能。

信息化教学设计认为,学习总是与一定的社会文化背景即"情境"相联系的。在实际情境下进行学习,可以使学习者能利用自己原有认知结构中的有关经验,去同化当前学习到的新知识,从而赋予新知识以某种意义。如果原有经验不能同化新知识,则要引起"顺应"过程,即对原有认知结构进行改造与重组。总之,通过"同化"与"顺应"才能达到对新知识意义的构建。在传统的课堂讲授中,由于不能提供实际情境所具有的生动性、丰富性,因而将使学习者对知识的意义构建发生困难。

(4) 强调"协作"。

信息化教学设计认为,学习者与周围环境的交互作用,对于学习内容的理解(即对知识意义的构建)起着关键性的作用。学生们在教师的组织和引导下一起讨论和交流,共同建立起学习群体并成为其中的一员。在这样的群体中,共同批判地考察各种理论、观点、信仰和假说,再进行协商和辩论,首先是内部协商(即和自身争辩到底哪一种观点正确),然后再相互协商(即对当前问题摆出各自的看法、论据及有关材料并对别人的观点作出分析和评论)。

这种协作学习不仅指学生之间、师生之间的协作,也包括教师之间的协作,如实施跨年级和跨学科的基于资源的学习等。通过这样的协作学习环境,学习者群体(包括教师和每位学生)的思维与智慧就可以被整个群体所共享,即整个学习群体共同完成对所学知识的意义建构,而不是其中的某一位或某几位学生完成意义建构。

(5) 强调科学的学习评价指标体系和评价方法的设计。

为了适应信息化教学设计的要求,除了对传统的评价方法如测验、调查、观察等在保持原有优势的基础上进行改造外,信息化教学评价需要发展一些新的评价方法如量规、学习契约、范例展示、电子学档、概念图、评估表等。新的评价方法有很多共同的特征,过程与结果一样重要,评价是和教学活动结合在一起的,想方设法为学生们提供机会,对多方面的学习过程和结果进行评价。

3.2.2 信息化教学设计过程模式

信息化教学设计以问题(或项目、案例、分歧)为核心,建立学习"定向点",然后围绕这个"定向点",通过设计"学习情景"、"学习资源"、"学习策论"、"认知工具"、"管理和帮助"而展开,他们共同服务于由教学目标、学习者、学习内容而决定的学习任务(问题、案例、项目、分歧)这一核心,如图3.5所示。结束部分的学习效果形成性评价也是设计过程的重要环节,它是修改的基础,是教学设计成果趋向完善的调控环节。

1. 分析教学目标

基于建构主义的信息化教学设计中,分析教学目标是为了确定学生学习的主题即与基本概念、基本原理、基本方法或基本过程有关的知识内容。分析教学目标首先要考虑学习者这一主体。教学目标不是设计者或教学者施加给学习过程的,而是从学习者的学习过程中提取出来的。

在以建构主义理论指导教学设计时,还要考虑教学目标的确定,避免陷入非理性主义的陷阱,但同时也应注意避免将教学目标简单化的倾向,不能采用传统的行为方式的教学目标。教学目标的编写应有一定的弹性、可变化性,如采用认知目标分类的层次来标识(掌握……理解……)。另外,建构主义强调知识的情景性、整体性,强调知识应在真实任务的大环境中

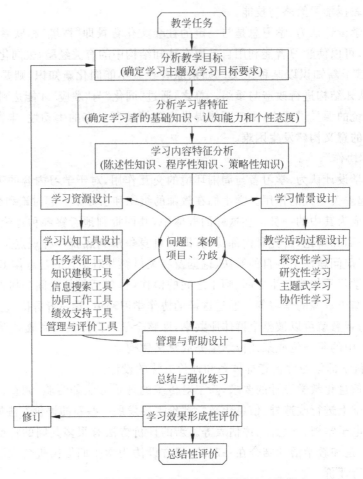

图 3.5 基于建构主义的信息化教学设计过程模式

展现,学生通过探索真实的任务达到学习的目的,所以在编写教学目标时,应该避免传统教学目标分析过度抽象、过分细化、过分分散、过分单调的逻辑关系,而应该采用一种整体性的教学目标编写方法。

建构主义教学设计这种重整体、轻细化的教学目标的编写方式,是不是意味着传统的教学目标分析方法(如归类分析法、解释结构模型法等)就没有用了呢?并非如此,建构主义强调要在真实情景与学习环境中体现学习知识,对所学知识结构的详细分析,将有助于设计更合理的真实任务与真实的学习环境,减少非学习范围的错误探索、提高学习效率。

在进行教学目标分析时,要区分学习目标与教学目标,允许不同学习者之间的多重目标。其次,分析教学目标还应尊重学习主题本身内在体系特征。学习主题是由各级知识点组成的,知识点之间的关系有两类,上下位关系、并列关系。这样总体上学习的主题就呈现了多层次的网状结构,这种结构是分析教学目标的主要依据之一。

2. 学习者特征分析

以学为主的教学设计中,学生是学习的主体,是意义的主动建构者。从哲学角度看学习者是内因,外界影响是外因,内因是事物发展变化的决定因素,外因通过内因起作用。这就可以解释为什么在同一课堂中,教师实施同一教学,但不同学生的学习结果却存在较大差异。学习者特征分析涉及智力因素和非智力因素两个方面。与智力因素有关的特征主要包括知识基础、认知能力和认知结构变量；非智力因素有关的特征则包括兴趣、动机、情感、意志和性格。

对于学习者的分析，主要目的是设计适合学生能力与知识水平的学习问题，提供适合的帮助和指导，设计适合学生个性的情景问题与学习资源。

确定学习者的知识基础一般采用"分类测定法"或"二叉树探索法"。学习者的认知能力可以按照布卢姆的"教育目标分类"理论分为六个等级，即识记、理解、应用、分析、综合、评价。在教学实践中，一般采用逼近法来测量学习者的认知能力。认知结构是指个体观念的全部内容与组织。它是影响新的意义学习与保持的关键因素，决定着学习者进行意义建构成功与否的关键。认知结构变量有三，认知结构的"可利用性"、"可分辨性"、"稳定性"，它们分别是指旧知识中对新知识的吸收固定作用的观念；新旧观念的异同点；起吸收、固定作用的原有观点的稳定性。在实践中利用知识点之间的关系进行分析，尤其注意兼顾学习者之间的个别差异。

3. 学习内容特征分析

学习内容是教学目标的知识载体，教学目标要通过一系列的教学内容才能体现出来。建构主义强调学习要解决真实环境下的任务，在解决真实任务中达到学习的目的，但真实的任务是否会体现教学目标，如何来体现。这需要我们对学习内容做深入分析，明确所需要学习的知识内容、知识内容的结构关系、知识内容的类型（陈述性、程序性、策略性知识），这样，在后面设计学习问题（任务）时，才能很好地涵盖教学目标所定义的知识体系，才能根据不同的知识类型，嵌入建构主义环境中的不同要素中。例如陈述性知识，可以通过学习资源的方式提供；而策略性的知识，则可通过设计自主学习活动来体现并展开。

4. 设计学习任务

提出学习任务，是整个基于建构主义的信息化教学设计模式的核心和重点。它为学习者提供了明确的目标、任务，其他辅助设计使得任务更加明确具体，使得学习者解决问题成为现实的可能，使得学习者在解决问题过程中，确实能够达到教学目标的要求。学习任务是指对学习者要完成的具体学习活动的目标、内容、形式、操作流程和结果的描述。学习任务可以是一个问题、案例、项目或是观点分歧，他们都代表连续性的复杂问题，能够在学习的时间和空间维度上展开，均要求采用主动的、建构的、真实的情景下的学习。构建学习任务时，应充分考虑如下原则。

1)"任务"设计要有明确的目标要求

教师要在学习总体目标的框架上，把总目标细分成一个个的小目标，在教学目标分析的基础之上提出一系列的问题。这些问题可分为主问题和子问题，子问题的解决是主问题解决的充分条件。同理下层子问题的解决是上层子问题解决的充分条件，这样就形成一个树状谱系图，为学生解决问题提供不同的路径。

学习任务要涵盖教学目标所定义的知识，只能更加复杂，不能更简单。任务的活动内容应能引发学习者高级思维活动。学习任务陈述时应该使学生明确任务所要达到的目标以及完成任务的一些基本要求。

2)"任务"的解决要具有可操作性

信息化课堂是实践性非常强的学习。对于知识与能力的培养，实际问题的解决，学生亲自动手实践远比听老师讲、看老师示范要有效得多。教师创设了问题的真实情景,学生不仅要能发现问题,还要努力通过实践去把握真知、掌握方法。因此,教师在设计学习任务时,要注意让学生能够通过自己的实践解决问题,要将大问题、大任务进行分解,以便于学生能够通过解决一个个子问题、完成一个个子任务,以逐步解决大问题、完成大任务。

3) "任务"设计要符合学生特点

设计学习任务要符合学习者的特征,要在学生的最临近发展区,不能超越学习者知识能力太多。主要表现为:

(1) "问题"设计时要注意学生特点、知识接受能力的差异。不同年龄段的学生,甚至同一年龄段的学生,他们接受知识的能力往往会有很大的差异。教师进行"问题"设计时,要从学生实际出发,充分考虑学生现有的文化知识、认知能力、年龄、兴趣等特点,遵循由浅入深、由表及里、循序渐进等原则。对于新内容或一些有难度的"问题",教师最好能提供一些启发性的方法或学习资源,便于学生自主学习。实践证明,学生在完成一个与他们的实际生活以及学习密切相关而且比较有趣的"问题"时,他们会非常专心致志,乐此不疲。

(2) "问题"设计要注意分散重点、难点。学科知识和实践技能是一个逐步积累的过程。"任务"设计时要考虑"任务"的大小、知识点的含量、前后的联系等多方面的因素。一般说来,每个"任务"中涉及的知识点不宜过多,最好不要有两个以上的重点、难点,过多会增加学生学习的难度。"任务"的规模宜小不宜大,规模过大,会偏离"任务驱动"的本意。前后"任务"之间能有一定的联系是比较理想的,但不要强求,否则也会加大难度。任务是手段,便于学生学习、掌握有关的知识、思想和方法,只有学习和掌握了这些才是"任务驱动"的目的。一般不提倡设计一个统领全局的"任务",而是要注意由点到面,逐步介绍各知识点。一开始先让学生有所了解,经过一段时间的熟悉以及相关知识的积累后,再深入理解,然后适时地加以概括和总结。让学生对知识的理解、认识、运用有一个逐步深入的"螺旋式"上升过程。

(3) 尽力体现以"学生为中心、教师为主导"的教学策略。传统教学模式的主体是教师,教学时往往是教师讲学生听,学生被动地接受学习,这非常不利于调动学生的积极性。在建构主义教学理论指导下的"任务驱动"教学法,要求师生改变传统的观念和角色。学生在学习中起主导作用,教师在教学中起组织、引导、促进、控制、咨询的作用。强调学生的主体性,要求充分发挥学生在学习过程中的主动性、积极性和创造性。学生被看作知识建构过程的积极参与者,学习的许多目标和任务都要学生主动、有目的地获取学习材料来实现。在信息技术与课程整合教学中,学生在教师的组织、引导下,用不同的方法完成活动"任务",在这个过程中,学生的知识、思维、技能和情感得到锻炼和熏陶。因此,教师进行"任务"设计时,要以"学生为中心",设身处地地为学生着想。

4) "任务"设计要注重渗透方法,培养学生能力

在"任务"设计时,要注意引导学生从各个方向去解决问题,用多种方法来解决同一个问题。教学中让学生完成的"任务",要注重讲清思路,理清来龙去脉,在不知不觉中渗透处理问题的基本方法。让学生在掌握了基本方法后,能够触类旁通,举一反三,开阔思路,增加完成类似"任务"的能力,提高自主学习能力,能够尽可能多地产生学习迁移。同时,很多学生喜欢独立地获取知识,"任务"设计要注意留给学生一定的独立思考、探索和自我开拓的余地,培养学生用探索式学习方法去获取知识与技能的能力。

5)"任务"设计要注意个别学习与协作学习的统一

教师进行"任务"设计时,要注意以适当的比例分别设计出适合个别学习和协作学习的"任务"。对于个别学习的"任务",让学生采用不同的方法、工具来独立完成,培养学生的独立自主能力。对于协作学习的"任务",则要求由多个学生组成的学习小组协作完成。

6) 要设计开放的、非良构的问题

要设计非良构的问题,非良构的问题要具有无显示目标和限制条件;有多解、多解法或者无解;有多种评判答案的标准;问题的概念理论基础的必要性及其组织具有不确定性等特征。

要设计开放性的问题,解决问题的目的不是期望学生一定就能给出完美的答案,而是鼓励学生参与,使其了解这个领域。

总之,教师进行"任务"设计时,要仔细推敲每个知识点、统筹兼顾,为学生设计、构造出一系列典型的操作性"任务",让学生在完成"任务"中掌握知识、技能与方法。

5. 学习情景设计

学习情景指为学生提供一个完整、真实的问题背景,以此为支撑物启动教学,使学生产生学习的需要。同时支撑物的表征、视觉本质又促进了学习共同体中成员间的互动、交流,即合作学习,驱动学习者进行自主学习,从而达到主动建构知识意义的目的。学习情景设计,有助于将问题置身于一个真实的任务环境中,这有助于学生知识与能力的迁移。

建构学习情境要有三个要素。

(1) 学习情境的上下文或背景。描述问题产生的背景(与问题有关的各种因素如自然、社会文化及背景的组织管理等)有利于控制、定义问题;学习者的特点等。

(2) 学习情境的表述及模拟。具有吸引力的表征(虚拟现实、高质量视频);它要为学习者提供一个真实、富有挑战的上下文背景,学习者在学习过程中自然会遇到各种锻炼机会。

(3) 学习情境的操作空间。学习者感知真实问题提供所需要的工具、符号等。

在设计学习情景时,我们应注意。

(1) 明确学习类型与情境创设的关系。学习可分为三个不同类型,适用于初学者的导论式学习、高级知识的获得和专业知识与技能的学习(斯皮若)。导论式学习属于学习中的低级阶段,这是一种具有还原倾向的过于简单化的学习。学生通过导论式学习掌握的概念与事实只能在相同的情景中再现。高级知识的获得是一种比较高级的学习类型,它要求学习者通过对知识的意义建构,掌握概念的复杂性与跨越案例的变化性。使学生具有适应不同的真实情境的弹性与灵活性。专业知识与技能的学习这是最高级的学习类型,几乎不需要教学的支持。显然,建构主义学习情境最适于第二种类型,即高级知识的获得。

(2) 不同学科对情境创设的要求不同。一种是学科内容有严谨结构的情况(数学、物理、化学等理科内容皆具有这种结构),这时要求创设有丰富资源的学习情境,其中应包含许多不同情境的应用实例和有关的信息资料,以便学习者根据自己的兴趣、爱好去主动发现、主动探索;另一种是学科内容不具有严谨结构的情况(语文、外语、历史等文科内容一般具有这种结构),这时应创设接近真实情境的学习情境,在该环境下应能仿真实际情境,从而激发学习者参与交互式学习的积极性,在交互过程中去完成问题的理解、知识的应用和意义的建构。在这两种环境中均应有自包含的"help"系统,以便为学习者在学习过程中随时提供咨询与帮助。

（3）把握教学内容、教学目标与情景创设的关系。情景的创设是为了帮助学习者理解、内化学习内容。不同的教学内容、不同的教学目标需要不同的表现手段与表现方式，要求不同的学习方法，不同情景对于不同目标的内容教学上效果是不一样的。如提供学习资源的学习情景宜用于知识的学习，渲染气氛的情景适用于角色扮演，仿真学习情景可以用于体验式的问题解决教学等。

（4）学习情景的创设要符合学习者的特征。学习是个性化的行为，是学生在原有的知识结构上的意义建构过程。在情景创设时要充分考虑到学习者原有的知识、技能，考虑学习者的学习动机、态度，考虑学习者的年龄和发展特征。在综合分析的基础上，创设符合学习者的认知发展规律的情景，创设适合不同学习者特征的多样情景。用符合学生认知心理的外部刺激去促进他们对新知识的同化与顺应，从而完成知识的意义建构。

（5）学习情境只是促进学习者主动建构知识意义的外部条件，是一种"外因"。外因要通过内因才能起作用。设计理想的学习情境是为促进学习者自主学习，最终完成意义建构服务的。明确这一点对研究以学为中心的教学设计非常有意义。

（6）学习任务与真实学习情景必须相融合，不能处于分离或勉强合成的状态。学习情景中要能够以自然的方式展现学习任务所要解决的矛盾和问题。

6. 学习资源设计

学习资源是指所有用来帮助教、学的资源，即支撑教学过程的各类软件资源和硬件系统。学习资源可分为学习材料和教学环境两大类。

学习材料的设计，主要分析CAI课件和网络课件的设计。对于CAI课件来说设计思路较为固定，主要考虑四个方面因素，即课件内容组织、控制结构、教学信息和界面。而网络课件的设计是一个新兴技术，尚有诸多难题有待解决，如教学内容的组织等。网络课件一般采用自主学习策略，学生自主学习、意义建构是在大量信息的基础之上进行的，所以必须在学习情景中嵌入大量的信息，提供与问题解决有关的各种信息资源（包括文本、图形、声音、视频和动画等），从Internet上获取各种有关资源，以及怎样才能从大量信息中找寻有用信息避免信息污染是设计者需解决的难题。建立系统的信息资源库，引导学生正确使用搜索引擎这是目前做的主要工作。

教学环境是指用于教学的各种媒体及配套软件。这里所说的教学环境与前面所讲教学情景是两个不同的概念，两者之间的本质区别在于，教学环境中并不包含统一、固定的教学设计思想，没有统一的教学目标、教学策略等。比如多媒体教室既可以适用抛锚教学情景，又可适用支架式教学。

7. 提供认知工具和会话协作工具

认知工具是支持、指引扩充使用者思维过程的心智模式和设备（Derry,1990）。在现代学习环境中，认知工具是指促进某特定认知过程的广义计算机工具（Kommers,Jonassen,& Mayes,1992），主要是指以计算机和通信网络相结合，用于帮助和促进认知过程的工具。学习者可以利用它来进行信息与资源的获取、处理、编辑、制作等，可用其来表达自己的思想，并与他人通信协作等。

认知工具实现了许多智能功能帮助学习者实现与建构学习环境的交互，帮助学习者更好地表述问题（如视件工具），更好地表述学习者所知道的知识以及正在学习的客体（静、动态认知工具），或者通过认知工具自动实现一些低层任务或代替做一些任务来减轻某些认知活动。最终,认知工具帮助学习者搜集了解决问题所必需的重要信息。

认知工具即可视化的智能信息处理软件,可用于帮助和促进认知过程,在培养学生批判性思维、创造性思维和综合思维中起着重要作用。常用的认知工具有六类,问题/任务表征工具、静态/动态知识建模工具、绩效支持工具、信息搜集工具、协同工作工具、管理与评价工具。

8. 学习策略设计

学习策略是指为了支持和促进学生有效学习而安排学习环境中各个元素的模式和方法。其核心是要发挥学生学习的主动性、积极性,充分体现学生的认知主体作用。从整体上来讲,学习策略分为三类(主动性策略、协作式策略和情景性策略),十六种(教练策略、建模策略、支架与淡出策略、反思策略、支架策略、启发式策略、自我反馈策略、探索式策略、讨论策略、角色扮演策略、竞争策略、协同策略、伙伴策略、抛锚策略、学徒策略、随机进入策略)。迄今为止,尽管不断有新的教学策略出现,但相对而言这些教学策略是稳定的、不变的。

建构主义强调学习者的主动建构,在设计自主性学习策略时,要注意以下几个方面。

(1) 重视人的设计。要在学习过程中充分发挥学习的主动性,体现学生的首创精神。环境是促进学习者主动建构知识意义的"外因",理想的学习环境是必要的,但学习者是学习的"内因",缺乏人的自主学习,意义建构无从谈起。

(2) 目标明确。在自主学习中,学生对知识的意义建构是整个学习过程的最终目的。在学习过程中强调对知识的意义建构,无疑是正确的,但如果不分析学习目标,对当前所学内容不加区分一概完成"意义建构"(即确定深刻地理解与掌握)是不适当的。正确做法应该是在进行教学目标分析的基础上选出当前所学知识中的基本概念、基本原理、基本方法和基本过程作为当前所学知识的"主题"(或曰"基本内容"),然后再围绕这个主题进行意义建构。另外,要让学生有多种机会在不同情景下去应用他们所学的知识,即将知识外化。

(3) 让学习者能根据自身行动的反馈信息来形成对客观事物的认识和解决实际问题的方案,即能实现自我反馈。

(4) 重视教师的指导。

教师是学习过程的组织者、指导者,教师要对学生的意义建构起促进和帮助作用。在考试充分体现学生主体作用,用各种手段促进学生主动建构知识意义的同时,不能忽视教师的指导作用。

"协作"是建构主义学习的四大要素之一,对于学习者的知识意义建构极其重要。主要通过协商与会话的形式,使学习者与周围环境相互交流,促进此学习群体对当前所学知识深刻而全面地理解,达到真正完成意义建构。在设计协作学习策略以及协作学习过程中,要注意以下几个方面。

(1) 建立合适的协作小组。

协作学习是学习者组成一个群体,互相帮助,共同学习,通过协商和辩论,加深对问题的认识。因此形成一个适当规模和构成层次相当的协作小组,对于协作学习的成功与否非常重要。如果规模不合适或协作者之间基础相对悬殊,则不能形成协作或协作不充分,协作学习自然失败。

(2) 学习主题具有可挑战性,问题具有可争论性。

协作学习的主题可以由教师指定,也可以由学生自行确定。学习者协作解决的问题可以是围绕主题的能引起争议的初始问题,可以是深化主题的问题,也可以是稍稍超前于学生的智力发展水平的问题。这些问题是否具有可争论性,关系到是否有必要组织协作学习。

(3) 重视教师的主导。

协作学习的设计和学习过程都需要教师的组织和引导,教师要设计有争议的问题以及评价方式。在协作过程中,教师还在关注每位学生的表现,对学生表现出的积极因素给予及时的反馈和鼓励。如果学生的讨论出现离题或开始纠缠于枝节问题时,要及时加以正确引导,将其引回主题。对于学生讨论过程中暴露出来的关于某个概念认识的模糊或不正确的问题,要用适当的方式进行引导,对于整个协作学习的过程,教师要作出恰当的评价。

9. 管理与帮助设计

在传统的教学中,课堂教学管理包括合理安排课程内容、最大限度地发挥教学资源的潜能、调动学生的积极性等。在信息化教学设计中教师由舞台上的主角变为幕后导演,这一转变极具挑战性,对教师提出了更高的要求。信息化教学的学习过程是一种发散式的创造思维过程,不同的学生所采用的学习路径、所遇到的困难也不相同,教师需针对不同情况作出适时反馈。学生自主学习中,面对丰富的信息资源易出现学习行为与学习目标相偏离的情况,教师在教学实践中设置关键点,规范学生学习,同时也有利于学生反思、升华所学知识。为了使意义建构更有效,教师应在可能的条件下组织协作学习,并对协作学习过程进行引导使之朝有利于意义建构的方向发展。引导的方法包括提出适当的问题以引起学生的思考和讨论;在讨论中设法把问题一步步引向深入以加深学生对所学内容的理解;要启发诱导学生自己去发现规律、自己去纠正和补充错误或片面的认识等。

学习环境中,学习者是学习的主体,但也不能无视教师的指导作用。任何学习环境中,都存在控制、管理、帮助和指导的职责。教师在学习环境中确定学习任务,组织学习活动,提供帮助和指导,引导学生正确使用认知工具。教师是教学过程的组织者、指导者、意义建构的帮助者和促进者。

10. 总结与强化练习设计

适时地进行教学总结可有效地帮助学生将自学的、零散的知识系统化。但总结时不能太细,态度不能太明确否则会重蹈传统教育的覆辙,限制学生的思维。教师总结之后,需进行强化练习,检测、巩固、拓展所学知识。

根据小组评价和自我评价的结果,应为学生设计出一套可供选择并有一定针对性的补充学习材料和强化练习。这类材料和练习应经过精心的挑选,既要反映基本概念、基本原理又要能适应不同学生的要求,以便通过强化练习纠正原有的错误理解或片面认识,最终达到符合要求的意义建构。

11. 教学评价设计

教学评价(instructional evaluation)是指以教学目标为依据,制定科学的标准,运用一切有效的技术手段,对教学活动的过程及其结果进行测定、衡量,并给以价值判断。教学评价是教学设计中一个极其重要的部分。

评价的方式通常有诊断性评价、过程性(形成性)评价和总结性评价。诊断性评价是为了使教学适合于学习者的需要和背景而在一门课程和一个学习单元开始之前对学习者所具有的认知、情感和技能方面的条件进行的评估。形成性评价是在某项教学活动过程中,为了能更好地达到教学目标的要求,取得更佳的效果而不断进行的评价。它能及时了解阶段教学的结果和学生学习的进展情况、存在问题,因而可据此及时调整和改进教学工作。总结性评价又称"事后评价",一般是在教学活动告一段落后,为了解教学活动的最终效果而进行的评价。学期末或学年末进行的各科考试、考核都属于这种评价,其目的是检验学生的学业是否最终达到了各科教学目标的要求。

从实施教学评价的主体来看,通常有学生自评、同伴互评、教师评价(含其他专家评价)等。

信息化教学设计要改变以往单一评价主体、过分重视总结性评价的教学评价方法,强调多元评价主体和形成性评价,由学生本人、同伴、教师对学生在学习过程中的态度、兴趣、参与程度、任务完成情况以及学习过程中所形成的作品等进行评估,实施评价的办法有课堂调查表、课堂打分表、作品打分表等。

12. 确定教学要素关系,形成教学过程模式

课堂教学是一个微观的教学系统,其中包括教师、学生、学习材料(包括教材、图书资料、网上资料等)、教学媒体(既是辅助教师教的演示工具,又是促进学生自主学习的认知工具与情感激励工具)四个要素。根据系统科学理论,要使课堂教学取得好的教学效果,必须注重教师、学生、教学内容及教学媒体这些要素之间的相互联系,以形成最佳的组织结构,因此,需要对课堂教学的各个要素进行过程结构设计。这些要素在时间上表现为各种教与学活动的先后顺序,即我们平时所说的教学程序、教学步骤、教学过程等;在空间关系上则表现四个要素之间的结构关系,即教学结构在某一教学模式、教学策略上的具体表现形式。

课堂教学结构的设计必须考虑教师的主导活动、学生的参与活动、教学内容的组织、教学媒体的运用等方面及它们之间的相互联系。另外,由于形成性练习在课堂教学中的特殊作用,在设计课堂教学结构时也要加以考虑。因此,课堂教学结构的具体设计内容,可用图3.6来表示。

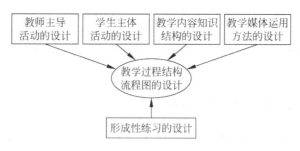

图 3.6 课堂教学结构的设计内容

教学进程结构的设计可通过绘制流程图的方式,形象、直观地揭示教学系统四要素之间的空间结构关系和时间进程关系。为使课堂教学中教师、学生、教学内容及教学媒体等有机结合,形成最佳的课堂教学结构,可借助一些如表3.5所示的图形符号,设计课堂教学结构流程图并作为实施课堂教学活动的蓝图。

表 3.5 几种符号的意义

符号	表示的意义
▭	教学内容与教师的活动
▢	媒体的应用
▱	学生的活动
▱	学生利用媒体操作、学习
◇	教师进行逻辑判断

3.2.3 信息化教学设计的成果

信息化教学设计所产生的结果不是传统意义上的教案或课件，而是一个单元教学计划包，我们称为"包件"，其中包括教学设计方案。

它具体地描述了教学单元的主题、学习目标、学习活动（教学过程）、学习资源等，其中的学习活动和学习资源在很大程度上是由信息技术支持的，因此这种教学计划可称为信息化教案。

（1）多媒体教学课件。专门为教学活动开展而设计的各种计算机应用软件，是文本、图形、图画、声音和动画的集合体。

（2）学生电子作品范例。给学生提供参考用的电子作品，可以从各种电子信息源中选取或由教师自行制作。

（3）学习参考资源。为支持学生有效进行学习活动准备的各类辅助性材料，如软件工具、资料光盘、在线参考资料、参考书目、教师用电子讲稿等。

（4）单元实施方案。包括教学活动的时间安排、学生分组办法、上机时间分配以及征求社会支持的措施等。

（5）学生作品评价量规。提供结构化的定量评价标准，从内容、技术、创意等方面详细规定了评级指标。利用这种量规来评价学生电子作品，可操作性强，准确性高，既可以让教师评，也可以让学生自评和互评。

3.2.4 信息化教学设计的评价

信息化教学设计是一个连续的、动态的过程。对信息化教学设计的评价并非仅仅是在教学活动结束后由教师进行总结，在整个教学过程中，教师和学习者要密切配合，不断对教学进程适时做出必要的判断和评价。主要围绕以下四个方面进行。

1. 教学目标制定的合理性

一方面，教师要对自身做出评价，主要包括教学目标是否明确；是否符合相关的课程标准（教学大纲）要求；教学设计中是否考虑到学习者的个体差异；教学设计是否能够激发学习者的兴趣、符合学习者的认知结构等。另一方面，教师还要帮助学习者对其阶段性学习目标做出评价,主要包括各阶段目标是否符合整体教学目标;详略是否得当;路线图是否清晰可行。

2. 情境创设的科学性

情境创设的科学性主要包括故事情境的创设是否具有生动性和感染力;问题情境的创设是否具有启发性和引导性;模拟实验情境的创设是否具有真实性和直观性;协作情境的创设是否具有整体性和交互性等。

3. 教学设计的普适性

一方面,教学设计是否可以根据具体教学情况的差异很容易地进行修改,以便应用到不同的教学对象和不同的教学环境。另一方面,教学设计的框架、内容对其他课程是否有借鉴意义和推广价值。

4. 学习情况掌控的有效性

即能否对教学进程中学习者学习情况进行及时准确的把握。教师需针对具体的学习内容制定出详细的量化评估指标(信息获取能力、信息加工能力、信息创作能力、沟通协作能力、知识综合应用能力以及自主创新能力等)、对应权重、评估模型及评估人(教师、学习者本人或其他学习者)。必要时还可借助一些信息化技术手段辅助进行,如开发学习者学习效果动态评估软件等。

3.2.5　信息化教学设计应用典范——英特尔®未来教育(Intel Teach to The Future)

英特尔®未来教育是信息化教学设计成功的典范。其主要特点是采用问题设计的办法来完成教学,通过将计算机、网络等现代技术融入教学来加强学生的学习。其设计要点如下。

1. 策划单元计划,设计课程框架问题

教师在讲课前,根据单元教学目标,围绕着一个基本问题设计出若干个相关的单元问题。

基本问题具有这样的特点:

(1) 指向学科的核心。

(2) 在某一领域的发展历史和人们学习过程中自然重演。

(3) 孕育了其他重要问题。

单元问题是学科特定和主题特定的,因此更适合于框定具体知识和特定研究,并可能导致更为微妙的基本问题。其特点有:

(1) 为基本问题提供了学科特定及主题特定通道。

(2) 没有明显的"正确"答案。单元问题是开放性的,这意味着它们有多种研究和讨论的路线。

(3) 是为了激发和维持学生的兴趣而精心构造的。

2. 给学生布置明确而具体的任务

通过"介绍我的单元"演示文稿,向学生阐明该单元的学习内容、学习目标、课程标准等。

3. 创建单元支持材料

单元支持材料即学生或教师在教学活动中需要用的Word文档或模板(如调查问卷、读书报告、观察报告、实验报告、教学进度等)。教师还要向学生提供一份《学生学习支持材料》,作为学生学习的支架。例如:一些文字资料、图片素材、网上资源的站点链接等。

4. 用 PowerPoint 创建学生多媒体演示文稿范例

在这里,教师要以学生的身份创建学生多媒体演示文稿,并报告对课程问题的基本问题和单元问题的研究过程与结果。学生多媒体演示文稿范例和学生网站范例的创建实际上是为了向学生展示研究性学习活动的过程和方法,同时也为学生创建多媒体演示文稿和网站提供样板。

5. 创建学生多媒体演示文稿评价工具

该评价工具用来评价教学实施中学生创建的多媒体演示文稿。创建时要注意评价工具的可操作性。评价工具要从教学目标出发,它的设计非常重要,既是对学生学习的评价,也是对学生学习的引导和支持。

6. 评价单元计划

教师应用"Intel 未来教育"提供的单元计划项目评价量规对自己的单元计划项目进行评价,若有问题,应进行必要的修正。

7. 修改单元计划

在创建每一项作品(学生多媒体演示文稿范例、学生多媒体评价工具、单元支持材料、学生网站范例、学生网站评价工具、教师支持材料)后,教师都要修改单元计划(包括学习目标、课程标准、教学过程等),单元计划是在教学设计过程中逐步修改不断完善的。

此模式重在落实学生的主体地位和教师的主导作用。因为学生是问题的发现人、学生是疑问的解决人、学生是演示的操作人、学生是作品的创作人、学生是作品的剖析人,最终成为学习的主人。教师精心的教学设计和协作学习过程中画龙点睛的指导,充分体现出教师主导、学生主体的有机结合,教师在教学过程中是真正的组织者、指导者、帮助者、促进者。

3.3 信息化教学评价

随着信息化时代的到来,教育观念及教学策略等正在发生着深刻的变革,以现代信息技术为基础的教育形态——信息化教育必将取代传统的教学模式。教育观念的变化也必然会引起教学评价的相应变化,信息化教学评价随之诞生。

3.3.1 信息化教学评价与传统教学评价

所谓教学评价是指运用一系列可行的评价技术和手段评量教学过程和效果的活动,以期确定教学状况与教学期望的差距,确定教学问题的解决对策。其根本目的是确保改善学与教的效果,它是根据具体某学科的教育目的及原则,对教学过程和所产生的成果进行定性的测量,进而做出价值判断。并为学生的发展程度和教学的改进提供依据。

所谓信息化教学评价,是指根据信息化教学理念(目标、人才观、教学模式等),运用系列评价技术手段对信息化教学效果进行评量的活动。与传统教学评价相比,其差异具体表现在:

1. 评价目的不同

信息化评价是基于学生表现和过程的,主要用于评价学生应用知识的能力。关注的重点不再是学到了什么知识,而是在学习过程中获得了什么技能。评价通常是不正式的,建议性的。

传统的教学评价侧重于评价学生结果,以便给学生定级或分类。评价通常包含根据外部标准对某种努力的价值、重要性、优点的判断,并依据这种标准对学生所学到的与没学到的进行判断。

2. 评价标准的制定者不同

信息化教学评价是由教师与学生根据实际问题及学生先前的知识、兴趣与经验共同制定的。体现为学生主体,教师主导。

传统评价的标准是根据教学大纲或教师、课程编制者等的意图制定的,对团体学生的评价标准是相对固定且统一的。

3. 对学习资源的关注不同

信息化教学过程中学习资源的来源广泛,特别是互联网介入学习过程,使学习资源非常丰富。但同时也存在质量跨度很大,有一流的精品,也有纯粹的垃圾的问题。如何选择适合学习目标的资源是教师和学生终身学习的必备能力之一。在信息化教学评价中,对学习资源的评价受到更广泛的重视。

在传统教学中,学习资源往往是相对固定的教材和辅导材料,对学习资源的评价相对忽视。

4. 学生所获得的能力不同

在信息化社会中,面对不断更新的知识,指望他人像传统教学中的教师一样适时地对自己的学习提供评价是不可能的。自我评价是一个必备的技能。

在传统教学评价中,学生的角色是被动的。他们通过教师的评价被定级或分类,并从评价的反馈中认识自己的学习是否达到预期目标。

5. 评价与教学过程的整合性不同

在信息化教学中,培养自我评价的能力和技术本身就是教学的目标之一,评价具有指导学习方向,在教学过程中给予激励的作用。评价镶嵌在真实任务之中,评价是整个学习不可分的一部分。

在传统教学中,评价往往是在教学之后进行的一种孤立的、终结性的活动,目的在于学习结果进行判断。

3.3.2 信息化教学评价的原则

在信息化教学中,以下一些评价原则将有助于达到评价目的,进而实现整个教学的目标。

1. 在活动进行前提出评价的标准

信息化教育强调以学生为中心,学生有较高的主动性和独立性。没有评价参与的学习过程,学生所面临的迷途或放弃的风险会很高。设计良好的评价方案将在学生学习的整个过程起到导航的作用,学生将明确地知道教师、其他学生如何评价他们所完成的学习任务,从而帮助他们自己调节努力的方向,并最终达到预想的学习目标。

2. 评价要基于学生在实际任务中的表现

在信息化教学中,教学的组织者要尽可能地从"真实的世界"中选择挑战和问题,并在评价时关注学生在实际任务中所表现出来的提问的能力、寻求答案的能力、理解的能力、合作的能力、创新的能力、交流的能力和评价的能力。评价的重点要放在如何使学生的这些能力得到发展和提高上,而不仅仅是停留在判断学生的能力如何上。

3. 评价是随时并频繁进行的

既然信息化教学中的评价是一个进行中的、嵌入的过程,那么它也应该是随时并频繁进行的。其目的是衡量学生的表现与教学目标之间的差距,进而及时改变教学策略,或者要求学生改变他们的学习方法及努力方向。事实上,评价是促进整个学习发展的主要工具。

4. 尽可能多地提供学生评和互评的机会

评价本身就是一种重要的学习经验,在这种体验中,学生的知识、技能将获得长进。要发展评价的能力,学生需要有机会制定和使用评价的标准,有机会自价、互价。这些评价将有助于学生加深对自我的了解,以便调整学习策略,改进学习方法,增强学习的自觉性。

5. 注意通过评价选择与收集资源

主要包括原有的学习内容、学生通过学习创造的资源(范例作品、对原有内容的讨论与质疑、创新的想法等)、学生通过学习发现的资源(如新的相关材料、网站等)等。

3.3.3 信息化教学评价工具

1. 量规

量规是一种对学生的作品、成长记录、学习成果或者学习过程中的其他表现进行评价的工具。量规是一种结构化的评价标准,它往往从与评价目标相关的多个方面详细规定评级指标,具有操作性好、准确性高的特点。

1) 量规的构成要素

一个量规是一套等级标准,往往以二维表格的形式呈现出来,一般由三个要素组成。

(1) 评价指标。每个被认为重要的评价方面/元素都可能成为一个评价指标,也就是决定着任务、行为或作品等质量的各个指标。

(2) 评价标准。对于每一条评价指标,学生绩效的质量到底有何表现,量规中都要具体地描述。这些具体的描述即评价标准往往组成从好到差或从差到好的一个序列。

(3) 水平等级。对学生获得不同绩效水平的描述,可以用数字(3,2,1)来表示,也可用简短的语言进行描述,有时也可将数字和简短描述结合起来使用。如:

- 尚未完成的,正在发展中的,完成的;
- 新手,学徒,精通,卓著;
- 不明白,有点明白,部分明白,完全明白。

2) 量规设计

量规的设计步骤包括明确学习目标;列出评价标准;指定评价标准及水平等级;给每个水平等级分配分值;检查、测试、修改量规。量规设计案例参见表3.6所示。

表 3.6 小组成绩评定量规

项目(总分=100)	分数	标准描述
内容——写作 (35分)	10	所有资料都达到出版标准。即经过严格校对,没有笔误
	15	所有的信息都以自己的观点进行过认真的研究、写作和组织
	5	有一个标题幻灯片,能够创造性地传达主题
	5	参考文献的书写符合MLA的引用规范。所有的网上资源应能够超级链接到相关的Internet网址

续表

项目(总分=100)	分数	标 准 描 述
内容——技术 (30分)	5	至少包括10张幻灯片
	5	包括多样的文本形式、图像、声音和转换效果
	10	视觉效果对观众有吸引力。每个主题都有相应的视频信息如图像、绘图、表格等
	10	具有能够吸引观众的专业图解及问候信息,每一张幻灯片在视觉上有整洁和统一的版面设计。
交流 (20分)	5	在演示过程中用不同的方式与观众交流,而不是简单地让他们去读屏幕
	5	眼睛注视观众,并根据幻灯片的内容调整音调,使观众适时注意
	5	在大家看完幻灯片之后,通过问题或小测验检验观众的理解效果
	5	有效地利用时间
技术上的组织 (15分)	5	将演示文件存入服务器上的个人文件夹,并做了备份以防不测
	5	通过服务器上的个人文件夹将网页内容以电子形式告知教师
	5	每一个听众都得到一份演示内容打印稿,其中包括适当的注释

3)基于量规的信息化教学评价过程

量规制定完成后,就可以利用量规进行教学评价,其评价过程如下:

- 确定学习目标。
- 设置学习任务。
- 呈现评价量规。
- 展开学习活动。
- 学习成果展示。
- 开展互评自评。
- 教师评估反馈。

4)使用量规的意义

它们帮助学生和教师定义"什么是高质量的学习"。在评价学生的学习时,应用量规可以有效地降低评价的主观随意性,不但可以教师评,还能让学生自评与互评。

当学生有规则地通过量规来评判他们的作业时,他们将开始对学习的结果充满责任心,减少了"我还要做什么"的问题。

量规减少了教师为学生作业的评分时间,并且使教师更容易向学生解释,为什么他们得到这个等级和他们做什么可以获得提高。

使用量规评分的最大好处之一是使标准公开化,这意味着量规将与学生、父母和社会得到共享,这样学生就会精力集中在"学习"课题上,而不是在"学习"教师上。

2. 电子学档

电子学档(E-Learning Portfolio 或缩写为 ELP 或 ePortfolio),国内有专家学者又称为电子文件夹、电子作品(黎加厚,2000)或学习文件夹(桑新民,2000;徐晓东,2002)。电子学档是指信息技术环境下,学习者运用信息手段表现和展示学习者在学习过程中关于学习目的、学习活动、学习成果、学习业绩、学习付出、学业进步以及关于学习过程和学习结果进行反思的有关学习的一种集合体。

1) 电子学档的内容

电子学档包括的主要内容有：
- 学习目标。
- 教师和学生共同选择的作品范例。
- 新课程开始时反映学生学业基础的档案文件或测验。
- 学生学习活动、行为记录，(课上参与朗读、朗诵、角色扮演)等情况。
- 标准和范例，如作业的样本，通常由学生自己决定收入的作品。
- 教师反馈与指导，如教师、家长对学生学习情况的观察评语。
- 多元评价，如教师评分/评语或在教师指导下同学评分/评语或自己评分/评语。
- 学生自我反省，学生对自己的学习态度、方法与效果的反思与评价。

在完成电子学档时，还必须收集以下重要材料：
- 在选择内容时学生的参与情况。
- 选择材料的标准。
- 判断材料优劣的标准，清晰合适的作品评价标准和量规。
- 学生自我反思的依据。

因此，作为一种完整的电子学档，一般要表现学习者五大类型的信息，如图3.7所示。

图 3.7　电子学档的内容框架

2) 基于电子学档的信息化教学评价过程

电子学档不仅收集学生的学习成果，也包括学生学习过程的记录资料如学习反思等，其评价过程如下：
- 明确评价目标。
- 作品和数据采集。
- 作品和数据分析。
- 形成学档评价结论。

3. 学习契约

学习契约(Learning Contract)也称为学习合同。学习契约实质上是学习过程中的一种可以不断修正的协议(契约)。它赋予学生学习中的自主决定权，规定着学习者在学习中必须履行的义务，并为自我指导的学习的开展提供一种基本框架协议。学习的过程需要学习者来诊断学习需要、创建目标、发现资源和评价学习。通过学习契约，学习者对自己的学习负责，有权控制学习，并且积极参与到学习过程中来，因此，这有助于帮助学习者学会学习。

关于学习契约，诚如祝智庭教授所言，在信息化教学中，其基本原则就包括以"学"为主，以

"任务驱动"和"问题解决"作为学习和研究活动的主线。为了能够让学生在完成任务和解决问题时有一个具体的目标或依据,也为了客观合理的评价,学习契约这种评价方式是应该得到足够重视的。

为了更清楚地了解学习契约评估的内涵与基本策略,下面试举一例(见图3.8)。

一份关于"Word 网页制作"的学习契约

完成日期:_____

学习目标:
　　学习如何利用 Word 工具制作网页
　　学习完成网页有哪些步骤
　　学习如何将已学 Word 操作运用于网页制作
学习资源和策略:
　　Word 97　丰富的网络资源　参考的 Word 网页样品　信息技术课本
成果依据:
　　通过自学 Word 网页的制作及网页资源的浏览,我认识到要制作 Word 网页必须以下步骤:
- 确定主题:根据你的兴趣爱好,确定一个适合于你自己的主题内容。
- 搜集材料:从网络资源中选择与你的主题相关的文字,图片等信息资料,为你的下一步任务作好充分准备。
- 执行任务:根据你的计划和构思,尽情发挥你的网页制作技能和特长,制作出属于你自己的精彩网页来。
- 修正作品:对照你的计划和构思,仔细检查你制作出的网页,并对不足之处作出修正,直到你满意为止。

这些步骤以一种逻辑的方式彼此联系在一起,通过小组的分工与合作,从确定主题、搜集资料、执行任务到作品的修正这么一个实践的阶段,我们深切体会到了 Word 网页包括以下基本组成部分:
- 框架
- 标题栏
- 导航条
- 选项栏
- 内容信息栏

图 3.8　学习契约案例

思考与练习

1. 选择一个你熟悉的单元,编写相应学习目标,并运用所学内容分析方法,完成内容分析。

2. 根据自己的专业性质和特点,选取其中一节课或一个专题,设计一份信息化教学设计方案。

3. 信息化教学评价在哪些方面与传统教学评价不同?在实施信息化教学评价时,如何选择合适的评价工具?

第 4 章   多媒体素材的获取

学习目标:
1. 掌握文本素材的获取及处理方法。
2. 掌握图形图像素材的获取及处理方法。
3. 掌握声音素材的获取及处理方法。
4. 掌握动画素材的获取及处理方法。
5. 掌握视频素材的获取及处理方法。

计算机辅助教学课件中采用不同的媒体来表达教学内容,因此,多媒体素材的获取和利用是现代教育技术中一个重要的环节,对于信息化环境下的教学显得尤为重要。计算机并不能够直接识别图片、录音带、录像带上记录的信息,在进行多媒体课件开发的时候,如果需要使用到这些素材,就必须将这些媒体素材转换为计算机可以识别处理的媒体素材。将图片、录音带、录像带上所包含的信息转换为计算机可以直接识别处理的计算机文件的过程称为多媒体素材的获取和利用。计算机上多媒体素材一般可以分为文字、图形图像、声音、视频和动画等。

4.1   文本媒体处理

计算机能够单独识别并处理的数字和文字可以统称为文本。文本是一种常规的媒体形式。在信息化教学中,虽然可以使用的媒体种类很多,但是文字仍然是使用最为广泛的。对于一些非感官内容的表达,通常只能是以文字内容为主,其他媒体加以辅助。

相比较其他媒体而言,文字媒体在计算机中是最容易处理的,所占的存储空间也不大,结构规范,最适合计算机的输入、存储和加工处理。

在进行信息化环境教学的课件中出现的文字主要有两种方式:图形方式及文本文件方式。以图形方式呈现的文字,在计算机上的存储格式为图像文件,其编辑处理所使用的软件为图像处理软件。以文本文件方式呈现的文本,可使用文本编辑软件编辑,如 Windows 操作系统自带的"写字板"、"记事本"等,专业文字处理软件 Word、WPS 等。

4.1.1   文字的来源

1. 直接输入文字内容

使用文字处理软件直接输入文字,是一种最常用的获得文字的方法。直接输入文字的优点就在于方便快捷、操作简单、易于学习,每个人都可以根据自己的特点选择自己所熟悉的输入法进行文字的输入。除此之外,一些常用的多媒体制作工具及课件制作软件也具有输入文字的功能。

当然,在课件制作时,如果需要使用到大量的文字内容的时候,就需要使用专门的文字处理软件将文字输入到计算机中,保存为文本文件,然后再加载到课件中。将文本导入课件的方法主要有三种。

(1) 将排版结果复制并粘贴到课件中去。这只要先将文本文件和课件打开,执行复制(或剪切)、粘贴命令就可以了。

(2) 在课件中建立一个超链接与文本文件相连接。这实际上就使用到了课件开发软件中的一些外部控件来实现与其他文件的关联。

(3) 可用 OLE(Object Linking and Embedding,对象连接与嵌入)的方法让文字处理软件自己完成有关的显示工作。

(4) 目前一些数字图书馆提供文本提取功能。

2. 图像识别 OCR 技术(Optical Character Recognition,光学字符识别)

(1) 利用扫描仪将含有所需文字的印刷品扫描并保存为黑白两色的图像文件。

(2) 进行文字识别。

(3) 文本编辑修改。

(4) 将完善后的文本保存到磁盘上。

3. 语音识别

与传统的文字输入方法相对应,近几年,随着人工智能技术的发展,语音识别技术取得了不小的进步。我们可以直接对着麦克风"说"出你要输入的文字,解放双手,提高效率。

与机器进行语音交流,让机器明白你说什么,这是人们长期以来梦寐以求的事情。中国物联网校企联盟形象得把语音识别比作为"机器的听觉系统"。语音识别技术就是让机器通过识别和理解过程把语音信号转变为相应的文本或命令的高技术。语音识别技术主要包括特征提取技术、模式匹配准则及模型训练技术三个方面,如图 4.1 所示。语音识别技术车联网也得到了充分的引用,例如在翼卡车联网中,只需按一键通客服人员口述即可设置目的地直接导航,安全、便捷。

图 4.1 语音识别的实现

当前,我们能够使用的语音输入法有很多,例如,IBM 中文语音输入法,百度语音输入法,科大讯飞语音输入法等。目前,我们使用得最多的是 Windows 自带的语音输入软件进行语音输入。

1) 启用语音识别

第一步:首先进入"控制面板",把查看方式设置为"小图标",然后进入"语音识别"选项,这里列举语音控制方面的所有项目,如图 4.2 所示。我们可以首先单击"打开语音参考卡片",在 Windows 帮助中了解给计算机下达指令的标准语法。

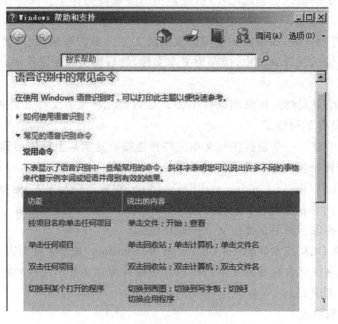

图 4.2 查看详细的语音命令

第二步：接下来我们选择"启动语音识别"开始进行语音设置，其中的步骤大多数都选择"下一步"，不过最好对每一项设置的具体介绍进行详细的查看，不建议大家开启"文档审阅"功能。接下来单击"高级语音选项"按钮，在"用户设置"下选择"启动时运行语音识别"，可让语音识别功能随着系统的启动而开启，这样使用更加方便。如图 4.3 和图 4.4 所示。

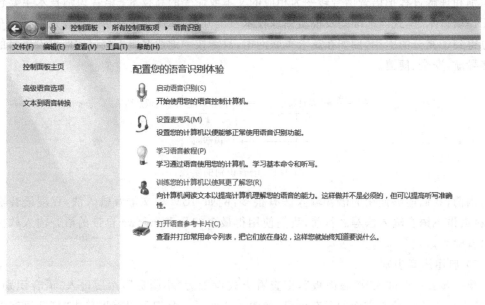

图 4.3 启用语音识别功能

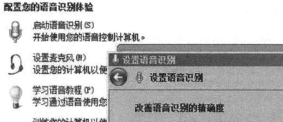

图 4.4 配置语音识别

第三步：当设置结束后，系统会提示学习交互语音识别教程，也就是学习如何使用各种规范指令控制计算机。如图 4.5 所示，强烈建议大家进行学习，这样不但可以让计算机更能"听懂"你的话，而且还能学习各种语音控制指令，学习主要内容在"语音参考卡片"中可以查阅。

图 4.5 开始语音识别教程

当然，要想顺利地进行电脑语音输入，语音训练很有必要。如果在语音控制计算机时，计算机不听指令，可单击"训练您的计算机以使其更了解您"，进行语音训练。如果普通话够标准，以后就可以使用语音输入文本，识别率还是比较高的。

其实 Windows 7 的语音识别操作并不难，只是需要加强前期的识别训练，提高识别率，以后就可以躺在床上控制电脑了。

2）退出语音识别

如果你不想使用语音功能了，可以将其关闭。具体的操作是在控制面板的"语音识别"

选项中,点击"高级语音选项",取消选中"启动时运行语音识别"复选框,下一次启动计算机时就不会启动语音识别功能了,如图 4.6 所示。

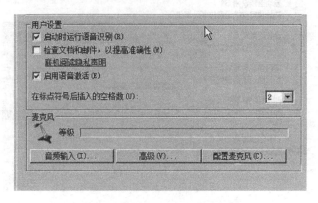

图 4.6　禁止开机运行即可关闭

完成上面的一系列设置后,我们就可以利用语音识别来进行文字的录入了。

设置完成之后,就可以开始使用这一功能。启用了语音识别功能之后,会看见在屏幕的正上方出现一个语音识别的界面,左边的一个麦克风状的按钮,如果显示为深蓝色,文字提示为"正在休眠",我们需要单击这个按钮,让其状态变成"正在聆听",如图 4.7 所示,这时就可以开始语音命令操作,比如打开一个写字板,就可以通过语音来输入文字。当然,刚开始时,识别率还很低,随着使用次数的增加,会自动提高识别率和录入速度。

图 4.7　语音输入文字

在实际的使用中,为了提高语音识别的准确率,应该训练软件适应环境和讲话风格。在"语音识别"选项卡上,单击"训练配置文件",并使用"语音训练向导"训练系统,如图 4.8 所示,使其能够识别背景噪音(例如,风扇声、空调设备的噪音或其他办公室内的声音)。它会适应用户的讲话风格,包括重音、发音甚至习惯用语。

语音识别不是完全不用人工干预的操作。如果将声音、鼠标或键盘相结合地使用会取得最佳的效果。而且,平稳一致的语音质量会带来最佳效果。和他人谈话时,通过内容和环境,甚至通过窃窃私语、喊叫或语速的快慢就可以理解。但是,语音识别在以更能预见的方式播讲时,才能获得对词语的最佳理解。

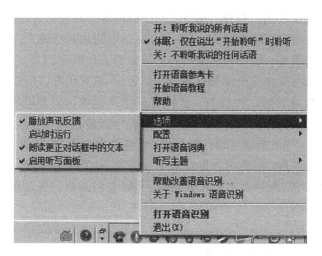

图 4.8 任务栏按钮操作

讲话声音过低或过于柔和,都会使计算机难以识别用户所讲的内容。在字和字之间不要停顿。计算机更容易识别词语而非单个的字,在理解多个词时会有困难,例如"(停顿)is(停顿)another(停顿)example(停顿)sentence。"。

在安静的环境下开始讲话,这样计算机会听到用户的声音而非其他背景声音,同时还应该使用优质扬声器。请在同一位置存放扬声器,尽量不要在调试时移动它。

通过大声阅读在"语音训练向导"中准备好的训练文本,来训练计算机识别用户的声音。其他的训练将会增强语音识别的精确度。

在口述时,不要考虑为什么没有立即在屏幕上看到字词。连续讲话直到全部表达完,计算机将在完成声音处理后在屏幕上显示识别出的文本。

发音要清晰,但是不要以每个单词的音节为分隔单位。例如,发出每个音节的声音"e-nun-ci-ate",这样会使计算机难以理解所说的内容。

4.1.2 文字的编辑与保存

文本的编辑软件很多,如美国微软公司的 MS Word、国内的 WPS 等。文字媒材通常以 ASCII 码(美国标准信息交换码)编码方式存放,此种文件常以 txt 为文件的扩展名。而一些专用软件常使用自己的编码格式来保存其处理后的信息。如 Word 文件的默认文件扩展名为 doc,WPS 的文件默认扩展名为 wps 等。如果以图像格式保存文字素材,常见的文件格式有 GIF、JPG、BMP 等。目前我们使用最普遍的是微软公司的 Office 软件组合中的 Word 文字编辑处理软件。

4.2 图形和图像媒体处理

图形、图像是课件中另一种常用的媒体。同样,计算机并不能直接处理纸面上的图形或图像。计算机只能处理经过数据转换并以计算机可识别的数字图像文件形式保存的数字图像。数字图像是以 0 或 1 的二进制数据表示的,其优点是便于修改、易于复制和保存。数字图像可以分为两种形式,位图和矢量图。位图是以点或像素的方式来记录图像的,因此,图像是由许许多多小点组成的。创建一幅位图图像的最常用方法是通过扫描来获得。位图图像的优点是色彩显示自然、柔和、逼真,其缺点是存储空间相对比较大,图像在放大或缩小的转换过程中会产生失真等。位图缩放前后的比较如图4.9所示。

矢量图是以数学方式来记录图像信息的。例如,一条直线可以用起点坐标、终点坐标以及线宽和颜色等参数来表述。矢量图一般由软件制作而成。矢量图的优点是信息存储量小,分辨率完全独立,在图像的尺寸放大或缩小过程中图像的质量不会受到丝毫影响,而且它是面向对象的,每一个对象都可以任意移动,调整大小或重叠,所以很多3D软件都使用矢量图;矢量图的缺点是:用数学方程式来描述图像,运算比较复杂。而且所制作出来的图像色彩显示比较单调,图像看上去比较生硬,不够柔和逼真。矢量图缩放前后的比较如图4.9所示。

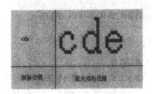 

图4.9 矢量图与位图的缩放

比较上面两种图形可以知道,在图形的复杂程度不大的情况下,矢量图具有文件小、可无级缩放等优点。而位图可以对一个画面上的每一个点的内容像素进行描述记录,图像及色彩丰富。图片文件中包含的信息和文件的存放方式由图片的格式决定。

4.2.1 图形和图形文件格式

1. 图形

图形与图像从各自不同的角度来表现物体的特性。图形是对物体形象的几何抽象,反映了物体的几何特性,是客观物体的模型化;而图像则是对物体形象的影像描绘,反映了物体的光影与色彩的特性,是客观物体的视觉再现。

例如一台计算机,用点、线、面等元素画出来就是图形;而用照相机把它拍成照片就是图像。尽管这种区分比较肤浅,但是相当直观。对于计算机来说,图形与图像的区分与我们的主观感受关联较少,主要取决于构成及处理的算法。

图形是面向几何学的。在计算机中,图形(Graphics)与对象(Object)密切相关。图形是以面向对象的形式创建和存储的。图形与屏幕分辨率无关,任意放大不会产生锯齿效应。这是由于图形的显示是一个动态生成过程,在确定尺寸和分辨率之后再经栅格化转换送屏幕显示。

图形与图像可以相互转换。利用渲染技术可以把图形转换成图像,而边缘检测技术则可以从图像中提取几何数据,把图像转换成图形。

2. 图形文件格式

图形是以怎样的格式保存为一个文件的呢?下面以一个简单的圆形为例来说明图形文件的一般格式。

绘制一个半径为 r,圆心位于坐标 (a,b) 的圆形,如图4.10所示,然后保存,就可以得到一个图形文件。

定义一个文件格式。设圆形生成算法序号为 n,数据精度为 2 个字节,数据序列为 r、x、y,则得到图形文件为 (n,r,a,b)。

从上述例子可知,图形文件是相当紧凑的,一个圆形的图形文件只占用了 8 个字节,不管这个圆形有多大。

上面这个例子中定义的图形文件格式是一个很极端的特例,忽略了很多细节,这样有助于对于图形文件本质的理解。对于实际的图形文件要考虑的问题还有很多。事实上,图形文件软件的优劣,在很大程度上取决于图形生成算法以及曲线曲面的构成观念。图形软件从基于向量面向模块到贝塞尔化面向对象的发展,突破了曲线构成的传统观念,创立了多媒体时代图形软件的新纪元。

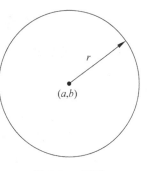

图 4.10 图形

图形的生成算法以及曲线构成的理论等对于非专业用户来说过于复杂,没有必要细加研究。我们需要了解的是常用的图形文件有哪些格式,这些不同的格式分别对应哪些图形软件,相互之间如何转换等。要特别注意的是,图形文件总是与图形软件一一对应,这是因为图形文件中存储的是生成图形的算法序号,而每一种图形软件的生成算法是完全不同的。

1) Adobe Illustrator(.ai)

Adobe 公司的 Illustrator 图形软件是多媒体图形软件的先驱,该软件于 1987 年推出,率先在文件层面上实现了图形与图像的集成,从而开创了多媒体时代图形软件的新纪元。Adobe 公司支持的 .eps 格式是一种跨平台的文件格式,与应用软件无关,与系统平台无关,甚至还与硬件无关。也就是说,在计算机中的 .eps 格式文件,可以直接送到印刷机输出,而无须作任何转换。

Illustrator 除了处理 .ai 格式和 .eps 格式文件以外,还可以处理其他格式的图形文件。Illustrator 的导入功能包含在打开命令中,在打开和导入文件格式列表中,文本、图形和图像等不同类型的文件都罗列其间,例如有 Text、Word、MS RTF、Acrobat PDF、Photoshop 等软件可处理的文件格式。

2) Macromedia FreeHand(.fh7)

Macromedia 公司的 FreeHand 图形软件则着重于图形与文本的集成,该软件在图形软件基本功能的基础上,最大限度地扩展了文本处理功能,真正做到了多媒体意义上的图文并茂。FreeHand 的本位格式文件的扩展名为 .fhn,这里 n 是版本号,.fh7 就是版本 7 的文件格式。

与 Illustrator 一样,FreeHand 除了处理本位格式 .fhn 文件以外,还可以通过导入的方式来处理其他格式的文件。

3) CorelDRAW(.cdr)

加拿大软件公司 Corel 公司的图形软件 DRAW 于 1989 年推出,该软件在功能集成方面后来居上,在图形图像专业软件领域中遥遥领先。CorelDRAW 集成了图形、图像、文本以及排版等功能,为真正实现计算机图像制作的软件平台一体化迈出了坚实的一步。

CorelDRAW 的本位格式是 .cdr,跟所有的图形软件一样,也具备向下兼容的特性,目前已经升级到了版本 9。CorelDRAW 除了处理 .cdr 文件之外,还可以通过导入的方式来处理其他格式的各类文件。

4.2.2 图像和图像处理

通常图像的信息类型是模拟的,诸如照相、图片、电视、录像等,而计算机处理的图像则是数字的。模拟图像经过图像输入设备的采样和量化处理,就生成了数字图像。数字图像和模拟图像相比,主要有3个方面的优点。

(1) 再现性好。不会因存储、输出、复制等过程而产生图像质量的退化。

(2) 精度高。精度一般用分辨率来表示。从原理上来讲,可实现任意高的精度。

(3) 灵活性大。模拟的图像只能实现线性运算,而数字处理还可以实现非线性运算。凡可用数学公式或逻辑表达式来表达的一切运算都可以实现。

在本书各章节所提到的"图像"一词,在没有特别说明的情况下,一般指的都是"数字图像"。

1. 图像

图像是面向矩阵论和色度学的。在计算机图像处理中,图像(Image)与位图(Bitmap)对应关联。图像是以光栅点阵的形式创建和存储的,因此,图像与分辨率密切相关,任意放大会产生锯齿效应。数字图像通常是通过扫描图片、数码相机或视频抓取来生成的。当然,也可以通过图像软件用绘画或影像处理的方法生成。图像扫描过程就是一个图像采样量化的过程。

现在仍然以一个简单的圆形为例,来说明图像文件的一般格式,如图4.11所示。

因为图像是与分辨率密切相关的,所以首先要确定分辨率。所谓图像分辨率,简单地讲就是单位长度上采样的点数。在模拟图像上打好网格,然后,在网格上逐格采样并量化,就得到一幅数字图像。

例如,分辨率为320×200的数字图像,就是在模拟图像上分割出320×200的网格后逐点采样得到的图像。假设图像分辨率为640×480,一个半径为r,圆心位于坐标(a,b)的圆形充满画面,逐点采样,圆周通过的点为1,背景点为0,就得到一个稀疏矩阵。设每一个点为一个比特,该矩阵就转换成比特流,将该比特流保存,就得到一个图像文件。该图像文件的大小为640×480/8=38 400字节。

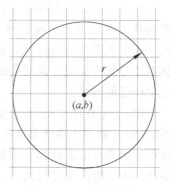

图4.11 图形图像网格

从上述例子可知,与图形文件相比,图像文件要松散得多,相同的视觉内容,未经压缩的图像文件是图形文件的4800倍,由此可见,图像文件的冗余度是相当大的。另外,未经压缩的图像文件其大小只与分辨率有关,而与视觉内容无关。如果再将灰度量化和色彩模式等因素包括进去,图像文件的容量还要大很多。在图像处理中最小的图像系统为250×250个像素,64级灰度;与电视图像质量相当的系统为512×512个像素,128级灰度;而Photoshop处理的典型图像则为800×600个像素,3×256级色彩值。

2. 分辨率和图像格式

1) 分辨率

(1) 图像分辨率。

图像分辨率是指图像文件中保存的图像网格采样点数,显示实际包含的图像信息量,一般用像素(Pixel)表示。分辨率越高,图像就越清晰。

(2) 屏幕分辨率。

屏幕分辨率用每屏所包含的像素来表示,通常取决于显示器以及显示卡的类型。屏幕分辨率用屏幕横向包含的像素点数乘以纵向包含的像素点,例如有640×480、800×600、1024×768像素等。

(3) 扫描分辨率。

扫描分辨率用每英寸中所包含的采样点数(dotperinch)来表示。扫描仪的分辨率分为光学分辨率和输出分辨率。

(4) 光学分辨率。

光学分辨率是硬件技术指标,是扫描仪真正能扫描到的分辨率。常见的为800~3200dpi。

(5) 输出分辨率。

输出分辨率是经过软件强化以及插值补点之后所产生的分辨率,大约为光学分辨率的3~4倍。

(6) 打印分辨率。

打印分辨率用每英寸中所打印的点数(dpi)来表示。一般24针的针式打印机可达180dpi。喷墨打印机则为300~720dpi,激光打印机的分辨率可达600~1200dpi。

2) 图像文件格式

前面一个圆的图像文件的例子,是一个很简单的例子,忽略了诸如灰度、色彩以及压缩方法等很多细节。其实,图像文件格式是千变万化的,主要由两方面的因素互动产生的结果,首先是压缩算法的因素,其次就是色彩的表示方法。下面介绍一些常用的图像文件格式。

(1) PSD。

PSD是Photoshop软件的本位格式,兼容所有的图像类型,支持16种额外通道和基于向量的路径。用PSD格式存盘,保存的图像信息最完整,同时所占据的硬盘存储容量也最大。

(2) BMP。

BMP是Microsoft公司定义的Bitmap格式,是一种与设备无关的图像格式,采用索引色,兼容DOS、Windows、Windows NT和OS/2,不兼容Macintosh。通常的Windows格式是不压缩的,相同的分辨率就有相同的文件大小,与图像所含的视觉内容无关。与PSD格式相比,BMP格式没有通道、路径等附加信息,所占据的硬盘存储容量也就小许多。

(3) GIF。

GIF(Graphics Interchange Format)图像互换格式是CompuServe公司制定的图像存储规范,文件小,兼容索引色、线画稿和灰度类型。GIF采用Hash散列压缩编码,压缩率较高,同样的图像内容,用GIF格式要比用PSD格式小20倍。除了压缩效率高之外,GIF格式的另一个特点是动画格式的兼容性。因此,GIF格式是网页设计的最佳选择。

(4) JPG。

JPG是JPEG图像格式的扩展名。JPEG(Joint Photographic Experts Group)直译为联合图片专家组。从1980年开始,国际标准化组织ISO和国际电话电报咨询委员会CCITT联合进行了视频压缩的标准化研究。历时10年,于1991年完成了JPEG标准。JPG格式的特点是在保持图像的高精度前提下,获得高压缩比,这是 GIF 格式所望尘莫及的。专业摄影师一般都采用 JPG 格式,与 PSD 格式相比,JPG 格式只占十几分之一。互联网上高精度的图像也都是 JPG 格式。用 Photoshop 制作图像时,一般情况下,制作的中间过程用 PSD 格式保存,最后完成稿则用 JPG 格式保存,这样的做法有利于节省存储空间。总体上说,低压缩率、高质量的图片使用 JPG 文件是一个恰当的选择。

(5) TIF

TIF 是 TIFF 图像文件格式的扩展名。TIFF(Tagged Image File Format)是由 Aldus 公司和 Microsoft 联合开发的一种 24 位图像格式。它具有可移植性好的优点,兼容多种平台,如 Macintosh、UNIX 等。描述图像的细微层次信息量大,包含特殊信息阿尔法通道,允许所有操作,有利于原稿阶调和色彩复制。TIFF 采用哈夫曼行程编码。与 PSD 格式相比,TIF 格式的兼容性特别好,比如,3DS MAX/VIZ 只认得 TIF 格式的通道信息。

(6) EPS。

EPS(Encapsulated Post Script)格式在文件层面上实现了图形与图像的集成。EPS 格式是一种跨平台的文件格式,与应用软件无关,与系统平台无关,甚至还与硬件无关。也就是说,在计算机中的 EPS 格式文件可以直接送到印刷机输出,而无须做任何转换。印刷排版行业多用此格式。

(7) PCX。

PCX 是 Xsoft 公司的专用格式,适用于索引色和线画稿,有多种版本。Photoshop 支持 PCX V.5。PCX 采用扫描线行程压缩编码。

(8) TGA。

TGA(Targa)为 True Vision 的专用显示卡定义,是一种 24 位图像格式,兼容 Macintosh。

我们已经了解了图形和图像的一些初步知识,下面将通过计算机操作进入图像图形的世界,通过学习将对美的感知、想象和领悟有所收获。在接下来的两章中,所要学习的软件是目前"平面设计"中最流行和最经典的两个软件——Photoshop CS 和 CorelDRAW。

4.2.3 图像信息的获得

图形、图像主要来源包括软件创作、设备输入(扫描仪扫描、数码相机拍摄、数字化仪)、图像捕捉(从屏幕、动画、视频中捕捉)、购买图片库或网上下载等。

1. 编辑创作

要想获得一些简单的图画,可以利用绘图软件来自己绘制。一般的图形制作软件都有相当丰富的绘图工具和编辑功能,可以轻易地完成创作,并以适当的格式文件保存。

2. 设备输入

1) 扫描仪输入

扫描仪是一种通过光电原理把平面图片数字化之后再输入到计算机的设备。可以通过对图片、绘图作品进行扫描来获取其对应的图像文件。图片中的色调和色度是连续变化的,用扫描仪可将其原样转换为位图图像。

扫描仪要经过硬件安装(不同的类型安装的方法不同,具体情况可以依据产品的配套使用说明书来定),只有安装驱动程序后才能使用。一般情况下,扫描仪都配有专门的驱动程序,一般的图像处理软件也带有扫描驱动的接口,只要扫描仪正常驱动后就可以工作了。大多数扫描仪在扫描的时候可以调准扫描仪的分辨率、亮度和对比度等参数来依据不同的情况得到合适的扫描效果,在扫描的时候可以预览效果,选择特定的扫描区域。

使用 Photoshop 图像处理软件来扫描图片的窗口如图 4.12 所示。

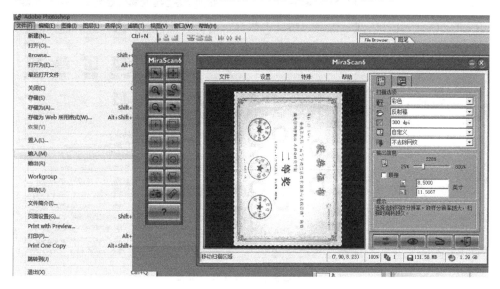

图 4.12 任务栏按钮操作

2) 其他图像输入设备

除了图像扫描仪之外,还有很多设备具有为计算机提供图像输入的功能,如数码相机、数字化仪等。

3. 图像捕捉

捕捉图像是指利用软件或硬件的手段.将呈现在屏幕上的图像截获,并且以一定的格式存储下来,成为可以被计算机处理的图像资料。图像捕捉可以分为其他媒体信息捕捉(如录像带,数码相机的画面)和计算机屏幕捕捉两种。前一种需要专门的硬件设备和软件的支持,后一种则需要屏幕抓图软件的配合。使用屏幕抓图软件可以抓取计算机屏幕上任意位置的图像,如某一区域、某一窗口等。常用的屏幕抓图软件有 SnagIt、HyperSnap、WinSnap 等。这些软件都可以通过网络下载后自己安装。在使用视频播放软件的时候,也可以动态地将视频中的图像抓取,并用计算机图像处理软件处理后以相同格式保存到计算机上。我们常用的 QQ 聊天软件中的 QQ 截图就可以按照需要截取屏幕上的某一区域,如图 4.13 所示。

此外,可以通过购买图片库或从网上下载的方式来获得所需的图像。

4.2.4 图像信息的加工处理

在课件的制作过程中,图形、图像编辑的工具有很多,可以将其分为以处理位图与处理矢量图为主的两大类。处理位图的最简单软件要算 Windows 附带的"画笔"软件,它可以胜任简单的图片处理工作,而更专业的处理可采用功能非常强大的 Photoshop 软件(见图 4.14)来进行。加拿大 Corel 公司的 CorelDraw 是基于矢量图处理的专业软件的代表。

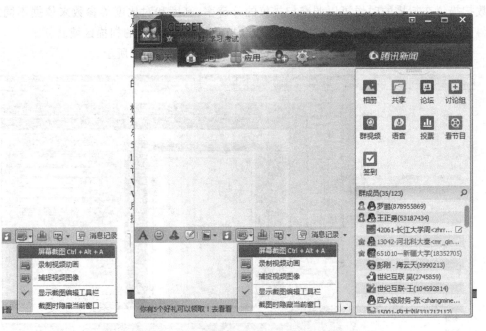

图 4.13 QQ 软件截取计算机屏幕图像

图 4.14 Photoshop 图像处理软件界面

1. 位图处理软件应具备的基本功能

一般来讲,专业图像软件应具备图像文件处理、图像的编辑、图像的绘制以及从外部图像输入设备输入图像等基本功能。

1) 图像文件处理

创建、打开并保存各种格式的图像文件,并在以上的操作中完成各种图像格式的转换。

2) 图像的编辑

此部分为图像处理软件的核心部分,一般具有图像内容编辑的功能,包括绘制及修改图像内容的各种操作。例如,画笔绘图,画面文字处理,图像的剪裁、复制及粘贴、旋转、缩放扭曲等。

3) 图像输入功能

可以与已经驱动的外部设备连接,并操作外部图像输入设备输入图像。这些软件大多提供各种绘图工具,例如画笔、调色板、喷笔、几何线框、剪切和擦除工具等。利用这些工具,能够实现基本的绘图功能,并具有对从外部文件输入的图形数据进行编辑修改的能力。例如,由摄像机、扫描仪或数字相机输入的某些画面,可进行整体或局部的色彩、亮度、反差的调整,完成画面剪裁、拼接等特殊编辑处理。

2. 矢量图处理软件应具备的基本功能

矢量图处理软件与图像处理软件的处理原理和出发点不同。其处理的基本对象是图元(矢量图的一个基本单位)。一般来说,矢量图处理软件应具有文件处理、矢量图形编辑及矢量图与位图转换的功能。矢量图处理包括图形绘制、颜色填充、文字处理、节点编辑以及图形旋转、扭曲、相交、结合等功能。

4.3 声音媒体处理

在课件中,适当地运用声音能起到文字、图像、动画等媒体形式无法替代的作用,如引起使用者的注意,调节使用者的情绪等。

自然界的声音或用模拟信号表示的声音,都需经过数字化处理才能在计算机中使用。计算机中广泛应用的数字化声音文件有两类,一类是采集各种声音的机械振动而得到的数字文件,也称为波形文件;另一类是专门用于记录电子数字乐器声音的 MIDI 文件。

4.3.1 声音信息的获得

1. 录音

计算机采集录制音频数据的方法很多,大多数音频处理程序都含有录音功能,如Windows 的附件程序中就含有"录音机"程序,该程序支持声卡进行声音的录制。WAV 音频文件的录制,实际上是通过对声波的高速采集并进行数字化而完成的,所以录制时不单要选择好的硬件设备,而且要注意尽可能选用高的录制频率和数据存储数据位。

2. 剪辑

声音素材的另一种获得方法是在播放已有的视频或音频文件时,采用播放软件的录音功能采集所需的音频片段,并保存为所需的文件形式。如超级解霸就具有此类功能。

3. MIDI 制作

利用 MIDI 制作软件(通常又叫音序器)可以直接在计算机上创作、演奏 MIDI 音乐,音序器对乐谱的处理非常方便,有些软件可直接扫描并识别乐谱。获得 MIDI 信息的另一种方法是通过计算机中声卡上的 MIDI 接口,从带 MIDI 输出的乐器中采集音乐,形成 MIDI 文件,或用连接在计算机上的 MIDI 键盘创作音乐,形成 MIDI 文件。

4. 购买数字音频库或网上下载

可以通过购买数字音频库或从网上下载的方式,来获得所需的声音素材。

4.3.2 声音信息的存储

1. WAV 格式

WAV 格式是波形文件的一种存储格式,其文件扩展名为.wav。获得波形文件一般可由下列步骤完成。音源发出的声音(机械振动)通过麦克风转换为模拟信号,模拟的声音信号经过计算机的声卡的采样、量化、编码,得到数字化的结果并以文件形式保存在存储器上。采样的频率和量化的精度直接影响声音的质量和数据量。波形声音文件的特点是可以很好地表达原始声源的效果,它常常用于音乐、歌曲等自然声的录制,但文件的存储空间比较大。

2. MIDI 格式

MIDI(Musical Instrument Digital Interface,电子乐器数字化接口),其文件扩展名为.mid。MIDI 文件中的数据并不是声音采样后的数字化数据,而是以数值形式存储的乐谱命令。它将乐器弹奏的每个音符表示为一串数字,用这组数字代表音符的声调、力度、长短等。在发声时,通过声卡上的合成器将这组数字进行合成并通过扬声器输出。与波形文件相比,MIDI 文件的容量要小得多。MIDI 文件的主要缺陷是表达能力有限,无法重现自然声音,而且 MIDI 文件的回放质量受到声卡性能的限制。此外,MIDI 文件只能记录有限的几种乐器的组合。

3. MP3 格式

MP3 格式是目前比较流行的一种声音文件格式。其文件扩展名为.rap3。MP3 是采用 MPEGLayer3 标准对波形文件进行压缩而生成的文件形式。

4. RM 格式

RM(RealMedia,流式媒体),其文件扩展名为.rm。流式媒体是因特网上流行的多媒体应用标准之一。流式文件可以一边下载一边听。流式媒体播放器在播放 RM 格式的声音文件时,首先下载几秒钟的内容临时存放到缓冲区内,并在继续下载的同时播放缓冲区中的内容。但使用者可能无法很容易地把整个流式文件保存到硬盘上,并且如果下载速度跟不上播放速度时音乐也会时断时续。传统的音频文件(如 WAV 格式),通常被叫作离散文件或可下载的文件。一般来说,这种音乐文件在计算机播放之前,需要完全下载它并保存在硬盘或其他的存储介质中。应该注意的是一些文件格式,既可以按离散文件播放,也可以按流式文件播放。

4.3.3 声音信息的加工处理

声音编辑与处理软件可分为两大类:一种是处理波形声音的软件;另一种是处理 MIDI 的软件。

1. 波形声音处理

波形声音处理软件很多,例如,Windows 附件中的录音机、WaveEdit、Adobe Audition 等,都可以很好地处理波形文件。

具有录入声音功能的软件界面通常像一个录音机的操纵面板,包括录音、播放、暂停、快倒等按钮。若已安装声卡,则用鼠标单击录音按钮发出命令,即可进入录音状态。此时计算机启动声卡上的驱动程序,可由声卡将输入的音频信号(话筒或放音设备输入)数字化,并存入计算机。对用户而言,与使用一台普通的录音机没有太大的区别。

录音软件里通常还有录音质量选择的功能,可以按不同的要求选择不同的采样频率与量化字长。录音的结果通常以 WAV 文件方式存储。

一些波形音乐处理软件除具有录音的功能之外,还具有编辑功能。例如,对音频文件进行剪切、粘贴、合并、重叠等操作,还提供如放大、降低噪声、压缩、扩展、回声、延迟、失真、调整音量等特效操作。有些软件还可以生成一些特有的声音。大多数软件具有多种文件格式转换的功能。

2. MIDI 音乐制作

若用一块支持 MIDI 接口的声卡及一台有 MIDI 输入接口的电子琴(或电子合成器)即可演奏所作的曲子,并将结果以 MIDI 文件的形式保存在计算机中。MIDI 编辑与处理软件一般具有录制与编辑 MIDI 文件的功能,有一些作曲软件是基于 MIDI 的,其界面通常像钢琴谱那样的五线谱,可用鼠标在上面写音符并做各种音乐标记。

4.4 动画媒体处理

课件制作中,动画能够生动形象地表现客观世界不存在的或无法人为实现的事物与景象。不论是二维动画还是三维动画,所创造的结果都能更直观、更翔实地表现事物变化的过程。

动画的基本原理是用一组彼此有差别的单个画面,通过一定速度的顺序播放来达到画中对象连续变化的效果。而动画中的单个画面一般称为帧页。根据动画的制作原理不同,可以将动画分成二维动画和三维动画。动画一般由动画制作软件来制作完成。

4.4.1 动画信息的存储

1. GIF 格式

GIF 动画是因特网上常见的一种动画格式,其文件扩展名为.gif。GIF 动画的特点是存储空间小,容易实现。目前大多数网上浏览器直接支持 GIF 格式的动画。

2. SWF 格式

SWF 动画是新兴的因特网上的一种动画格式,其文件扩展名为.swf。它由 Macromedia 公司的动态网页制作工具 Flash 制作生成。它是由交互式矢量图形组成的动画,目前大多数网上浏览器安装 Flash 插件后都可播放 SWF 格式的动画。

3. FLIC 格式

FLIC 格式文件的动画可以由 AnimatorPro 和 3DSMAX 软件生成,其扩展名为.flc。其应用广泛,但本身不能同步保存声音信息。在播放 FLC 动画时要有相应的播放程序驱动。

4. MMM 格式

MMM 动画是微软公司多媒体动画片的标准格式,其文件扩展名为.mmm。单独的 MMM 动画文件比较少,一般都集成在完整的应用程序中。

4.4.2 动画的制作

制作动画的方法很多,但大体上可分为编程和利用动画制作软件两类,在此只讨论后一类。使用动画制作软件不需要编程,只需通过各种交互式操作就可以制作出计算机动画。

根据创作的对象不同,动画制作软件也分成二维和三维两类。

二维动画制作软件,流行的有微软公司的 Animator Gif、Autodesk 公司的 AnimatorStudio、Adobe 公司的 Flash 等。Flash 动画在网页中应用广泛,是目前最流行的网页二维动画制作软件。用它制作的 SWF 动画文件,可以嵌入到 HTML 文件里,也可以单独成页。SWF 文件的存储量很小,在几百到几千字节的动画文件中,却可以包含几十秒钟的动画和声音,使整个页面充满了生机。Flash 动画还有一大特点是,其中的文字、图像都能跟随鼠标的移动而变化,可制作出交互性很强的动画文件。除了可在二维动画制作软件中合成为动画文件外,还可以利用一些影像编辑软件,如 AdobePremiere 软件,将图片及影像内容直接处理成动画格式的文件。

三维动画属于造型动画,可以模拟真实的三维空间事物。利用动画软件构造三维的几何造型,赋予其表面颜色、纹理,并设计三维形体的运动。设置变形,设计灯光的强度、位置及移动等,最后生成一系列可供动态实时播放的连续图像。

4.5 视频媒体处理

随着计算机处理速度的提高、存储容量的加大,视频媒体在多媒体课件中的使用比例越来越大。因为视频媒体本身兼有文本、图形、图像、声音、动画媒体中的一种或多种特性。其来源可以是录像内容的剪辑或截取 VCD 中的内容,其表现的真实性能大大提高课件的质量。

视频信息可以由模拟或数字摄像机采录。如果使用模拟摄像机采录,应将模拟视频信号(可先保存到录像带上的信号,或直接输入到计算机的视频采集卡输入端口)采集并进行数字化后存入计算机中。如果使用数字摄像机则可直接将采录的信号存入计算机中。

4.5.1 视频信息的存储

1. AVI 格式

AVI 格式是较为流行的 Windows 标准视频文件,其文件扩展名为.avl。它将视频和音频信号交错存储在一起,采用了一种视频有损压缩技术,一般在计算机上可实现每秒播放 15 帧画面。

2. MPG 格式

MPG 格式是 PC 上全屏幕活动视频的标准文件,其文件扩展名为.mpg。使用 MPEG 方法进行压缩,可在 1024×768 分辨率下以超过 25 帧/秒～30 帧/秒的速率同步播放视频图像和 CD 音质的伴音,因此,具有比较理想的视听效果。

3. DAT 格式

DAT 格式常用于 VCD 或 CD 光盘中,其文件扩展名为.dat。它的分辨率只有 352×240,也是基于 MPEG 压缩的文件。

4. MOV 格式

MOV 格式是 Macintosh 计算机所使用的数字视频文件,其文件扩展名为.mov。其采用了与 AVI 相同的视频有损压缩技术,它将视频和音频信号交错存储在一起进行存放。

4.5.2 视频信息的采编

获得视频素材的方法,要根据视频信息的来源来确定。

一种方法是在计算机上剪辑已经数字化的视频文件。利用超级解霸等软件来截取 VCD 上的视频片段(截取成 x.mpg 文件或 x.bmp 图像序列文件),或把视频文件 x.dat 转换成 Windows 系统通用的 AVI 文件。这种方法的特点是无须额外的硬件投资,有一台多媒体计算机就可以了。用这种采集方法得到的视频画面的清晰度要明显高于用一般视频捕捉卡从录像带上采集到的视频画面。另外,还可以用屏幕抓取软件,如 SnagIt、HyperCam 等来记录屏幕的动态显示及鼠标操作,以获得视频素材。但此方法对计算机的硬件配置要求很高,否则只能用降低帧速或缩小抓取范围等办法来弥补。

另一种方法是用视频捕捉卡配合相应的软件(如 Premiere)来采集录像带上的素材,并对得到的 AVI 文件或 MPG 文件进行合成与编辑。在通常情况下,视频格式文件与动画格式文件是可以进行转换的。

思考与练习

1. 如何设置 Windows 语音识别功能?
2. 简述位图和矢量图的区别。
3. 计算机屏幕上的图像的获取方法有哪些?
4. 声音媒体的格式有哪些?各自的特点是什么?
5. 常见视频文件格式有哪些?

第5章　多媒体课件的设计

学习目标：
1. 了解多媒体课件的类型及特点。
2. 掌握各种不同类型课件的教学过程、教学特点及课件结构。
3. 了解积件思想。

5.1　多媒体课件的类型及特点

课件分为若干种类型，不同类型的课件在教学中有不同的特点。充分了解各种类型课件的结构与特点，有助于在实际教学中，根据不同的教学要求、教学内容及教学对象，选取不同类型的课件，以期达到最佳的教学效果。

5.1.1　课件的结构类型

(1) 框面型课件。这种课件是把各种与教学活动有关的信息划分成许多能在屏幕上展示的框面，并以这些框面为单位，按照预定的路径实现教学活动。框面也叫帧页或版面，是由"程序教学"中引申过来的概念。预定的路径可以有直线和分支两种。框面型课件的特点是结构固定。它在内容、回答问题的方式、学生的学习路径等方面都受到预先规定的限制，但由于其内容清晰，教学活动进行的方式明确，制作方便，因而仍是目前使用较多的一种结构方式。

(2) 生成型课件。该类课件的教学信息可以由程序自动生成。这里的自动生成可以从两个方面来理解，一方面是指教学内容的自动生成，如小学数学课程中加减法练习题的自动生成；另一方面是指学习过程中学习路径的自动生成。该类课件的特点是节省计算机辅助教学的存储空间。

(3) 数据库型课件。该类课件使用数据库技术，将教学的内容信息、教学方法、教学策略以及学生信息等存储在数据库中，并以一定的方式检索、查询、存储和使用这些信息。该类课件的特点是容易做到数据与控制分离。咨询型课件通常属于这种类型。

(4) 智能型课件。该类课件将人工智能技术引入课件制作中，使得课件具有一定的智能。该类课件目前还处于探索和研究阶段。

5.1.2　课件的教学类型

按课件的教学类型，可将课件分为个别辅导型课件、操练与练习型课件、模拟型课件、游戏型课件和咨询型课件等。另外,近年来,我国教育工作者在总结了课件在我国计算机辅助教学应用中的利与弊后,提出了"积件"的思想,有人称积件是继课件之后的第二代教学软件。下面分别讨论按教学类型分类的课件。

5.2 个别辅导型课件

个别辅导型课件以向学生传授新知识为目标。其教学过程与一个家庭教师一对一地辅导学生学习类似。

5.2.1 教学过程及教学特点

1. 教学过程

个别辅导型课件的教学过程是将教学内容划分为一个个小的教学单元,每一个单元只教授一个概念或一个知识点,完成教学目标的一部分。对于每个单元的教学都是先由计算机在屏幕上以各种方式显示教学内容,使学生对新知识有一定的认识和了解。然后,围绕所传授的知识提出若干问题,让学生回答。根据学生的回答,计算机判断学生是否掌握了这一单元的知识。如果这种教学评估的结论是没有达到预期目标,则返回到本单元开头重新学习,或诊断原因后提供有针对性的补救教学内容,进行补充学习,以加强学生的理解,然后重新做教学评估。如果已经达到预期目标,则进入新单元进行学习。这样,当所有的单元全部学完后,即可达到总体的教学目标。

2. 教学特点

1) 个别化教学

个别辅导型课件在教学上的最大特点是实现教学和辅导的个别化。这有两个方面的含义,一是课程的学习进度与学习时间可以完全由学生根据自己的学习情况自行控制;二是计算机通过交互操作对学生每一小步的学习效果作出评价,并根据评价结果安排下一步的教学活动。如果评价的结果认为上一步的教学没有达到预定的教学目标,则安排补救教学并重新进行评价,直到达到教学目标;如果评价的结果认为上一步的教学已经达到预定的教学目标,则安排进入新的单元的教学。

2) 学生参与学习

个别辅导型课件在教学上以传授新知识为主要目的,以人机交互为主要手段,使学生有机会积极参与到整个学习活动中,形成以学生个人为中心的教学环境。

5.2.2 课件的结构

一种典型的个别辅导型课件结构如图 5.1 所示,包括一系列内容显示、提问、学生应答、判断、反馈、诊断性提问、补救性反馈等若干功能模块。

呈现教学内容模块通过各种媒体(文字、图形、动画和视频)向学生传授公式、概念、规律等新知识,使学生对新知识有一定的认识和了解。在传授一段教学内容之后,课件立即对这一段的教学做出评价。一般是围绕所传授的知识提出一些问题,并判断学生的回答是否正确。如果学生的回答达到预期目标,则进行适当鼓励后进入下一轮教学活动。如果学生的回答不正确,则需要区分是预期错答还是非预期错答。所谓预期错答是指计算机在学生应

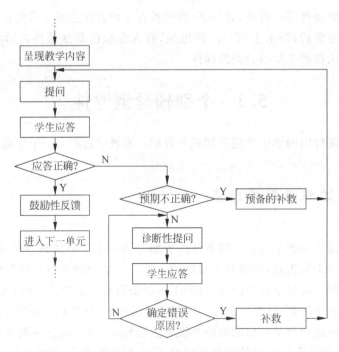

图 5.1 个别辅导型课件结构

答前就已经预测到这种错答可能出现,除此之外的错答都是非预期错答。对于预期错答,由于错答原因已经明确,可以直接进入相应的补救学习模块。对于未曾预料到的错答,则进入诊断性提问。诊断性提问的目的是发现学生未能达到预期目标的原因。诊断出错答的原因后就可以进入补救模块有针对性地进行补救教学。一般来说,错答的原因可能有以下几种。

(1) 偶然性失误,如按错键、拼写错等,这时只需进行简单纠正就可以退出补救模块。
(2) 对新知识的误解,这时就需要给出针对性较强的反馈,对学生进行帮助。
(3) 未能牢固掌握过去所学知识,这时就需要帮助学生复习或提出适当的建议。

补救教学后,需要返回到评价模块,重新检验是否达到教学目标。

最常见的个别辅导型软件实例是 Windows 操作系统及其应用软件系统中带有的联机帮助模块,但因为它们没有提问及评价模块,因而它们只能算是最简单的个别辅导型软件。

5.3 操练与练习型课件

操练与练习型课件的教学目标不是向学生传授新知识或新技能,而是帮助学生巩固已经学过的某些知识或熟练技能,其作用有些类似一本练习册。

操练与练习之间是有区别的。操练属于一种联想性的学习活动,其目的在于促进快速地回忆并记住事物之间的联系。例如,词汇的书写与其意义的联想,元素周期表的快速记忆等。练习则是为了锻炼学生解决问题的能力,或者说练习是一个运用已学到的知识解决问题的过程。例如,做一道求解数学方程的练习题时,需要学生做出一系列决策,每一个决策过程涉及某些规则的运用。操练与练习的教学方式都是通过大量的提问→回答→判断反馈,使学生建立起问题与回答之间的牢固联系,从而理解与掌握该项知识与技能技巧。

5.3.1 教学过程及教学特点

(1) 教学过程 操练与练习型课件的教学过程是按照一定的规则向学生提出问题,当学生回答完毕后,计算机判断其答案是否正确,并根据学生回答的情况给予相应反馈,以促进学生掌握某种知识与技能技巧。接着,计算机提出下一个问题。这个过程一直重复下去,直到达到预期的要求或预先设定的时间或次数用完后结束。

(2) 教学特点 操练与练习型课件有如下特点。

① 具有反馈及时的特点。学生回答问题后马上就可以得到计算机的反馈信息,这就可以避免传统练习中,由于学生对学过的知识理解上有偏差,又得不到及时反馈而造成的重复练习错误的现象。当然,传统练习册也可以用提供标准答案的方式来提供及时反馈,但同时带来的负面影响是某些懒惰的学生直接去抄答案。

② 能够激发学生的学习动机。传统的练习册通常比较枯燥,而操练与练习型课件可以很容易地做到使练习过程变得生动有趣。例如,可以在课件中引入竞争策略,从而激发起学生的学习动机。

③ 能够提供学生操练与练习的成绩记录。计算机在学生练习过程中能将有关数据自动记录并存储起来,教师可以通过查看这些记录了解学生的学习状态。具有一定智能的课件可以利用这些信息制定下一步的教学策略。操练与练习型课件结构简单,又有一定的教学效果,还可节省教师选择习题和批改作业的大量劳动,因而是发展和应用最早的一类计算机辅助教学软件,目前生产与销售量也较大。

5.3.2 课件的结构

操练与练习型课件的基本结构是一个典型的循环结构。在其循环体中,计算机首先产生并提出问题,学生回答后,计算机进行判断并给出反馈,完成一次循环,如图 5.2 所示。

在这种课件结构中,第一个步骤是关键。计算机向学生提出的问题,其内容、形式、出现的顺序等都直接影响课件的使用效果。通常是围绕一种需要巩固和掌握的知识与技巧组织一批问题,然后有计划地、逐步深入地提出。对于同一水平、同一侧面的操练,计算机给出的问题则要有一定的随机性。

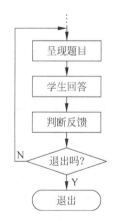

图 5.2 操作与练习型课件结构

判断反馈相当于教师批改作业,这一部分是最基本的。对回答正确的学生能给出鼓励性的反馈,以强化其记忆;对回答不正确的学生要区分是预期不正确还是非预期不正确。对于预期的不正确,应给出有针对性地补救,使学生认识到错误的性质和原因,从而获得较强的刺激,迅速改正自己的错误。对于非预期不正确,通常只能告诉其错了,并告诉他应该如何正确回答。执行一遍循环体后,程序要判断此时是否满足退出循环的条件。如果不满足退出循环的条件,则重新执行循环体。退出循环的条件一般如下。

- 时间已到,或是问题总数已经达到一定数量,这时通常要告诉学生其练习成绩和离课件目标成绩的差距。

- 学生回答正确次数已到,这时往往告诉学生其所用时间以及距离最快者的差距。
- 问题的难度已达预期目标。

操练与练习型课件有很多,例如,打字练习软件、五笔字型练习软件等。

下面是一个小学数学四则混合运算练习型课件的实例。例中不带下划线部分是计算机屏幕上显示的教学内容或给出的反馈,带下划线部分是学生回答的内容。

题一:指出下列选项中,哪个是算式"(2+6)÷2=?"的正确答案?

A. 5　　　　B. 4　　　　C. 9　　　　D. 1

答:<u>B</u>

很好,答对了。

题二:指出下列选项中,哪个是算式"2+3×4=?"的正确答案?

A. 20　　　B. 1　　　　C. 9　　　　D. 14

答:<u>A</u>

错了。请注意四则混合运算要先算乘除,后算加减。正确答案是 D。

题三:指出下列选项中,哪个是算式"1+5×4=?"的正确答案?

A. 24　　　B. 14　　　C. 21　　　D. 1

答:<u>D</u>

错了,正确答案是 C。

上面练习中,题二的出错很显然是因为学生先做了加法,后做的乘法,属于预期错误,因而计算机给出"请注意四则混合运算要先算乘除,后算加减"这样有针对性地反馈。而题三的错看不出什么原因,计算机的反馈只能简单地给出正确答案。

5.4 模拟型课件

模拟(Simulation)型课件是利用计算机来模拟某种真实的实验现象、自然现象或社会现象,学生通过观察、操作与思考,自己总结出结论,或通过操作熟练某种操作技巧。当真实实验过于昂贵或者很难实现,或者包含有危险因素时,使用模拟型课件来代替真实实验,能够取得相当好的教学效果。

5.4.1 教学过程及教学特点

1. 教学过程

模拟型课件的教学方式与其他几种类型的课件不同。它利用计算机产生各种与现实世界相类似的现象,学生可以在接近真实的情境中,扮演角色,模拟操作,做出决策,观察事物演变的过程与结果,从而认识(发现)和理解这些现象的本质。模拟型课件在教学活动中应用的方法多种多样,常见的有以下四类。

1) 演示模拟

这种课件常用于演示模拟某种事物动态变化的过程。在演示过程中,计算机与学生之间一般没有交互,但在演示开始前允许学生设定各参数的值。利用计算机多媒体技术,可以制作出生动、形象的模拟事物变化的过程,学生通过观察该模拟演示,可以获得对该事物形象直观的认识。如对细胞的增殖、心脏的舒张和收缩等过程的模拟,都能收到其他教学手段难以比拟的教学效果。

2) 操作模拟

这种模拟是在操作训练的教学活动中模拟操作,使学生熟练掌握某些操作技能技巧。如使用飞机模拟器模拟起飞、降落、飞行甚至空战,可以使飞行员得到接近实际情况下的训练。这样的模拟训练所花的费用极低,学生若出现操作失误,在计算机屏幕上能形象地看到可怕的后果,但却没有任何实际危险。

3) 实验模拟

这种模拟是用计算机来构造一个虚拟的实验环境。学生在这个虚拟的实验室中,可以像在真实的实验室中一样设计各种实验,使用计算机模拟的各种仪器设备和实验器材完成实验的各个操作步骤,最终取得接近真实的实验结果。例如,一个电子线路的实验模拟软件,可以让学生在计算机屏幕上完成各种电子线路的设计、制作实验。学生进入该软件的模拟实验环境后,可以提交自己设计的电路图,并根据电路图领取相应的元器件,学生甚至可以看到这些元器件的实物模型。学生在计算机屏幕上模拟电路连线,完成后可以模拟通电,还可以使用计算机模拟的各种仪器(如示波器、电压表等),测量电路的各种参数,观察结果。如果电路连接出现致命错误,如电源短路或极性接反,计算机会模拟真实实验中的危险场景,如电源保险烧断或元器件烧毁冒烟等。

4) 管理模拟

这种模拟是用计算机来构造一个虚拟的管理环境,学生模拟这个环境中的一个管理者,当他做出一系列管理决策后,计算机模拟这些决策所产生的影响,并给出最终可能产生的结果。例如,模拟城市经济管理、工厂生产管理、商品销售管理等软件都属于这一类。

2. 教学特点

在教学中使用模拟型课件具有如下特点。

(1) 生动、形象、直观。模拟型课件能够把一些现实生活中很难观察到,而又难以用语言描述清楚的抽象事物生动形象直观地展现在学生面前,例如,分子的热运动、心脏的舒张和收缩等。

(2) 经济、安全。有些现实中的实验,其实验设备十分昂贵且易损;有些实验所用耗材费用很高,而且不能重复使用;有些实验本身存在一定的危险性,特别是对初次接触这类实验的人,其危险程度更高。与这些真实实验相比,计算机模拟显得既经济又安全。学生使用计算机模拟实验,可以尝试各种操作方案,以观察不同的操作可能产生的后果。当出现的操作错误有可能导致危险的发生或仪器损毁时,计算机能模拟出可怕结果的画面,并告诫操作者这样操作十分危险。

(3) 缩短实验周期。有些实验需要很长的时间才能得到实验结果,如一些生物遗传实验。用计算机模拟这个实验可以在几分钟内完成全过程,并使学生得到与真实实验相同的结论。学生还可以通过改变实验参数观察这些参数对实验结果的影响,通过观察、对比研究发现其中的规律。

5.4.2 课件的结构

模拟型课件的基本结构如图 5.3 所示,它的主体是计算机呈现给学生的"场景"(Scenario)

的变换与学生做出相应反应之间的互动过程。这里所说的场景可以是被模拟的对象所处的状态,可以是有待解决的问题的情景,也可以是有待操作执行的实验及其环境条件。学生动作可以是确定系统参数,做出一项决策,或执行一项操作。修改场景是对学生动作的响应,系统根据学生的反应提供反馈信息,调整或更换场景。这类课件的一个典型实例是美国伊利诺伊大学医疗中心研究的 CASE 模拟程序。该模拟程序可用于训练内科医生的临床诊断能力。首先计算机产生一个模拟病例,让实习医生(计算机操作者)诊断病因并开出处方,计算机根据这一处方,可模拟病人在接受治疗后的病情变化。

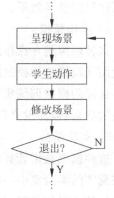

图 5.3　模拟型课件结构

5.5　游戏型课件

游戏型课件是一种以游戏的形式呈现教学内容的教学软件。这种课件把教学和娱乐融为一体,使学生在玩游戏的过程中达到教学目标。

5.5.1　教学过程及教学特点

1. 教学过程

游戏型课件的教学过程实际上就是学生使用课件玩游戏的过程。任何游戏都有其自身的游戏规则,玩游戏的人在计算机呈现出的场景中,在游戏规则的制约下与竞争对手展开竞争。当学生在一个阶段的竞争获胜即成功地达到了游戏目标时,实际上他也达到了相应的教学目标,这一阶段的学习任务也告结束。要使学生能在游戏中完成学习任务,要求使用的游戏型课件必须有如下特点。

(1) 明确的教学性。游戏型课件要有明确的教学目标和具体的教学内容,游戏过程要含有教学策略。不能把游戏型课件设计成普通的电子游戏。

(2) 有游戏的以下基本特征。

- 要有一套确定的游戏规则,用以说明游戏应当怎么玩。
- 有明确的游戏目标,有一个起始点和一个以上的结束点。结束时要有赢家和输家。
- 具有竞争性和挑战性,竞争对手可以是计算机,可以是同伴,也可以是设定的时间等。竞争性和挑战性使游戏充满乐趣和刺激,能有效激发学生积极主动参与游戏的学习动机。教学性和游戏性的融合是该类课件最本质的特征。

2. 教学特点

使用游戏型课件进行教学有如下特点。

(1) 能极大地激发学生的学习兴趣。课件的游戏特征提供的富有趣味性和竞争性的教学环境,能给学生较强的刺激,从而激发学生的学习动机,把本来十分枯燥的学习活动变为充满乐趣的游戏,使学生在富有教学意义而且教学目标明确的游戏活动中始终保持一种愉悦的心态,变被动学习为主动学习。

(2) 可用于教学过程的多个阶段。目前使用比较多的是在操练和练习、模拟等教学模式中加入游戏成分,使用效果比较好。

(3) 特别适合以学生为主体的发现式学习。很多游戏课件需要学生参与分析、综合、归纳、演绎等认知过程。面对竞争与挑战,为了解决游戏中遇到的各种问题和困难,学生在整个学习过程中,会一直处于一种积极主动、精神高度兴奋的状态。在分析、解决问题的过程中,学生能够自己发现规律,提高决策判断和解决问题的能力。

5.5.2 课件的结构

游戏型课件一般由游戏开始、游戏体、游戏结束3部分组成。其结构如图5.4所示。

游戏开始部分一般有游戏目标及规则的说明部分、游戏的设置部分(有些游戏在开始前需要对一些参数进行设置,如是否开启音响效果等)以及一些供学生选择的选项部分(如游戏级别的选择等)。

游戏体一般是个循环体,结构上和模拟型课件的循环体差不多,只是其中的学生动作部分变成了学生动作和对手反应两部分。

游戏结束部分一般要做一些游戏结束前的处理工作。例如,显示游戏的结果,一般游戏结果有胜、负或平局,也可能没有胜、负或平局,而以得分的形式给出结果,有时也给出以往的成绩记录及本次得分的相对排名。

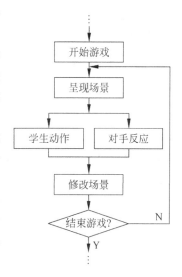

图5.4 游戏型课件结构

著名的美国伊利诺伊大学的PLATO系统上,有一个称为Howthewestwaswon的课件就是典型的游戏型课件。该游戏课件的教学目标是提高学生综合运用小学数学的四则混合运算能力。游戏的双方为公共马车和火车头,分别由学生和计算机扮演。双方由同一起点出发,途经6个城市,以最先到达终点的一方为胜利者。该课件的游戏规则类似于棋类游戏,游戏双方轮流走子,在每方走子之前,计算机随机产生3个整数,走子的人要用这3个数构造一个四则混合运算的算式并计算,且每种运算在算式中只能使用一次,计算机根据计算的结果来确定"棋子"前进的站数。例如,假设计算机产生的数是2、3和4,若走子的人构造的算式为2×3+4=10,他可以前进10站,若构造的算式为:(2+3)×4=20,他就能前进20站。显然这样的规则只能刺激学生追求最终的计算值为最大,其结果是不会有人考虑使用减法和除法。为使减法和除法也能在游戏中得到使用,真正达到提高学生综合运用四则混合运算的能力,在游戏规则中加入了诸如:"如果棋子刚好走到沿途的某个城市,则可以得到奖励,使其棋子自动跳到下一个城市;如果一方的棋子恰好走到对方的棋子的停靠站,则对方的棋子自动后退两个城市"等这样的奖惩规则。这样,就可以充分刺激学生去综合运用四则混合运算。

5.6 咨询型课件

咨询型课件像一个正在为学生答疑的教师,学生提出问题和要求,计算机回答并解释相关的内容。

5.6.1 教学过程及教学特点

咨询型课件的教学过程就是学生提问,计算机回答的过程。该类课件的基本功能是信息检索。由于存储信息的数据库容量有限,咨询型课件难以做到对学生提出的各种问题都能回答,一般一个课件只能就某一学科范围内的内容对学生的提问做出回答。使用咨询型课件的教学过程中,学习的主动权完全掌握在学生手里。学生可以自主地向计算机提出各种他们关心的问题,要求计算机给予回答。这为以学生为中心的自主学习创造了环境,提供了有力的资源支持。

5.6.2 课件的结构

咨询型课件的结构如图 5.5 所示。一般来说,咨询型课件的核心是一个数据库系统,所有的教学资源都存储在数据库中。当学生使用咨询型课件学习时,实际上就是查询检索数据库从而获取需要的学习资料的过程。数据库的容量应该足够大,其中的教学内容应该足够丰富,以满足学生的查询需求。但数据库的容量总是有限的,因而有时学生提出的问题,计算机可能查不到。近年来,随着因特网的发展与普及,一些咨询型课件加入了与因特网搜索引擎的接口,当学生提出问题时,课件先在本地数据库检索与之匹配的教学内容,如果检索不到,则启动因特网搜索引擎到因特网上搜索相关内容。这可以大大提高该类课件的查询命中率。

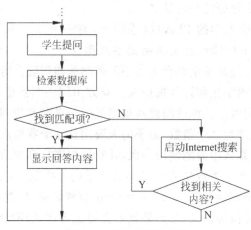

图 5.5 咨询型课件结构

由"梦辽软件"(网址为 http://mengliao.blog.51cto.com/)开发的名为"中华成语宝典"的软件是这类课件的典型实例。该课件可用于查询汉语的成语。可供使用的查询方式有词目查询、模糊查询、选字查询和逻辑查询。当学生输入一个成语要求查询后,计算机能给出这个成语的解释、出处以及应用示例。

5.7 第二代教学软件——积件

课件作为计算机辅助教学的主体,在我国现代教育技术的推广应用过程中起到了积极的作用,其自身也在教学实践中不断得到发展与完善。然而,传统课件也存在着难以克服的问题与缺陷。这主要表现在以下方面。

（1）传统课件制作困难。

要制作出一个好的课件，要求制作者既要十分精通计算机编程，又要精通教学，还要熟悉内容，甚至对其审美能力也有要求。而多媒体素材的寻找与制作，工作量相当大。作为教师个体要自己制作课件用于教学其难度是可想而知的。

（2）课件制作和使用分离开来。

由于上面的原因，有人提出应该把课件的制作和使用分离开来。课件的制作由有实力的教育软件开发公司来完成，教师只要根据需要选用成品课件就行了。实际上在我国的确出现了一些专职从事课件开发的软件公司，其制作出的课件有些也的确无可挑剔，然而轮到教师们选用时却出现了问题，即便抛开价格因素，教师们也极少有人愿意使用这些课件用于自己的课堂教学。究其原因，是传统课件缺乏通用性、灵活性。传统课件与制作者的教育思想、教学方法、教学经验、教学习惯甚至其兴趣爱好密切相关，又是一个封闭的软件系统，而教无定法。面对千变万化的实际教学，教师想把自己的教法加入到课件中却办不到，直接使用这样的课件上课堂无异于拿着别人的教案去给学生讲课，即使教案出自名家之手，谁用着也难免觉得别扭，因为缺少每个教师个人的风格。

为了解决上述问题，近年来我国教育工作者提出了积件的思想。积件最大的特点是其具有开放性和灵活性。它把教学内容以知识点为单位（称为基元）存于积件库中，同时提供一个简单易用的组合平台。利用这个平台，即使不懂编程的教师也能按照自己的思路，像组装积木一样把从积件库中选出来的基元轻易地组装成教学用的课件。

积件是继传统课件之后的第二代教学软件，它由积件库和积件组合平台组成。

积件库中存储着组合课件所需的各种素材和课件的半成品，使用积件进行教学的过程，实际上就是教师根据教学的需要进行教学设计，并利用组合平台自己动手组装课件用于教学的过程。由于有积件库的大力支持，可供选择的教学资源丰富，组合平台操作又十分简单，不需要编程也不需要耗费太多精力就可以完成课件的组装，使得每一位授课教师都有能力自己制作出符合自己个性的课件用于课堂教学。与课件相比，积件具有如下特点。

（1）通用性和灵活性。课件提供给教师的相当于盖好的成品楼房，其模式和设计风格已经固定，不管是否适用，教师都不能改变。积件提供给教师的相当于盖楼的材料和诸如门窗之类的半成品，教师可以根据需要和喜好自己设计并组装出楼房。因而，积件通用性强，也十分灵活，适用于各种教学情境，便于使用和推广。

（2）基元性和可积性。存储在积件库中可使用的教学资源的最小单位是基元，基元是固定的，一般一个知识点就是一个基元。使用积件组合平台可以对这些基元进行组合，灵活地构造出各种风格的课件。基元性和可积性使积件库中的教学资源具有很强的可重用性。

（3）开放性和自繁衍性。积件库中的教学资源是开放的，允许使用者将自己收集和制作的素材添加进去。这使得积件库能得到不断地充实和完善，也使学科中新的知识能及时得到补充，从而增长软件的生命周期。

积件从结构上看，主要由积件库和积件组合平台两大部分组成。积件库用于存储教学资源，主要由五个大的部分组成，多媒体教学资料库、微教学单元库、虚拟积件资源库、资料呈现方式库和教学策略库。多媒体教学资料库主要存储以知识点为基础的多媒体素材资料，包括文字、声音、图形、图像、动画等。微教学单元库中存储的是称为微教学单元的小课件。虚拟积件资源库是指网上其他人开发的共享积件资源库。资料呈现方式库中主要存储媒体素材呈现的方式，例如素材的飞入飞出、变色、闪烁、淡入淡出等。教学策略库中存储有可供选择的教学策略，例如讲授方式、演示方式、讨论方式、操练方式等。积件组合平台是使用者选取、加工、组合教学资源的操作平台。积件是近年来提出的继课件之后我国教育软件的一种新模式。在实际中，尽管有些关键性的问题（如积件库的标准规范等）尚待解决，目前有不少公司已经开始尝试开出了积件系统。

思考与练习

1. 常见课件的类型有哪些？
2. 简述个别辅导型课件的结构及特点。
3. 简述操作与练习型课件的结构及特点。
4. 简述模拟型课件的结构及特点。
5. 简述游戏型课件的结构及特点。
6. 简述咨询型课件的结构及特点。

第 6 章　多媒体课件制作

学习目标：
1. 了解多媒体课件制作涵盖的概念。
2. 熟知多媒体课件制作所需素材类型及制作方法。
3. 掌握多媒体课件制作至少两种技术解决方案。

21 世纪是高速发展的信息时代，以计算机技术和网络通信技术为核心的现代信息技术在社会发展中扮演着越来越重要的角色，并以惊人的速度改变着人们的学习方式、工作方式、思维方式、交往方式及生活方式。在教育领域，多媒体计算机辅助教学（Multimedia Computer Assisted Instruction，MCAI）已是当前国内外现代教育的一个重要部分。理论和实践已经表明，决定 MCAI 成效的关键是要有与各学科配套的、符合教学需要的、优质的多媒体 CAI 课件和资源。因此，根据教学的需要，设计与制作多媒体 CAI 课件及资源是时代对每一位教育工作者的基本要求，亦是新世纪教师的一种基本信息素质。

6.1　多媒体课件制作概论

多媒体课件是教学人员用来进行多媒体教学的辅助工具。创作人员根据自己的创意，先从总体上对信息进行分类组织，然后把文字、图形/图像、声音、动画、视频等多种媒体素材在时间和空间两方面进行集成，使他们融为一体并赋予它们以交互特性，从而制作出各种精彩纷呈的多媒体应用软件产品。

多媒体课件设计与制作无论在形式上还是在制作工具上都有着快速的发展。为了适应发展，我们必须在现有知识的基础上，及时吸取新的知识，使信息技术应用能力有更大的提高，更好地为工作、学习、生活服务，以便真正适应教育现代化的需要。

6.1.1　多媒体及多媒体技术

1. 多媒体

多媒体是当今信息时代伴随着计算机应用日益普及于社会各个领域而迅速流行起来的专业术语，它原本来自于英文"multimedia"，而 multimedia 则是由 multiple 和 media 复合而成，因此，从语言学的角度来看，它分为两部分："多"和"媒体"（media 的音译）。

多媒体包括文本、图形/图像、声音、动画、视频等基本要素。在进行多媒体教学课件设计时，需从这些要素的作用、特性出发，在教育学、心理学等原理的指导下，充分构思、组织多媒体要素，发挥各种媒体要素的长处，为不同学习类型的学习者提供不同的学习媒体信息，从多种媒体渠道向学习者传递教育、教学信息。

1）文本

文本是以文字和各种专用符号表达的信息形式,它是现实生活中使用得最多的一种信息存储和传递方式。用文本表达信息给人充分的想象空间,它主要用于对知识的描述性表示,如阐述概念、定义、原理和问题以及显示标题、菜单等内容。

2）图形/图像

图形/图像是多媒体软件中最重要的信息表现形式之一,它是决定一个多媒体软件视觉效果的关键因素。区别开来说,图形是指由外部轮廓线条构成的矢量图,放大后不失真;而图像是由像素点阵构成的位图,放大后失真。

3）动画

动画是利用人眼的视觉暂留生理特性,快速播放一系列连续运动变化的图形图像,也包括画面的缩放、旋转、变换、淡入淡出等特殊效果,在人脑中产生联动的画面效果。通过动画可以把抽象的内容形象化,使许多难以理解的教学内容变得生动有趣。合理使用动画可以达到事半功倍的效果。

4）声音

声音是人们用来传递信息、交流感情最方便、最熟悉的方式之一。在多媒体课件中,按其表达形式,可将声音分为讲解、音乐、效果三类。

5）视频

视频影像具有时序性与丰富的信息内涵,常用于交代事物的发展过程。视频非常类似于我们熟知的电影和电视,有声有色,在多媒体中充当起重要的角色。

2. 多媒体技术

多媒体技术（Multimedia Technology）是利用计算机对文本、图形/图像、声音、动画、视频等多种信息综合处理、建立逻辑关系和人机交互作用的技术。

多媒体技术有以下几个主要特点。

1）集成性

能够对信息进行多通道统一获取、处理、存储、组织与合成。

2）控制性

多媒体技术是以计算机为中心,综合处理和控制多媒体信息,并按人的要求以多种媒体形式表现出来,同时作用于人的多种感官。

3）交互性

交互性是多媒体应用有别于传统信息交流媒体的主要特点之一。传统信息交流媒体大多只能单向地、被动地传播信息,而多媒体技术则可以实现人对信息的主动选择和控制。

4）非线性

多媒体技术的非线性特点将改变人们传统循序性的读写模式。以往人们读写方式大都采用章、节、页的框架,循序渐进地获取知识,而多媒体技术将借助超文本链接（Hyper Text Link)的方法,把内容以一种更灵活、更具变化的方式呈现给读者。知识点之间的关联性和跳跃性在此得以充分体现和控制。

5）互动性

它可以形成人与机器、人与人及机器间的互动,互相交流的操作环境及身临其境的场景,人们根据需要进行控制。人机相互交流是多媒体最大的特点。

6)信息使用的方便性

用户可以按照自己的需要、兴趣、任务要求、偏爱和认知特点来使用信息,任取图、文、声等信息表现形式。

7)信息结构的动态性

用户可以按照自己的目的和认知特征重新组织信息,增加、删除或修改节点,重新建立链,使其产生附加价值。

6.1.2 多媒体课件

1. 多媒体课件定义

多媒体课件,简单来说就是教育者用来辅助教学的工具。课件创作人员根据教学设计,先从总体上对信息进行分类组织,然后把文字、图形/图像、声音、动画、影像等多种媒体素材在时间和空间两方面进行集成,使他们融为一体并赋予交互特性,从而制作出精彩纷呈的多媒体应用软件产品。

2. 多媒体课件特点

1)丰富的表现力

多媒体课件不仅可以更加自然、逼真地表现多姿多彩的视听世界,还可以对宏观和微观事物进行模拟,对抽象、无形事物进行生动、直观的表现,对复杂过程进行简化再现等。这样,就使原本艰难的教学活动充满了魅力。

2)良好的交互性

多媒体课件不仅可以在学习内容安排上提供良好的结构性交互控制,而且在具体知识点的表达中可运用合适的教学策略,引导学生学习,更好地体现出因材施教的个别化教学。

3)极大的共享性

网络技术的发展,多媒体信息的自由传输,使得教育在全世界交换、共享成为可能。以网络为载体的多媒体课件,提供了教学资源的共享。多媒体课件在教学中的使用,改善了教学媒体的表现力和交互性,促进了课堂教学内容、教学方法、教学过程的全面优化,提高了教学效果。

4)内容的复用性和可移植性

优秀的多媒体课件提供了模块化功能和丰富的资源,不仅给学习者带来了方便,也方便同行来借鉴和因地制宜的移植模块化的功能和资源,使得优质的课件资源能够得到更广的推广,取得更大的效用。

3. 多媒体课件的类型

按照课件的表现形式,可分为以下几种类型。

1)课堂演示型(助教型)

主要用于教学者辅助教学,以单向传播知识为主,帮助教学者掌握知识框架和教学进程。课堂演示型的多媒体课件是为了解决某一课程的教学重点与教学难点而开发的,知识点可以不连续,主要用于课堂演示教学。课堂演示型多媒体课件注重对学习者的启发、提示,或帮助学习者理解,或促进学习者记忆,或引发学习者兴趣,有利于学习者变被动学习为主动学习。

2) 自主学习型（助学型）

自主学习型多媒体课件是通过体现在界面上的交互式设计，让学习者进行人机交互操作，可以让学习者自主地进行学习。自主学习型多媒体课件具有完整的知识结构，反映一定的教学过程和教学策略，提供相应的形成性练习供学习者进行学习评价。助学型课件的结构与助教型课件有所不同，课件结构的主要关系不是顺序的线性，而是以非线性网状结构为基础，学习者通过选择链接来选择信息。

3) 训练与练习型（测验型）

训练与练习型多媒体课件通过试题的形式用于训练、强化学习者某方面的知识或能力。课件中显示的教学信息主要由数据库来提供。这种类型的课件在设计时要保证具有一定比例的知识点覆盖率，以便全面地训练和考核学习者的能力水平。

4) 实验型

实验型多媒体课件利用计算机仿真技术，提供可更改参数的指示项，供学习者进行模拟实验或操作使用。学习者使用实验型多媒体课件，当输入不同的参数时，能随时真实地模拟对象的状态和特征，例如模拟各种仪器的使用、多种技能的训练等。实验型多媒体课件强调学习所模拟的特定系统，而不是学习普遍解决问题的技能和策略。

5) 游戏型

教学游戏型课件是一种寓教于乐的教育游戏软件，其通过游戏的表现形式，来引起学习者的兴趣，让学习者在游戏氛围中获得学科知识，形成自身能力。教学游戏型课件能有效结合探究性学习方法、任务驱动学习方法等，是当前课件开发者青睐的方向。

6) 资料、积件型

资料、积件型多媒体课件包括各种电子书、词典和积件式课件，一般仅提供某种教学功能和教学资料，并不反映完整的教学过程。这种类型的课件可供学习者和教师进行资料查阅，也可以根据教学需要，对其中的资料进行编辑和集成，形成新的更加适用的多媒体课件。

4. 多媒体课件制作工具

优秀的多媒体课件的制作离不开优秀的课件制作工具。多媒体课件制作、合成工具有多种，这里介绍常见的几种课件制作、合成工具。

1) PowerPoint

PowerPoint 是 Microsoft 公司推出的用来制作和放映演示文稿的应用软件。在教学过程中，通过 PowerPoint，可以制作出集文字、图形、动画、音频和视频等多媒体信息形式于一体的演示型课件，把要表达的教学信息组织于一系列声色俱全、图文并茂的画面中。随着 PowerPoint 新版本的不断推出，其功能也愈发强大。PowerPoint 的灵活性、易用性、智能性、可靠性、可移植性和强大的功能，使其成为演示型课件制作的首选工具。

2) Authorware

Authorware 是 Macromedia 公司开发的一种多媒体软件制作工具，是基于设计图标和流程线结构的多媒体制作工具，具有丰富的交互方式。它无须传统的计算机语言编程，通过对图标的调用来编辑一些控制程序走向的流程图，将文字、图形、图像、声音、动画、视频等各种多媒体项目数据汇集在一起，赋予人机交互功能，就可以达到多媒体软件制作的目的。

3) Director

Director 是 Macromedia 公司推出的多媒体开发工具，它不仅具备直观易用的用户界面,而且拥有很强的编程能力(本身集成了自己 Lingo 语言)。主要定位于 CDROM/DVDROM(多媒体光盘)的开发。用 Director 制作多媒体动画,无论是演示性质的还是交互性质的,都显出其专业级的制作能力和高效的多媒体处理技术。图像、文本、声音、动画等多媒体元素,在 Director 中都可以非常方便而有机地结合起来,创造出精美的课件。

4) Flash

Flash 是目前流行的二维动画制作软件,将该软件用于制作多媒体 CAI 课件,可以充分表现动静结合的特点,实现动态演示的功能。同时,使用该软件制作的动画课件具有良好的兼容性,能够很方便地被 Authorware,PowerPoint 和 Dreamweaver 等工具制作的课件所调用。因此 Flash 在课件制作中的使用越来越普遍,已成为课件制作业内的趋势。

5) Dreamweaver

随着网络技术的不断发展,网络教学已经成为当前不可或缺的教学辅助方式之一。网页型课件的重要特点是结构清晰,具有实时的交互性,师生之间可以通过网络进行讨论和交流。Dreamweaver 是一款优秀的网页制作软件,作为 Macromedia 公司系列软件中的一员,具有该系列软件的传统优点——可视化操作,易学易用。用户只需要学习少量编程语言即可制作出生动的网页,因而是网页型课件最常用的制作软件之一。

6) Z+Z 智能平台

Z+Z 智能教育平台是一套适合于中学数学、物理教师进行课件制作、课堂演示以及课题研究的工具平台,也是一套适合于学生开展动手实践、自主探索、合作交流的学科实验室。其适用于交互几何作图、符号演算、作统计图表、制作多媒体课件,是一种综合性的智能教学软件。

6.1.3 多媒体课件设计与制作

1. 多媒体课件设计与开发人员构成

多媒体课件的设计与开发涉及学科教学论、课程论、心理学、计算机技术以及各种素材制作技术等多个领域,因此设计与开发人员的构成也应是多方面的。通常需要由包括项目管理人员、教学专家、多媒体制作人员和艺术美工等各类专业人员来协作完成。这些专业人员必须通力合作,相互配合,共同完成多媒体课件的制作。一般把他们分为以下几类。

(1) 项目负责人。
(2) 学科教学专家。
(3) 教学设计专家。
(4) 软件工程师(系统结构设计专家)。
(5) 多媒体素材制作专家。
(6) 多媒体课件制作专家。
(7) 界面设计专家(艺术美工专家)。

2. 多媒体课件的系统分析

1) 需求分析

即在开发多媒体课件之前,慎重考虑以下因素。

- 确定使用对象,了解使用对象特点;
- 确定课件内容,了解课件内容和相关资源;

- 确定课件表现类型,采用何种方式呈现课件最能满足需求;
- 确定开发规模,以确定开发过程中的人员分配、资料整合等因素;
- 当规模较大时,调查市场已存在相关课件,确定自己的优势和定位。

2) 内容分析

教学内容分析是对教学目标规定的期望水平以及如何将学习者的实际水平转化为这一期望水平所需要的各项知识内容的详细剖析过程。

多媒体课件的独特呈现方式给教学内容的呈现带来了多样性。教学内容分析即为了更加优化内容的呈现而作。如何呈现内容的重难点;如何把知识点间的非线性关系表现得淋漓尽致;如何把优秀的教学资源及时地通过超文本链接的方式呈现给用户,都是需要进行详细、缜密的内容分析才可能做到的。

3) 资源分析

资源是指设计多媒体课件所涉及的物质条件。资源条件所涉及的范围很广,如经费、设备、人员、时间和组织机构等方面。对资源进行分析,实质上就是要考虑资源条件是否具备。这些资源条件可以分为人力、物力和财力三个方面。资源分析的目的是为了确定开发课件的客观可能性如何,以及如何利用现有资源更好地安排课件开发过程。

3. 多媒体课件制作基本步骤

多媒体课件制作是一个系统工程,其工作过程繁杂而又缜密,必须有一个标准的制作流程来指导,才可以使得制作出来的多媒体课件具有较强的实用性。一般情况下,针对一个具体教材的多媒体课件制作项目的基本步骤可分为以下几步。

(1) 课题定义。教材多媒体课件制作的项目定义通常包括这样几个内容,课题名称、制作目的、使用对象、主要内容。在教材内容及学生方面,还应充分做好知识点、重难点、关联分析以及学习需要分析等。

(2) 教学设计。根据制作目的和主要内容及使用对象选择合适的多媒体教学模式,合理地选择教学媒体。

(3) 系统设计。包括系统流程设计、功能设计、人机界面设计等。

(4) 稿本编写。包括教材内容稿本和系统界面分脚本。

(5) 素材准备与整合。根据教材内容合理搜集与制作相关素材,并合理整合素材,使之能够较好地支持相关内容。

(6) 测试与评价。针对系统进行功能测试,用户反馈及作出相应改进意见和建议,并进行完善。

(7) 课件发布。在确保课件系统功能合理和内容充实的情况下,发布使用课件。

6.2 PowerPoint 多媒体课件制作

PowerPoint 是 Microsoft 公司推出的基于 Windows 环境专门用来制作和放映演示文稿的应用软件,是 Microsoft Office 办公系列软件的一个重要组成部分。在教学过程中,通过 PowerPoint,可以制作出集文字、图形、动画、音频和视频剪辑等多媒体元素于一体的演示型课件,把要表达的教学信息组织于一系列声色俱全、图文并茂的画面中,用于展示教学结构及内容。用户不仅可以在投影仪或者计算机上进行演示,也可以将演示文稿打印出来,制作成胶片，以便应用到更广泛的领域中。随着 PowerPoint 新版本的不断推出，其功能也愈发强大。PowerPoint 的灵活性、易用性、智能性、可靠性、可移植性和强大的功能，使其成为演示型课件制作的首选工具。

6.2.1　PowerPoint 操作基础

单击 Windows 的"开始"按钮，执行"所有程序"→"Microsoft Office"→"Microsoft Office PowerPoint 2003"命令，即可打开如图 6.1 所示的 PowerPoint 2003 工作窗口界面。

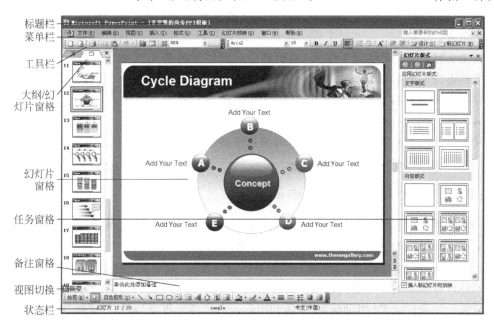

图 6.1　PowerPoint 2003 工作界面

下面简要介绍 PowerPoint 2003 的工作界面分布及功能。

标题栏：与其他 Windows 应用程序一样，标题栏在 PowerPoint 2003 窗口的最上方。左边有窗口控制图标，文件名与程序名称，右端有"最小化"、"还原/最大化"、"关闭"按钮。

菜单栏：菜单栏位于标题栏下方。它是命令菜单的集合，用以显示、调用程序命令。分 9 大类，分别为"文件"、"编辑"、"视图"、"插入"、"格式"、"工具"、"幻灯片放映"、"窗口"和"帮助"。

工具栏：PowerPoint 2003 的工具栏在默认状态下只显示"常用"、"格式"和"绘图"等几个工具栏，其他工具栏被隐藏。执行"视图"→"工具栏"命令，可以显示其他工具栏；或者在菜单栏、工具栏空白区域右击，也会弹出"工具栏"所有工具选项。

大纲/幻灯片窗格：通过上方的选项卡在大纲视图和幻灯片视图之间进行切换显示，以大纲文本方式或以幻灯片缩略图方式显示演示文稿。

幻灯片窗格：在普通视图模式下，中间部分是"幻灯片编辑窗格"，用于查看每张幻灯片的整体效果，可以进行输入文本、编辑文本、插入各种媒体和编辑各种效果，幻灯片编辑窗格是进行幻灯片处理和操作的主要环境。

任务窗格：任务窗格位于窗口的右侧，是提供常用命令的窗口。窗格上方的左右箭头分别是"返回"、"向前"按钮，单击它们可以方便地切换到曾经使用过的任务窗格。如果不需要任务窗格，单击窗格右上方的"关闭"按钮即可。在"视图"菜单中有显示或关闭任务窗格的命令"任务窗格"，使用快捷键 Ctrl＋F1 进行任务窗格的显示或关闭更为方便。在任务窗格的下拉列表框中共有"开始工作"等 16 个任务窗格，如图 6.2 所示。

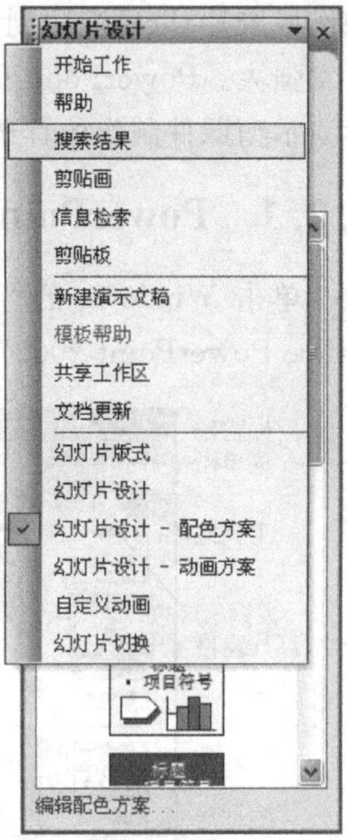

视图切换：用于在普通视图、浏览视图和放映视图三种视图形式之间进行切换。

备注窗格：备注窗格用于输入、编辑和显示演讲者的备注。窗格中的备注一般是对幻灯片页面中内容的说明，或者是提示演讲者的一些演讲重点扩充。每个幻灯片页面对应一页备注。放映演示文稿时，不会显示备注窗格中的内容。

状态栏：位于窗口的最底端，显示当前选中的幻灯片"当前页/总页"、当前模板和输入状态等内容。

图 6.2　任务窗格系列

6.2.2　演示文稿的外观风格设置

一个好的课件需要有一个统一的外观风格。外观风格的统一会使得受众耳目一新，注意力集中于知识点而不会被环境背景所分散，同时也不会因为背景环境的平淡无奇而丧失兴趣。PowerPoint 演示文稿的外观主要是通过设计模板、母版和配色方案进行控制的。

幻灯片母版是幻灯片层次结构中的顶层幻灯片，用于存储有关演示文稿的主题（主题包括一组统一的设计元素，使用颜色、字体和图形设置文档的外观）和幻灯片版式（版式包括幻灯片上标题和副标题文本、列表、图片、表格、图表、自选图形和视频等元素的排列方式）的信息，包括背景、颜色、字体、效果、占位符大小和位置。每个演示文稿至少包含一个幻灯片母版。

PowerPoint 模板是另存为 .pot 文件的一张幻灯片或一组幻灯片的图案或蓝图。模板可以包含版式、主题颜色（主题颜色包括文件中使用的颜色的集合。主题颜色、主题字体和主题效果三者构成一个主题）、主题字体（主题字体包括应用于文件中的主要字体和次要字体的集合。主题字体、主题颜色和主题效果三者构成一个主题）、主题效果（主题效果包括应用于文件中元素的视觉属性的集合。主题效果、主题颜色和主题字体三者构成一个主题）和背景样式，甚至还可以包含内容。

1. 设置模板和版式

使用 PowerPoint 的"设计模板"可以对演示文稿进行外观设计，使用 PowerPoint 的"版式"可以确定如何对一张幻灯片中的内容进行排列。设计演示文稿最基本的方法是选用一种适合的设计模板和版式，并根据内容需要选择不同的幻灯片版式，然后根据设计需要再作一些基本的修改。

在标题幻灯片下面新建的幻灯片，默认情况下给出的是"标题和文本"版式，我们可以根据需要重新设置其版式。

（1）执行"视图"→"任务窗格"命令，展开"任务窗格"。

(2) 单击任务窗格顶部的下拉按钮,在随后弹出的下拉列表中,选择"幻灯片设计"或"幻灯片版式"选项,展开其任务窗格。

(3) 选择一种模板或版式,然后单击其右侧的下拉按钮,在弹出的下拉列表中,根据需要应用模板或版式即可。

(4) 当需要在同一个 PPT 文件中穿插多种模板或版式时,可先在大纲/幻灯片窗格中选择所需幻灯片(单选或多选),然后在"任务窗格"中选择合适模板或版式,右击选择"应用于所选幻灯片"、"应用于所有幻灯片"即可,如图 6.3 所示。

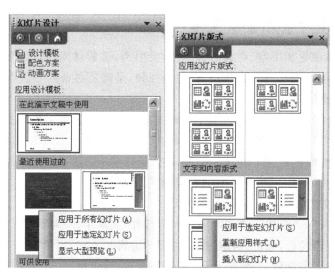

图 6.3 "幻灯片设计"任务窗格及"幻灯片版式"任务窗格

2. 设置配色方案

如果对幻灯片的当前颜色不满意,可以设置幻灯片的配色方案。色彩在演示文稿的整体效果中充当着非同小可的作用。可以想象,没有色彩的幻灯片在放映时肯定难以吸引观众,因此为演示文稿的文本、背景和填充等配上丰富多彩、协调美观的色彩是相当重要的。而使用配色方案可得到满意的效果。

通过"幻灯片设计"任务窗格中的"配色方案",可以调整相应版式中幻灯片背景、标题文本等元素着色。

(1) 执行"视图"→"任务窗格"命令,展开"任务窗格"。

(2) 单击任务窗格顶部的下拉按钮,在随后弹出的下拉列表中,选择"幻灯片设计"→"配色方案"选项,展开"幻灯片设计"→"配色方案"任务窗格。

(3) 选择一种配色方案,然后单击其下方的"编辑配色方案"按钮,在弹出配色面板中,根据需要调整即可。同理,如若需要在同一个 PPT 文件中穿插多种配色方案时,可先在大纲/幻灯片窗格中选择所需幻灯片(单选或多选),然后在"任务窗格"中选择合适配色方案即可。

3. 设置母版

如果我们希望为每一张幻灯片添加上一项固定的内容(如学校单位的 LOGO、课程名称等),可以通过修改"母版"来实现。

(1) 执行"视图"→"母版"→"幻灯片母版"命令,进入"幻灯片母版"编辑状态。

(2) 将 LOGO 图片等信息插入到幻灯片中,调整好大小、定位到合适的位置上,再单击"关闭母版视图"按钮退出"幻灯片母版"编辑状态。

(3) 以后添加幻灯片时,该幻灯片上自动添加上 LOGO 图片等信息。

(4) 如若需要在 PPT 文件中用到多个母版约束时(特别是首页和其他部分的分割处),参考模板和版式部分,因为母版会相应陈列在模板所在"任务窗格"中,且以一分隔条隔在最上方。

6.2.3 多媒体对象元素的使用

为使得课件表现更加丰富、更具活力、更具吸引力,多媒体对象元素的使用是必不可少的,如何在课件中加入图形/图像、动画、音频和视频,是需要必备的知识点。

1. 艺术字的使用

Office 多个组件中都有艺术字功能,在演示文稿中插入艺术字可以提高演示文稿的字形多元性。艺术字是一个文字样式库,可以将艺术字添加到 2003 Microsoft Office System 文档中以制作出装饰性效果,如带阴影的文字或镜像(反射)文字。在 Microsoft Office PowerPoint 2003 中,还可以将现有文字转换为艺术字。

PowerPoint 文档中插入艺术字步骤如下。

(1) 执行"插入"→"图片"→"艺术字"命令,打开"艺术字库"对话框。

(2) 选中一种样式后,单击"确定"按钮,打开"编辑艺术字"对话框。

(3) 输入艺术字字符后,设置好字体、字号等要素,确定返回。

(4) 调整好艺术字大小,并将其定位在合适位置上即可。

2. 插入图示、图片、图表和表格

1) 插入图示

执行"插入"→"图示"命令,弹出"图示库"面板,如图 6.4 所示。"图示库"面板中的"选择图示类型"列表中包括了"组织结构图"和其他五种图示,它们分别是:

- 维恩图,用于显示元素之间重叠区域的图示。
- 循环图,用来显示具有连续循环过程的图表。
- 棱锥图,用于显示基于基础的关系。
- 目标图,用于说明为实现目标而采取的步骤图表。
- 射线图,用于显示元素与核心元素的关系。

在"选择图示类型"列表选择一种图示,单击"确定"按钮,插入该图示的一个预设形状,可以在此基础上进行增加、删除和修改形状的操作。

图 6.4 图示库面板

2) 插入图片

为了增强文稿的可视性,向演示文稿中添加图片是一项基本的操作。

(1) 执行"插入"→"图片"→"来自文件"命令,打开"插入图片"对话框。

(2) 定位到需要插入图片所在的文件夹,选择相应的图片文件,然后单击"插入"按钮,将图片插入到幻灯片中。

（3）用拖动的方法调整好图片的大小，并将其定位在幻灯片的合适位置上即可。

在定位图片等多媒体素材对象位置时，按 Ctrl 键，再按方向键，可以实现图片等素材的微量移动，达到精确定位图片的目的。

3）插入图表

利用图表，可以更加直观地演示数据的变化情况。

（1）执行"插入图表"命令，进入图表编辑状态。

（2）在数据表中编辑好相应的数据内容，然后在幻灯片空白处单击一下鼠标，即可退出图表编辑状态。

（3）调整好图表的大小，并将其定位在合适位置上即可。

4）插入表格

由于 PowerPoint 的表格功能不太强，如果需要添加表格时，我们先在 Excel 中制作好，然后将其插入到幻灯片中。

（1）执行"插入"→"对象"命令，打开"插入对象"对话框。

（2）选择"由文件创建"选项，然后单击"浏览"按钮，定位到 Excel 表格文件所在的文件夹，选择相应的文件，单击"确定"按钮返回，即可将表格插入到幻灯片中。

（3）调整好表格的大小，并将其定位在合适位置上即可。

3. 插入数学公式

PowerPoint 采用嵌入技术，通过执行"插入"→"对象"命令，可以在演示文稿中插入其他应用程序，使用这些应用程序进行编辑操作，得到的对象作为幻灯片中的元素使用，如插入 Flash 影片、Microsoft Word 文档等。在这些对象编辑完成后，可以随时用鼠标双击这些对象，重新调出相关的应用程序对其进行编辑。

数学公式的建立在数学课件的制作中非常重要，在 PowerPoint 中建立数学公式，就是通过执行"插入"→"对象"命令，调用 Microsoft 公式编辑器实现的。

（1）执行"插入"→"对象"命令，弹出"插入对象"对话框，在"插入对象"对话框中选择 Microsoft 公式 3.0，如图 6.5 所示。单击"确定"按钮，打开公式编辑器窗口，在其中进行数学公式的编辑。

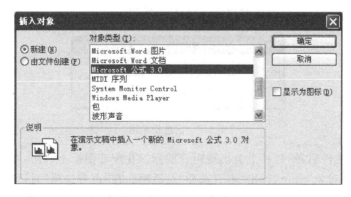

图 6.5 "插入对象"对话框

（2）利用公式编辑器建立公式。进入公式编辑器后，在"公式编辑器"窗口菜单栏的下面，出现了符号工具栏和模板工具栏，如图6.6所示。可以使用公式编辑器提供的符号及模板建立相应的数学公式。

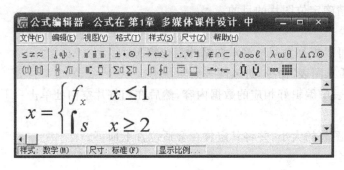

图6.6 公式编辑器

4. 插入音频、视频及Flash动画等多媒体素材

在课件中合理地使用声音、视频等多媒体素材，可以增加课件的表现力，PowerPoint提供了在幻灯片放映时播放音乐、声音和影片的功能。

1）在演示文稿中插入声音

在演示文稿中插入声音，通常有两种方法，一种是使用剪辑管理器插入声音剪辑；另一种是使用菜单命令插入声音文件。使用剪辑管理器插入声音剪辑的方法，与插入剪贴画的方法完全一样，是通过"剪贴画"任务窗格完成的。

执行"插入"→"影片和声音"→"剪辑管理器中的声音"命令，切换到"剪贴画"任务窗格，只需要在任务窗格中找到相应的声音剪辑缩略图，然后单击即可将声音剪辑插入到幻灯片中。

通过菜单命令在幻灯片中插入声音和音乐的方法与插入外部图片文件的方法类似。首先在幻灯片视图中，显示要添加声音和音乐的幻灯片，执行"插入"→"影片和声音"→"文件中的声音"命令，然后在弹出的"插入声音"面板中，查找到要插入声音的文件。单击对话框中的"确定"按钮，将会弹出一个如图6.7所示的信息提示框，询问是否需要在幻灯片放映时自动播放声音。如果单击"自动"按钮，在幻灯片放映时将自动播放声音；单击"在单击时"按钮，在幻灯片放映时，单击声音图标即可播放声音。

图6.7 信息提示框

在插入声音文件后，幻灯片上会出现声音图标。在声音图标上右击，在弹出的快捷菜单中选择"编辑声音对象"命令，弹出"声音选项"对话框。在"声音选项"对话框中可以设置"是否循环播放声音"，可以调节"声音音量"的大小，可以设置"是否在放映时隐藏声音图标"。如果不需要将声音图标显示在幻灯片上，也可以将它放置在其他对象的底层，将其隐藏起来，或是拖出幻灯片的有效区域之外，播放时不会被看到。

2）在幻灯片中插入影片

插入影片的步骤与添加声音非常相似，执行"插入"→"影片和声音"命令，如果选择"剪辑管理器中的影片"，将选择"剪贴画"任务窗格插入影片剪辑。如果选择"文件中的影片"，则可以选择一个影片文件，将其插入到幻灯片中。

插入声音或音乐时，在幻灯片上显示的是声音图标。插入影片后，幻灯片上将以静止的图片的方式，显示影片的第一帧。

对于插入的影片不但可以像插入的图片一样，通过鼠标拖动自由地改变播放窗口的大小，也可以使用"设置图片格式"对话框，设置影片的尺寸、位置、缩放比例和幻灯片最佳放映比例。

与幻灯片中的图片对象一样，可以为幻灯片中插入的影片添加动画效果，进一步增加演示文稿播放的趣味性和生动性。

右击影片窗口，在弹出的快捷菜单中选择"编辑影片对象"命令，弹出"影片选项"对话框，如图 6.8 所示。

在"播放选项"中选择"循环播放，直到停止"复选框，当循环播放声音或影片时，该文件将持续播放直到切换到下一张幻灯片。选择"影片播完返回开头"复选框，影片将在播完一遍后自动返回到第一个画面并停止播放。

在"显示选项"中选择"不播放时隐藏"复选框后，在幻灯片放映过程中，如果不播放影片，将不显示影片窗口。选择"缩放至全屏"复选框，影片以全屏方式播放。

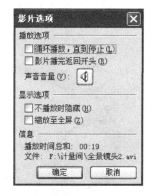

图 6.8 "影片选项"对话框

3）插入 Flash 动画

Flash 动画在表现某些特殊动画和交互效果时具有特殊的优势。因此，在特定情形下，需要在 PowerPoint 中插入 Flash 动画。

（1）执行"视图→工具栏→控件工具箱"命令，展开"控件工具箱"工具栏。

（2）单击工具栏上的"其他控件"按钮，在随后弹出的下拉列表中选择"Shockwave Flash Object"选项，然后在幻灯片中拖动出一个矩形框（此为播放窗口，大小可经播放幻灯片测试调整）。

（3）选择播放窗口，单击工具栏上的"属性"按钮，打开"属性"对话框，在"Movie"选项后面的方框中输入需要插入的 Flash 动画完整路径及文件名，然后关闭属性窗口。

（4）调整好播放窗口的大小，将其定位到幻灯片合适位置上，放映幻灯片时即可播放 Flash 动画了。

5. 图形绘制和填充

PowerPoint 具有便捷的图形绘制功能，用户可以轻易地绘制出各种类型的直线、曲线、矩形、圆形、阴影图和立体图等，并且提供了结构复杂的自选图形，可以直接选择插入这些现成的图形。使用绘图功能制作的图形，如自选图形、曲线、线条等，以及它们的组合和艺术字等都是图形对象，可以进行缩放、调整、旋转和翻转等操作。

PowerPoint 中大部分绘图操作主要是选择"绘图"菜单和"绘图"工具栏来完成，"绘图"菜单中包含了各种绘图操作的命令，"绘图"工具栏则包含各种绘图工具。对于一些简单图形，如矩形、椭圆和直线等，可以直接在工具栏中选择相应工具绘出。对于其他一些图形，可以选择"自选图形"图标。单击"绘图"工具栏中的"自选图形"图标后,在弹出的自选图形菜单中,可以选择各种形状的线条、连接线、各种基本图形、流程图、箭头和标注等现成图形,当鼠标移动到某图形标志时,会出现该图形的名称提示。

下面以一个实例演示如何运用图形绘制及填充操作完成当前 PPT 领域流行的图形元素。首先来介绍图形最终效果,如图 6.9 所示。

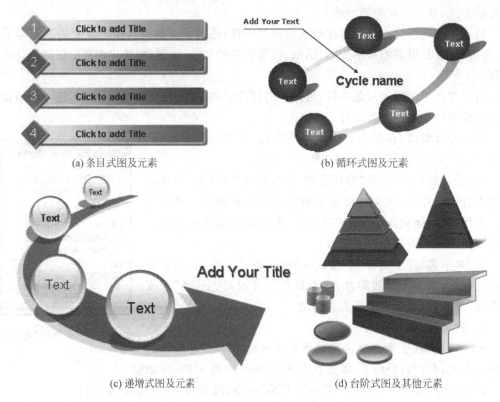

图 6.9 几种图形组合元素

图 6.9 展示了不同形状的图形组合得到的系列图形样式,有简有繁,但经过分析不难发现,它们均是由最基本的图形组合而成,经过色彩的纯色、渐变或放射填充、阴影的叠加使用得到最终的效果。

以图 6.9(a)图中元素为例,可以分解为如图 6.10 所示。

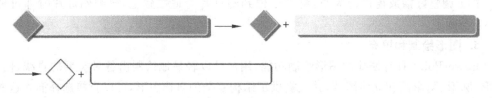

图 6.10 图 6.9(a)图元素分解图

由图 6.10 可见,图 6.9(a)图元素分解后其实为 2 个图形元素(菱形+圆角矩形)组成,菱形经过了 2 磅的白边和 2 磅左右的阴影效果处理以及橙色的纯色填充;圆角矩形则经过橙色单色渐变填充及 2 磅的白边和 2 磅左右的阴影效果处理。

以图6.9(c)中的阴影球形元素为例,其可以表示为如图6.11所示。

图6.11　图6.9(c)图元素分解图

由图6.11可见,图6.9(c)图元素分解后其实为5个图形元素(均为比例不等的圆形,根据精细度要求不同,图形元素多时可以得到更精细的效果,2～5个图形元素均可达到此种效果,但在图形色彩填充上需要考虑周到),在原型中填充不同的色彩系列即可达到球形表面的渐变、高亮等效果。若读者觉得复杂,或是颜色渐变值间隔难以控制,可采用2个图形元素达到此种效果的做法,如图6.12所示。

图6.12　两个图形元素组成球体图

图6.12充分体现了两个图形元素(圆形和高光区图形)组成球体图的简便性,圆形用较暗单色渐变填充体现球体色块感,高光区用较亮色彩体现高光,至于高光图形,则用"绘图"工具中"自选图形"工具里"线条"中的曲线去描绘。

在图6.9(d)中,无论是台阶图形还是金字塔图形,都需要我们重新去认识,PowerPoint虽然提供了"三维效果样式",但图6.9(d)中的图形元素均不是规则的,所以需要重新用绘图方式绘制出必要图形,通过图形组合得出大致样式,通过有效色彩填充体现不同面上的色彩变化。如图6.13所示。

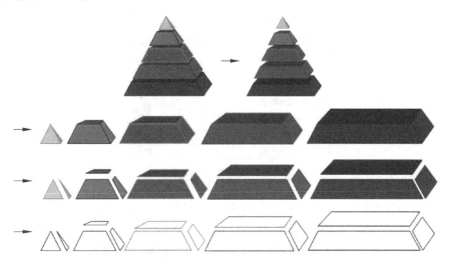

图6.13　图6.9(d)图元素分解图

PowerPoint给用户提供了大量的绘图和色彩填充工具,如何制作出具有创意的图形元素,不仅需要我们不断去学习经典元素,分析、临摹别人的作品,更需要我们根据所要做的内容来量身定做。

6.2.4 课件导航与超链接

若要使得课件具有良好的层次性，不易迷航，导航方式的有效设置是十分必要的。导航在课件中的功能非常重要，其在一定程度上体现出课件内容之间的概念联系和逻辑关系。课件导航加强了课件的层次感，使用者操作更便捷。

在 PowerPoint 中可以选择添加"动作按钮"或者为特定对象添加"动作设置"建立课件的导航结构，也可使用"超链接"实现课件的超文本结构。

1. 动作按钮与动作设置

1）添加动作按钮

PowerPoint 提供了一组动作按钮，包含了"开始"、"结束"、"上一张"、"下一张"等一些常见动作的大家所熟悉的按钮形状，这些按钮都是预先定义好的，对应了一种相应的动作设置，可以直接将动作按钮添加到演示文稿中，运行演示文稿时该按钮会起作用。

可以一次只为某一张幻灯片添加动作按钮，也可以在幻灯片母版上单击"插入动作"按钮，使得该按钮在整个演示文稿中可用。下面为演示文稿的母版幻灯片添加一组动作按钮。

（1）新建演示文稿。

（2）执行"视图"→"母版"→"幻灯片母版"命令，打开幻灯片母版，这就是一张特殊的幻灯片，可以像对其他幻灯片一样进入各种操作，同时显示"母版视图工具栏"。

（3）执行"幻灯片放映"→"动作按钮"命令，出现各种动作按钮子菜单，当鼠标移到某个按钮上时，会出现按钮名称提示，如图 6.14 所示。

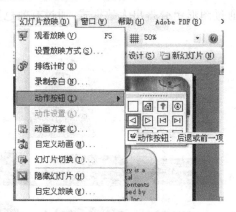

图 6.14 "动作按钮"命令

（4）单击动作按钮"上一张幻灯片"，在幻灯片母版上单击鼠标左键，拖动画出一个按钮，同时弹出"动作设置"对话框，如图 6.15 所示。

其中有两个选项卡"单击鼠标"和"鼠标移过"，用于设置在两种情况下的动作。动作设置有两种情况，"无动作"，表示单击鼠标时不产生任何动作；"超链接到"，表示产生超链接到下方下拉列表框中确定位置的动作。此处，系统默认为"上一张幻灯片"，虽然可以再重新进行设置，但使用动作按钮时一般都采用系统规定的动作。单击"确定"按钮，完成"第一张"动作按钮的设置。

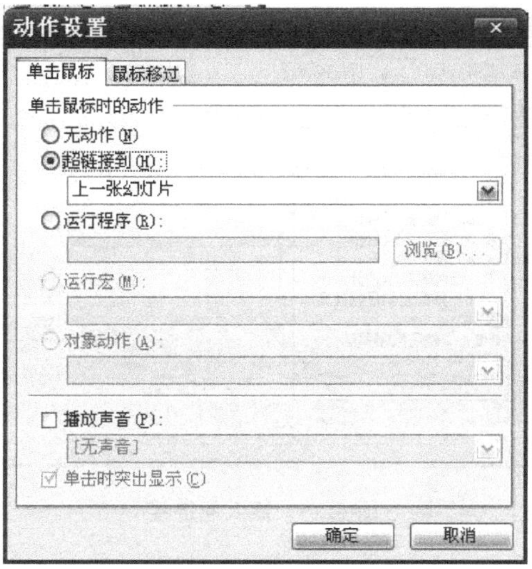

图 6.15 "动作设置"对话框

2) 使用动作设置

动作按钮是系统设置好了形状和动作的按钮,对于幻灯片或幻灯片母版中一个选中的对象,如一个文本、一个图形等,执行"幻灯片放映"→"动作设置"命令,也可以为它设置相应的动作,这样就可以像使用动作按钮一样为文本、图形等其他对象创建超链接,使得超链接的对象更加丰富。因其和上一种方法相似,此处不再赘述,读者可自行摸索。

2. 超链接

所谓超链接,即类似于网页中的多媒体元素链接结构,可以从一种媒体元素跳跃到想要的内容目标上去。作为链接的锚点,不仅可以是按钮图形元素,还可以为文本对象、图像对象甚至音视频对象等,这些多媒体元素均可以设置超链接。

选择需要设计超链接的锚点内容后,右击弹出快捷菜单中选择"超链接"操作,会弹出"插入超链接"面板,如图 6.16 所示。它允许用户设置四种链接对象:"原有文件或网页"、"本文档中的位置"、"新建文档"和"电子邮件地址"。"原有文件或网页"为链接到外部文件,即存储在系统硬盘中的文件或其他文件;"本文档中的位置"为链接到当前所在文档中的页面;"新建文档"为新建一个文档并链接到一个新建的文档上去;"电子邮件地址"为链接到一个邮件地址上。

设置好超链接后,一般情况下,代表超链接的文本会添加下划线,并显示为配色方案所预置的颜色。在超链接被访问后,超链接的颜色会改变,这样可以通过颜色分辨访问过的超链接,当然也可以设置超链接使用前后为同一颜色。演示文稿的配色方案由应用的设计模板所确定,配色方案由幻灯片设计中使用的八种颜色组成,这八种颜色用于设置"背景"、"文本和线条"、"阴影"、"标题文本"、"填充"、"强调"、"强调文本和超链接"以及"强调文字和已访问的超链接"的颜色。

只要通过编辑配色方案,把"强调文本和超链接"与"强调文字和已访问的超链接"的颜色设为同样的颜色,超链接在访问前后的颜色就不再发生变化。当然也可以把"文本和线条"与"强调文本和超链接"的颜色设置为相同,这样创建超链接时颜色也不再改变。

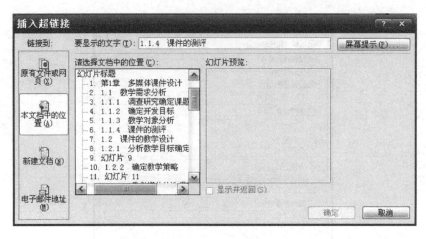

图 6.16 插入超链接

6.2.5 动画效果的使用

PowerPoint 的动画效果分为两大类,一类是幻灯片动画,用于设置幻灯片中上各多媒体元素的动画效果,亦称片内动画;一类是幻灯片切换动画,用于设置幻灯片页面切换过程中的整个幻灯片的动画效果,亦称片间动画。PowerPoint 的动画效果十分丰富,而且设置非常简单,都可以通过任务窗格来实现,为制作形象、生动的课件提供了方便。

1. 幻灯片动画的应用

为幻灯片中的对象添加动画效果有两种方法,一种是直接应用 PowerPoint 已经设置好的动画方案;另一种是使用自定义动画方式,由用户自己定义动画效果。

1) 使用动画方案

PowerPoint 预设了一部分动画方案,用于为幻灯片中的某些项目添加预设动画视觉效果,每个动画方案通常包含应用于幻灯片标题的效果和应用于幻灯片的项目符号或段落的效果。可以将动画方案应用于选定幻灯片中的项目、所有幻灯片中的项目或幻灯片母版中的某些项目。

使用动画方案的方法非常简单,打开要使用动画方案的演示文稿,执行"幻灯片放映"中的"动画方案"命令,任务窗格转换为"幻灯片设计—动画方案"任务窗格,窗格下方的列表框中列出了已经预设的动画方案。单击列表框中某种动画方案,即可将其应用于选择的幻灯片。单击"应用于所有幻灯片"选项,可以将选择的动画方案应用于演示文稿中的所有幻灯片。

使用动画方案时,幻灯片中哪些项目可以使用动画是系统预先设置好的,主要是针对设计模板中提供的一些对象进行设置,而且每种动画方案都是对幻灯片中所有的文本或对象进行统一的设置,不能对这些对象分别进行不同的动画效果设置。因此,使用动画方案设置动画效果有很大的局限性。

2) 使用自定义动画

在幻灯片中选择一个要添加动画的对象,执行"幻灯片放映"中的"自定义动画"命令,任务窗格转换为"自定义动画"任务窗格,单击"添加效果"选项,弹出下拉菜单,包括"进入"、

"强调"、"退出"和"动作路径"四个选项。选中每个选项,都会出现下一级菜单,选择这些命令可以设置各种动画效果,如图6.17所示。

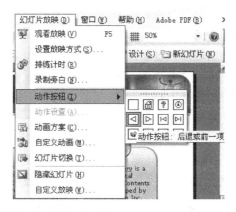

图6.17 自定义动画菜单

选择"进入"命令中的一种效果,设置对象进入幻灯片时的效果;选择"强调"命令中的一种效果,为幻灯片上的对象添加某种强调效果;要为对象添加离开幻灯片时的效果,选择"退出"命令中的一种效果;要为对象指定沿某路径移动的效果,选择"动作路径"命令,并创建一种路径。选择二级菜单中的"其他效果"选项,会弹出其他动画效果的选择对话框,从中可以选择所需要的动画效果。

2. 幻灯片的切换方式

在演示文稿中,可以设置幻灯片之间的切换方式,使幻灯片之间自然而优美地进行衔接。设置幻灯片切换的方法是选择"幻灯片切换"任务窗格,可以添加幻灯片之间的切换效果,并可以设置切换速度、换片方式和应用范围。

1) 幻灯片切换的设置方法

(1) 打开要设置幻灯片切换的演示文稿。

(2) 执行"幻灯片放映"→"幻灯片切换"命令,出现"幻灯片切换"任务窗格,如图6.18所示。

(3) 在"应用于所选幻灯片"选项的列表框中列出了幻灯片切换的各种效果选项,如"水平百叶窗"。选择其中一种切换效果,该效果自动应用到演示文稿当前选中的幻灯片上。

(4) 在"修改切换效果"选项中可以选择切换的"速度"为"快速"、"中速"或"慢速";选择"声音"为"无声音"或从下拉列表中选择一种声音效果。

(5) 在"换页方式"选项中可以选择"单击鼠标时"换页,也可以选择"每隔"复选框,并输入希望切换的间隔时间,幻灯片在达到时间后自动切换。也可以同时选择两种方式。如果都不选,则采用其他换片方式。

(6) 如果要将同一种切换效果应用于整个演示文稿,则在切换效果列表中选择一种效果,然后单击"应用于所有幻

图6.18 "幻灯片切换"任务窗格

灯片"按钮,该切换效果对演示文稿中每一张幻灯片都有效。

(7)单击"播放"按钮可以查看当前幻灯片的切换效果,单击"幻灯片放映"按钮可以从当前幻灯片开始查看幻灯片的切换效果。

2)利用浏览视图选择切换效果

幻灯片浏览视图以缩略图的形式显示演示文稿,可以在屏幕上尽量多地显示演示文稿的幻灯片。可以对演示文稿有一个整体的了解,还可以快速定位所需要进行某些属性设置的幻灯片。结合"幻灯片切换"任务窗格的功能,可以在选择切换效果时自动预览,也可以单击"播放"按钮演示选中幻灯片的切换效果。方法如下。

(1)打开一个演示文稿,在"视图切换"中选择"幻灯片浏览视图"。比如,图6.19所示的由6张幻灯片组成,可以一次显示在屏幕上。当需要展示更多的幻灯片时,可以在"工具栏"的"显示比例"下拉列表框中缩小显示比例,使得在屏幕上显示更多的幻灯片。

图6.19 在浏览视图中设置幻灯片切换

(2)选中一张幻灯片,在"幻灯片切换"任务窗格中选择一种切换效果,这时由于选择了"自动预览"复选框,幻灯片缩略图会自动显示切换效果。进行切换效果的修改和换片方式的设置,可以随时单击"播放"按钮查看修改后的效果。

(3)用同样的方法依次对各个幻灯片进行切换方式的设置。

6.2.6 创建课件

执行"文件"→"新建"命令,任务窗格转换为"新建演示文稿"任务窗格,其中列出了四种建立新演示文稿的方法选项。

空白演示文稿：从具备最少的设计且未应用颜色的幻灯片开始,创建新的演示文稿。

根据设计模板：在已经具备设计概念、字体和颜色方案的 PowerPoint 设计模板的基础上创建演示文稿。除了使用 PowerPoint 提供的模板外,还可使用自己创建的模板。

根据现有演示文稿：在已经编写和设计过的演示文稿基础上创建演示文稿。选择此命令创建现有演示文稿的副本,以对新演示文稿进行设计或内容更改。

根据内容提示向导：选择"内容提示向导"应用设计模板,该模板会提供有关幻灯片的文本建议；然后输入所需的文本。

这里采用空白演示文稿方式做一个课件实例演示课件制作过程框架。

（1）创建一个空白演示文稿,为使得课件具有统一性,需要在母版视图中编辑统一的母版风格,大致可分为三类,一是课件封面；二是章节页面；三是内容页面。如若想风格更加丰富,可对不同章节做出色彩体系的统一管理,这样既可整体保持统一,又可使章节间体现变化。

（2）在章节目录中,应用章节页面的母版,如图 6.20 所示。充分利用条形图（条形图制作方法和样式有多种,注意色调和外形与课件模板结合）分割视图,体现章节的条理性。如图 6.21 所示。

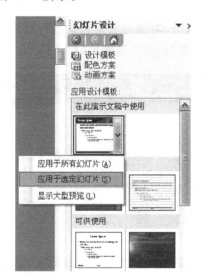
图 6.20　应用不同模板作用于不同幻灯片

图 6.21　章节页面

（3）合理安排章节内容结构,对不同章节、内容点进行导航、链接设计,使得课件具有层次性、逻辑性、关联性。如：章节目录应与具体章节页面链接,选择"教学需求分析"节次,右击在快捷菜单选择"超链接"命令,在弹出的"编辑超链接"面板中选择相应章节内容页面,如图 6.22 所示。

（4）在除封面以外的页面中,课件中均应设计相应导航按钮或其他替代功能对象,来方便用户快捷跳转到相对应页面上,如："返回首页"、"返回章节"等功能,更确切的还有具体知识点之间的跳转。这样课件的连贯性和联系性将会更加突出。如图 6.21 中右下角的链接图标造型即可链接到总目录或章节目录中,甚至其他合理的地方。只需先创建一个功能图标,布局在合理位置,右击创建链接即可。

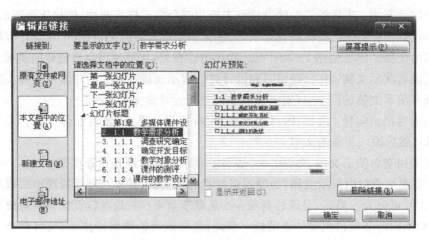

图 6.22　导航链接设计

（5）充分利用图形、表格来承载内容，充分利用空间留白、横纵分隔来设计课件页面，充分利用图片或其他媒体的多样性和信息承载力来分担文字。

（6）充分利用动画效果。在内容展示时，随着作者的思路运行，内容应该是如行云流水伴随而来。对于课件来说，应该是一个个关联知识点的展开，对课件页面元素进行动画设置，使其按照一定的合理性适时展现。最终运行课件效果如图 6.23 和图 6.24 所示。

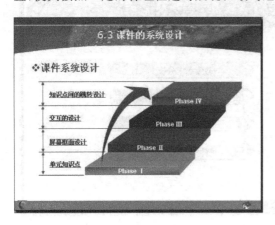

图 6.23　知识点内容页面

图 6.24　具体内容页面

6.3　Flash 交互式多媒体课件制作

Flash MX 是 Macromedia 公司推出的网络动画制作工具。在众多网页动画制作软件中，它以其强大的矢量动画制作和灵活的交互功能，成为多媒体网页动画制作软件的主流。其生成的动画文件格式 SWF 已经成为当前网络动画的标准格式。用该软件制作多媒体 CAI 课件，可以充分表现动静结合的特点，实现动态演示的功能。同时，使用该软件制作的动画课件具有良好的兼容性，能够很方便地被 Authorware、PowerPoint 和 Dreamweaver 等工具制作的课件所调用，因此其在课件制作中的使用越来越普遍。

6.3.1　Flash MX 2004 使用基础

1. Flash MX 2004 工作窗口的构成

单击 Windows 的"开始"按钮,在打开的菜单中执行"程序"→"Macromedia"→ "Macromedia Flash MX 2004"命令,即可打开如图 6.25 所示的 Flash MX 2004 工作窗口。

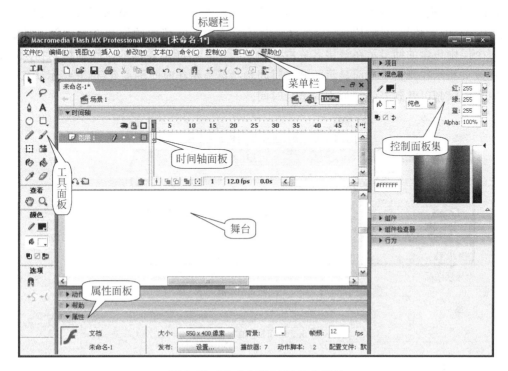

图 6.25　Flash MX 2004 工作窗口

下面简要介绍 Flash MX 2004 窗口界面元素及功能。

标题栏:和其他 Windows 应用程序相同,Flash MX 2004 的标题栏位于工作窗口的最上面,是由控制按钮、窗口标识与窗口按钮三部分组成的。

菜单栏:位于标题栏下方,它包括"文件"、"编辑"、"视图"、"插入"、"修改"、"文本"、"命令"、"控制"、"窗口"和"帮助"共十个菜单,涵盖了动画制作、设置和管理等所有命令。

主工具栏:该栏将一些常用的命令以图标按钮的形式组织在一起,以方便用户的快速访问,只需单击"主工具栏"上的按钮,即可执行其所对应的操作。

工具箱:在默认情况下,工具箱位于 Flash MX 2004 窗口的左边框处,其中包括十多种工具。利用这些工具,可以绘制、选择和修改图形,给图形填充颜色,或改变舞台的视图。

时间轴面板:时间轴的主要组件是图层、帧和播放头。Flash MX 2004 通过图层和帧组织动画中的内容,时间轴用于组织和控制在一定时间内播放的层数和帧数。

舞台:舞台是进行动画创作的区域,它是设置场景、编辑各个帧内容的主要场所。用户可在此区域中输入文字、绘制图形、插入图片或其他媒体文件等,从而创建自己的动画。

属性面板:该面板位于舞台的下方,使用属性面板可以方便地访问舞台或时间轴上当前选项的最常用属性,从而简化文档的创建过程。属性面板的内容取决于当前选定的内容。

控制面板集：控制面板集由多个控制面板组成，使用控制面板可以帮助用户预览、组织和改变文档中的元素，利用面板中的可用选项可以改变和控制元件、实例、颜色、文字、帧和其他元素的特征。

2. 时间轴的构成与操作

"时间轴"控制面板如图 6.26 所示，它用于管理 Flash 文档中的图层和帧。Flash 由一个或多个层组成，每个层都包含一个显示在舞台中的不同图像，层就像堆叠在一起的多张透明胶片。与电影胶片一样，Flash 文档也将时长分为帧。文档中的层列在时间轴左侧的列中，每个层中包含的帧显示在该层名称右侧的一行中。时间轴顶部的时间轴标题指示帧编号，播放头指示在舞台中当前显示的帧。时间轴状态显示在时间轴的底部，它指示所选的帧编号、当前帧频以及到当前帧为止的运行时间。

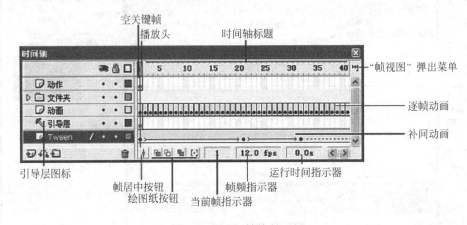

图 6.26　时间轴控制面板

1）图层操作

当创建了一个新的 Flash 文档之后，它就包含一个层。可以添加更多的层，以便在文档中组织插图、动画和其他元素。

添加图层：添加图层有两种办法，一是单击时间轴底部的"插入图层"按钮，二是执行"插入"→"时间轴"→"图层"命令。

重命名图层：单击时间轴中层的名称、在时间轴中单击要选择的层的一个帧或者在舞台中选择要选择的层上的一个对象都可以选择一个层。双击层的名称，然后输入新名称，可以为图层重命名。

显示/隐藏图层：单击层名称右侧的"显示/隐藏图层"列，可以在显示和隐藏图层之间转换。当图层处于隐藏状态时，该图层的内容不显示在舞台上。

锁定图层：单击层名称右侧的"锁定"列，可以锁定图层。当图层处于锁定状态时，该图层不能进行编辑操作，再次单击"锁定"列可以解锁该图层。

复制图层：单击图层名称选择整个层，执行"编辑"→"时间轴"→"复制帧"命令，将相关内容复制到剪贴板中。单击"添加图层"按钮创建一个新层，单击该新层，然后执行"编辑"→"时间轴"→"粘贴帧"命令，将相关内容复制到新图层中。

删除图层：单击时间轴中的"删除图层"按钮或是右击该图层的名称，在弹出的快捷菜单中选择"删除图层"命令。

2) 帧的处理

每一个图层是由一个或多个帧构成的,帧可以看成是具有一定时长的图层片断,实际操作时分为帧(普通帧)、空白关键帧和关键帧。

关键帧是文档中可以创建和修改舞台内容的帧。新建一个图层时,系统会为该图层添加一个空白关键帧,可以在舞台上为该帧添加相应的内容,该帧自动转换为关键帧。帧用来延续关键帧的内容或扩充关键帧之间的内容。Flash 可以在关键帧之间补间或填充帧,从而生成流畅的动画。使用关键帧不用画出每个帧就可以生成动画,动画的创建变得更容易。

3) 移动播放头

播放头以红色标记,指示了当前显示在舞台中的帧。要定位到时间轴中的某一帧,只需在时间轴中单击该帧,或将播放头拖到该帧即可。要使当前帧显示在时间轴的中心,可以单击时间轴底部的"帧居中"按钮。

3. 场景的使用

在当前界面中,用于放置动画内容的整个区域称为"场景",它是对影片中各对象进行编辑修改的场所。但最终动画仅显示舞台中的内容,舞台之外的灰色区域则称为"工作区"。当制作一个比较复杂的动画课件时,可能需要多个场景,对于包含多个场景的 Flash 影片,系统将按照"场景"面板中列表顺序依次播放各场景。各场景中的帧按照播放顺序连续编号。例如,如果第一个场景的帧编号是 1~20,则第二个场景开始帧的编号将是 21。如果要在每个场景后停止、暂停影片,让用户以非线性的方式播放影片,可以选择动作进行控制。

要新建一个场景,可以执行"插入"→"场景"命令,系统默认的场景名称按其建立的顺序依次为"场景 1"、"场景 2"和"场景 3"等。要查看或编辑某场景,可以执行"视图"→"转到"命令,然后选择指定场景。也可以单击时间轴控制面板上方的编辑栏右侧的"编辑场景"按钮,然后从弹出的下拉列表中选择所需场景。

执行"窗口"→"设计面板"→"场景"命令,可以显示"场景"控制面板,如图 6.27 所示。通过单击该控制面板下方的各按钮,可以重制、添加和删除场景。要改变场景名称,可以在场景控制面板中双击要更名的场景,并输入新的场景名称,如图 6.28 所示。通过在场景控制面板中上、下拖动场景名称,可以改变文档中场景的顺序。

图 6.27 "场景"控制面板

图 6.28 输入新的场景名称

4. 工具箱的使用

执行"窗口"→"工具"命令,可以显示或隐藏 Flash 的工具箱。利用工具箱中的工具,可以绘制、选择和修改图形,给图形填充颜色,或改变舞台的视图等。工具箱中的工具被分成四个部分。

"工具"选区：包含了绘图、填充、选取、变形和擦除工具。
"查看"选区：包含了"缩放"和"手形"工具，用于调整画面显示。
"颜色"选区：用于设置笔触颜色和填充颜色。
"选项"选区：显示了工具属性或与当前工具相关的工具选项。

工具箱的构成及工具的名称如图 6.29 所示。要选择工具箱中的工具，只需单击要选择的工具图标即可。如果选择可见工具后面弹出菜单中的工具，可单击可见工具，然后从弹出的菜单中选择另一工具。

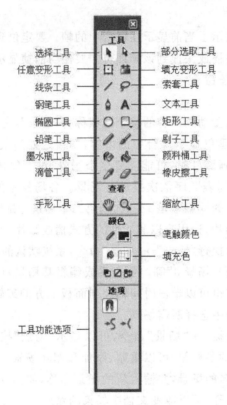

图 6.29 工具箱的构成

选择工具箱，可以创建各种图形、图像和文本对象，这是课件制作过程中必不可少的。
以铅笔绘图为例，可用铅笔绘制一般图形，步骤如下。

（1）✐ 选择铅笔工具。

（2）选择"窗口"→"属性"并在"属性"检查器中选择笔触颜色、线条粗细和样式。请参阅选择"属性"检查器中的"笔触颜色"和"填充颜色"控件。

（3）在工具栏的"选项"下选择一种绘画模式，如图 6.30 所示。

- 选择"伸直"可以绘制直线，并将接近三角形、椭圆、圆形、矩形和正方形的形状转换为这些常见的几何形状。
- 选择"平滑"可以绘制平滑曲线。
- 选择"墨水"可以绘制不用修改的手画线条。

（4）用铅笔工具在舞台上拖动进行绘画。按住 Shift 键拖动可将线条限制为垂直或水

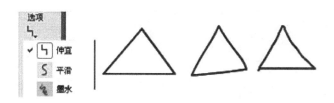

图 6.30　分别以伸直、平滑和墨水模式绘制的线条

平方向。

每个工具的具体功能虽然易用,但种类繁多,读者应在使用过程中仔细体会。

5. 外部文件的导入

Flash 可以识别多种格式的矢量图形和位图图像,可以通过将其导入到当前文档的舞台中或文档库中来选择它们,也可以选择剪贴板将位图粘贴到当前文档的舞台中,所有被直接导入的位图都被自动增加到该文档的库中。可以选择如下方法导入外部图形和图像。

执行"文件"→"导入"→"导入到舞台"命令,直接将外部图形或图像导入到当前文档中。同时,这些文件将被自动放入到当前文档库中。

执行"文件"→"导入"→"导入到库"命令,直接将外部图形或图像导入到当前文档的库中,然后根据需要随时将其增加到文档中。

6. 元件介绍

元件是 Flash MX 2004 中创建的可以重复使用的图形、按钮或影片剪辑,每个元件都可以有自己的时间轴、场景和完整的图层。实例是元件在舞台中的具体应用,利用同一个元件可以创建出若干个不同颜色、大小和功能的实例。当元件被修改时,场景中的实例也会随之更新。元件不仅可重复使用,操作方便,还可以明显减小文件尺寸。

Flash 中常用的元件有图形、按钮和影片剪辑三种类型。其特点如下。

图形元件:用于制作静态图像,以及附属于主影片时间轴的可重用的动画片段。图形元件在操作上与影片的时间轴同步。

按钮元件:用于创建响应鼠标单击、滑过或其他动作的交互按钮。制作按钮时,须首先定义各种按钮状态对应的图形,然后根据需要为按钮的实例分配动作。

影片剪辑元件:用来制作可重复使用的、独立于主影片时间轴的动画片断。影片剪辑中可以包括交互式控制、声音甚至其他影片剪辑实例。也可以把影片剪辑实例放在按钮元件的时间轴中,创建动画按钮。

Flash 使用"库"面板管理元件,无论何时启动 Flash,系统都会自动创建一个附属于动画文件的永久库。当用户创建新元件时,系统会自动将所创建的元件添加到库中。当使用这些元件时,只需要将它们从"库"面板中拖动到舞台中即可。

7. 动作面板

在 Flash MX 2004 中,可以使用动作脚本语言为影片增加交互性,对动画进行更灵活的控制。动作是在播放 swf 文件时指示 swf 文件执行某些任务的语句。"动作"面板是动作脚本语言的编辑工具,选择"动作"面板可以创建和编辑对象或帧的动作。例如,可以选择"动作"面板为某一帧增加一个 stop 语句,当影片播放到该帧时会停止播放,如图 6.31 所示。为按钮添加 on (release) {gotoAndPlay("场景 1",1);} 语句,可以控制影片的播放。

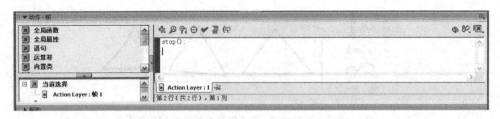

图 6.31　动作面板

当选择时间轴上的帧、图层中的按钮或影片剪辑实例时,可以激活"动作"面板。根据所选的内容,"动作"面板标题也会变为"动作按钮"、"动作影片剪辑"或"动作帧"等不同形式。

动作脚本为制作作品提供了更强大的支持,其可以控制动画流程,让用户更方便地设计场景之间、帧之间的关系;其还可以提供强大的编程功能,使得作品更加功能强大和丰富多样。

6.3.2　动画的制作

1. Flash 动画的类型

Flash 动画可分为"逐帧"动画和"补间"动画两类。"补间"动画又分为运动补间和形状补间两种。

"逐帧"动画是制作好每一帧画面,然后生成动画效果。传统的动画都是这样制作的,在"逐帧"动画中,每一帧都是关键帧,Flash 存储每一个完整帧的值。

"补间"动画则是制作好若干关键帧的画面,由 Flash 通过计算生成中间的帧,使得画面从一个关键帧渐变到另一个关键帧。

对于运动补间动画来说,在一个时间点定义一个实例、组,或定义文本块的位置、大小和旋转等属性,然后在另一个时间点改变这些属性。Flash 会在两个时间点之间插入帧的值以创建动画,如图 6.32 所示。

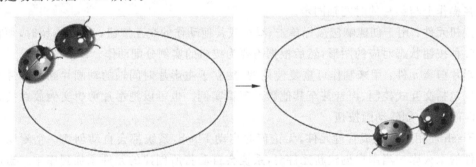

图 6.32　运动补间动画(路径动画)

在形状补间动画中,在一个时间点绘制一个形状,然后在另一个时间点更改该形状或绘制另一个形状。Flash 会在两个时间点之间插入中间形状来创建动画,如图 6.33 所示。

通过补间形状,可以创建类似于形变的效果,使一个形状看起来随着时间变成另一个形状。Flash 也可以补间形状的位置、大小和颜色。

补间动画是创建随时间移动或更改动画的一种有效方法,并且最大限度地减小所生成文件的大小。在补间动画中,Flash 只保存在帧之间更改的值。

图 6.33　形状补间动画

2. Flash 动画的创建

以一个简单引导路径动画加以说明。

(1) 新建一个空白"Flash 文档",在默认"图层 1"中用工具箱中椭圆工具、铅笔工具及线条工具绘制出图形,利用色彩进行填充,效果如图 6.34 所示,形成一个瓢虫形象。

图 6.34　瓢虫绘制

(2) 整体选中瓢虫图形,单击 F8 键,使得图形转化为"图形"元件,命名为"瓢虫",如图 6.35 所示。

图 6.35　把图形转化为元件

(3) 在"图层 1"上新建一个引导图层,默认名称为"引导层:图层 1",在其中绘制一条曲线,如图 6.36 所示。

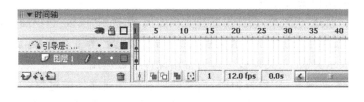

图 6.36　在引导层绘制曲线

(4) 在"引导层:图层1"中37帧(自定义帧数)处右击选择"插入帧",并在"图层1"中对应帧处插入关键帧,把瓢虫图形元件由曲线初始位置移动到终点位置。

(5) 在"图层1"中第1帧处单击,此时展开"属性面板",在"补间"选项中选择"动作",如图6.37所示。

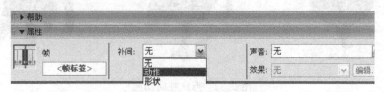

图6.37　选择动作补间

(6) 此时会发现"图层1"中发生了变化,第1帧与第37帧之间用箭头连上,这说明这两帧之间产生了动作补间动画,选择"任意变形工具"调整第1帧和第37帧中的瓢虫元件方向,使得动画效果更好,如图6.38所示。

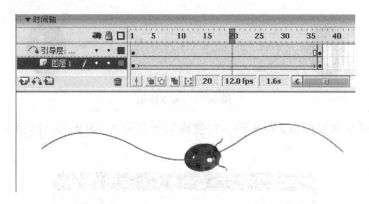

图6.38　瓢虫引导路径动画

6.3.3　课件制作

在Flash中有多种制作课件的方法,这里我们介绍两种最基本的课件制作方法供读者学习:一是利用Flash自带模板,快捷学习制作课件的方法;二是利用Flash组件制作菜单结构课件控制体。

1. 利用Flash模板创建课件

单击"文件"→"新建"子菜单,会弹出新建文档面板,切换到"模板"选项面板,呈现如图6.39所示界面。Flash提供了"幻灯片演示文稿"、"广告"、"测验"等8类模板,其中"幻灯片演示文稿"、"测验"、"演示文稿"三类模板可作为常用课件模板应用。

这里以"幻灯片演示文稿"模板为例,简要介绍制作普通课件的过程。

(1) 选择"幻灯片演示文稿"类别中"经典幻灯片演示文稿"模板样式,出现如图6.40所示界面。之所以称之为"幻灯片演示文稿",是因为其布局、内容填充及展示方式是以"屏幕"为基本元素,即类似于PowerPoint中的幻灯片方式。

(2) 下面需要做的是如何把"屏幕"中每屏内容更改为所需要表达的内容。选择左侧的一个"屏幕",双击其名称可更改为想要的名称。在所需加入幻灯片处右击,在弹出的快捷菜

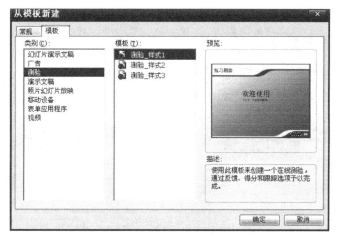

图 6.39　新建模板样式

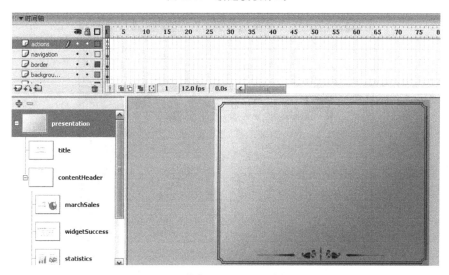

图 6.40　经典幻灯片演示文稿模板样式

单中选择"插入屏幕"命令,即可插入一屏,如图 6.41 所示。

(3) 选择一个"屏幕",在场景中编辑内容元素,更改为需要的效果。如图 6.42 所示。

(4) 根据需要添加其他"屏幕",并更改其他页面内容,最终运行效果如图 6.43 和图 6.44 所示。

(5) 上述课件中的导航方式只有底部两个翻页图形按钮,为增强课件整体性,读者可以自己创建新的导航方式,新建图形按钮作为需要链接内容的跳板,或者直接把需要做链接的文字、图形元素直接转化为按钮元件,并为其添加动作脚本,如在图 6.44 中可把项目图标 ♣ 或项目内容标题作为元件处理。选择"Flash 基础知识"内容标题前的 ♣,单击 F8 键,把其转化为图形元件。选择其同时扩展开"动作"

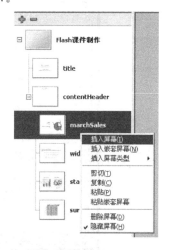

图 6.41　修改"屏幕"名称及插入屏幕操作

图 6.42 修改页面内容元素

图 6.43 运行界面 1

图 6.44 运行界面 2

面板,为其输入跳转脚本语句(其中 surveyResults 屏幕用户可自行设计内容及更改屏幕名称,程序中名称相应改掉即可):

```
on(release){                            //按下释放时触发事件
    gotoSlide(this._parent.surveyResults)   //跳转到相同级别的 surveyResults 屏幕
        }
```

2. Flash 组件制作菜单结构课件控制体

Flash 提供了系列组件供用户使用,组件是带有参数的影片剪辑,这些参数使用户可以修改组件的外观和行为。组件可以提供创建者能想到的多种功能。组件既可以是简单的用户界面控件(例如,单击按钮或复选框),也可以包含内容(例如,滚动窗格);组件还可以是不可视的(例如,FocusManager,它用于控制应用程序中接收焦点的对象)。这里,我们用组件面板中的"MenuBar"工具来创建课件中常见的导航控制结构体。

(1) 新建一个空白 Flash 文档。依次创建"背景层"、"菜单层"、"课件层"和"菜单脚本"四个图层,如图 6.45 所示。

(2) 导入一个课件图片背景至"背景层",根据自己需要把活动时间轴延长至若干帧(主要是用来承载不同的课件内容体),这里定义为 7 帧,如图 6.45 所示。单击第 1 帧处,扩展动作面板,在动作脚本中输入"stop();"语句,使得影片在播放时于第一帧处停止。

(3) 从组件面板中把"MenuBar"工具拖动"菜单层",并把其充满整个屏幕宽度,同样在第 7 帧右击"插入帧"。

(4) 在"课件层"中分别从第 2 帧开始创建"空白关键帧"至第 7 帧,每一帧可以承载一个课件内容体的"影片剪辑"。这样,就可以满足下面所要操作的导航控制了。并分别把 2~7 帧的属性面板中的名称改为 2~7,如图 6.46 所示。

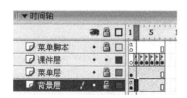

图 6.45 课件图层

图 6.46 修改帧名称

(5) 在菜单脚本中设计菜单生成和控制导航脚本,同样在第 7 帧右击"插入帧",表示其有效范围。动作脚本如下。

```
//建立一级菜单项"PowerPoint"
var menuPPT = navigate.addMenu("PowerPoint");
//建立子菜单项
menuPPT.addMenuItem({data:'1',label:"PowerPoint 基础篇",instanceName:"pptBase"});
menuPPT.addMenuItem({data:'2',label:"PowerPoint 中级篇",instanceName:"pptMiddle"});
menuPPT.addMenuItem({data:'3',label:"PowerPoint 进阶篇",instanceName:"pptAdvanced"});
//建立侦听器对象
var Listener1 = new Object();
Listener1.change = function(evt) {
    var menuP = evt.menu;
    var itemP = evt.menuItem;
```

```
//页面跳转到相应的帧(承载相应课件内容)
    switch (itemP) {
        case menuP.pptBase :
            _root.gotoAndStop(2);
            break;
        case menuP.pptMiddle :
            _root.gotoAndStop(3);
            break;
        case menuP.pptAdvanced :
            _root.gotoAndStop(4);
            break;
    }
};
//将菜单捆绑到侦听器中
menuPPT.addEventListener("change",Listener1);

//建立一级菜单项"Flash"
var menuFLA = navigate.addMenu("Flash");
//建立子菜单项目
menuFLA.addMenuItem({data:'1',label:"Flash 基础篇",instanceName:"flaBase"});
menuFLA.addMenuItem({data:'2',label:"Flash 中级篇",instanceName:"flaMiddle"});
menuFLA.addMenuItem({data:'3',label:"Flash 进阶篇",instanceName:"flaAdvanced"});
//建立侦听器对象
var Listener2 = new Object();
Listener2.change = function(evt) {
    var menuF = evt.menu;
    var itemF = evt.menuItem;
//页面跳转到相应的帧
    switch (itemF) {
        case menuF.flaBase :
            _root.gotoAndStop(5);
            break;
        case menuF.flaMiddle :
            _root.gotoAndStop(6);
            break;
        case menuF.flaAdvanced :
            _root.gotoAndStop(7);
            break;
    }
};
//将菜单捆绑到侦听器中
menuFLA.addEventListener("change",Listener2);
```

(6) 上述操作完毕后,我们就可创建"PowerPoint"和"Flash"两个有效菜单项,且其各自有三个扩展 2 级菜单,分别对应内容到 2~7 帧中的内容体。其运行效果如图 6.47 所示。

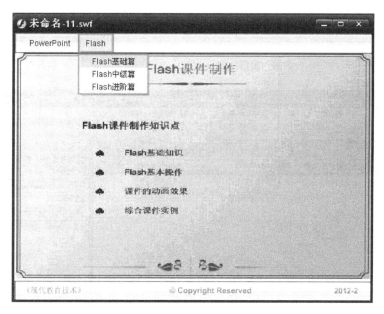

图 6.47　课件运行图

6.4　网络课件制作简介

随着网络技术的不断发展,网络教学已经成为当前不可或缺的教学辅助方式之一。利用网络教学最直接的教学资源无疑是网页型课件。制作网页型课件的辅助软件有多种,易于学习和上手的无疑为 Microsoft Office FrontPage 和 Macromedia Dreamweaver。

网页型课件的重要特点是结构清晰,具有实时的交互性,师生之间可以通过网络进行讨论和交流。Macromedia Dreamweaver 是一款优秀的网页制作软件,作为 Macromedia 公司系列软件中的一员,具有该系列软件的传统优点——可视化操作,易学易用,用户只需要学习少量编程语言即可制作出生动的网页,因而是网页型课件最常用的制作软件之一。

6.4.1　Dreamweaver 使用基础

1. Dreamweaver MX 2004 工作窗口的构成

单击 Windows 的"开始"按钮,在打开的菜单中执行"程序"→Macromedia→Dreamweaver MX 2004 命令,即可打开如图 6.48 所示的 Dreamweaver 工作窗口界面。

"插入"栏(如图 6.49 所示):包含用于将各种类型的"对象"(如图像、表格和层)插入到文档中的按钮。每个对象都是一段 HTML 代码,允许用户在插入它时设置不同的属性。例如,可以通过单击"插入"栏中的"表格"按钮插入一个表格。也可以不选择"插入"栏而选择"插入"菜单插入对象。

"文档"窗口:显示当前创建和编辑的文档。

"属性检查器"(如图 6.50 所示):用于查看和更改所选对象或文本的各种属性。

"面板组"(如图 6.51 所示):是分组在某个标题下面的相关面板的集合。若要展开一

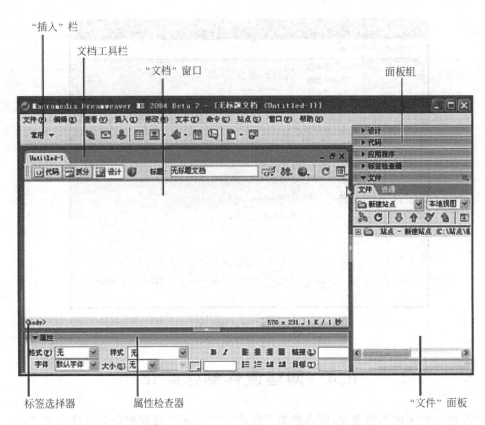

图 6.48　Dreamweaver MX 2004 的工作窗口

图 6.49　插入栏

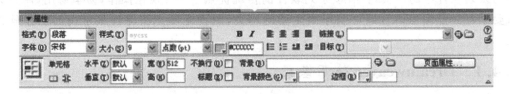

图 6.50　属性监测器

个面板组，请单击组名称左侧的展开箭头；若要取消停靠一个面板组，请拖动该组标题条左边缘的手柄。

"文件"面板（如图 6.52 所示）：使用户可以管理自己的文件和文件夹，无论它们是 Dreamweaver 站点的一部分还是在远程服务器上。"文件"面板还使用户可以访问本地磁盘上的全部文件，类似于 Windows 资源管理器。

Dreamweaver MX 2004 提供了多种此处未说明的其他面板、检查器和窗口。若要打开其他面板，请选择"窗口"菜单。

图 6.51　面板组　　　　　　　　图 6.52　"文件"面板

2. 创建空白网页

从头创建自己的页面,可以使用 Dreamweaver MX 2004 起始页创建新页,或者可以选择"文件"→"新建",弹出"新建文档"对话框,如图 6.53 所示。

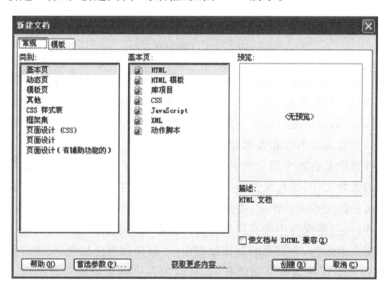

图 6.53　"新建文档"对话框

从各种预先设计的页面布局中选择一种。比如,选择"基本页"HTML,单击"创建"按钮。Dreamweaver MX 2004 即展开工作区界面(一个空白页),如图 6.54 所示。

用户可以在这个空白页添加表格和输入文本进行编辑。如果要向页面添加图片或其他元素,应先保存这个空白页。选择"文件"→"另存为",在"另存为"对话框中,浏览到站点本地根文件夹下。填入文件名,保存后退出。

3. 创建站点

Web 站点是一组具有如相关主题、类似的设计、链接文档和资源。Dreamweaver MX

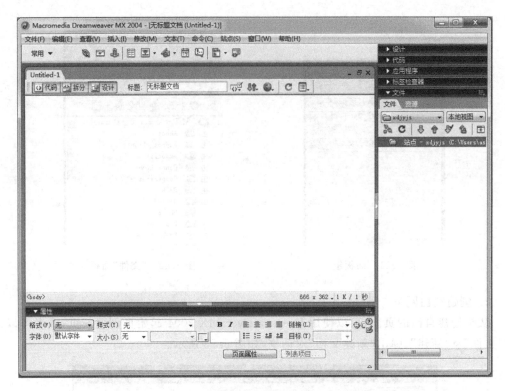

图 6.54 工作区界面

2004 是一个站点创建和管理工具，因此使用它不仅可以创建单独的文档，还可以创建完整的 Web 站点。创建 Web 站点的第一步是规划。为了达到最佳效果，在创建任何 Web 站点页面之前，应对站点的结构进行设计和规划。决定要创建多少页，每页上显示什么内容，页面布局的外观以及页是如何互相连接起来的。

网页型课件通常是由多个网页组织形成的一个知识系统。在课件的制作过程中，需要插入各种类型的素材文件，这些文件具有独立性，网页往往并不真正包含它们，只是记录它们的名称及其所在的文件夹。因此，需要建立专门的文件夹来存放它们。为了管理课件中使用的各种文件，可以将课件中所有用到的文件保存在一个特殊的文件夹中，这就是网站。

课件是由网页组成的，在网页的制作过程中，可以向网页添加文字、图片和动画等内容，可以选择表格和文本框来调整页面的布局，可以为各个网页设置背景颜色、图案和背景音乐，增加课件的美感。再选择设置超链接和导航栏等方式，将各个网页联系起来，以便于在整个课件之间进行浏览学习。

下面介绍如何在 Dreamweaver 设置自己的首个站点。执行以下操作。

（1）启动 Dreamweaver MX 2004，选择"站点"→"管理站点"命令，出现"管理站点"对话框。

（2）在"管理站点"对话框中，单击"新建"按钮，然后从弹出式菜单中选择"站点"。出现"站点定义"对话框。

（3）如果对话框显示的是"高级"选项卡，则单击"基本"按钮。出现"站点定义向导"的第一个界面，要求用户为站点输入一个名称。

(4) 在文本框中,输入一个名称以在 Dreamweaver MX 2004 中标识该站点。该名称可以是任何所需的名称,如图 6.55 所示。

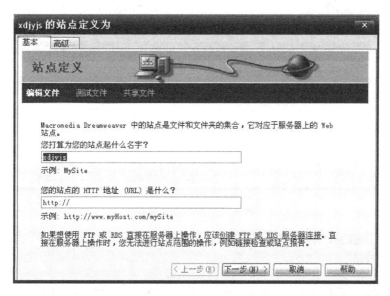

图 6.55　定义站点名称

(5) 单击"下一步"按钮。出现向导的下一个界面,询问是否要使用服务器技术,如图 6.56 所示。

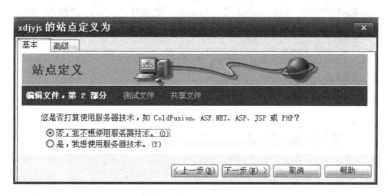

图 6.56　定义站点是否需要服务器技术

(6) 选择"否,我不想使用服务器技术。"选项,指示目前该站点是一个静态站点,没有动态页。单击"下一步"按钮。出现向导的下一个界面,询问要如何使用用户的文件及定义站点到何处位置,如图 6.57 所示。

(7) 选择标有"编辑我的计算机上的本地副本,完成后再上传到服务器(推荐)"的选项。在站点开发过程中有多种处理文件的方式,初学网页制作的朋友请选择此选项。

(8) 单击该文本框旁边的文件夹图标。随即会出现"选择站点的本地根文件夹"对话框。

(9) 单击"下一步"按钮,出现向导的下一个界面,询问如何连接到远程服务器。从弹出式菜单中选择"无"选项,可以稍后设置有关远程站点的信息。目前,本地站点信息对于开始

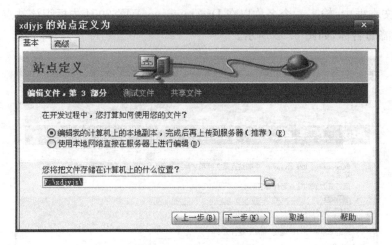

图 6.57　定义站点位置

创建网页已经足够了。单击"下一步"按钮,该向导的下一个屏幕将出现,其中显示设置概要,如图 6.58 所示。

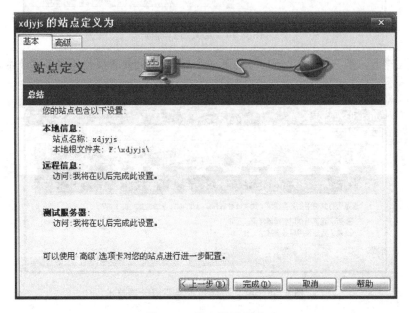

图 6.58　站点设置概要

（10）单击"完成"按钮完成设置。随即出现"管理站点"对话框,显示用户的新站点。单击"完成"按钮关闭"管理站点"对话框。

现在,用户已经为自己的站点定义了一个本地根文件夹。下一步,可以编辑自己的网页了。

6.4.2　创建网页型课件

下面通过 Dreamweaver 自带常规模板方式演示如何更快捷地创建网页型课件网站。

Dreamweaver 中包含了一系列的模板方便用户参考和使用。所谓网页模板,主要是针对特定网页类型设计的参考样式,类似于前面章节中讲到的 Powerpoint 模板。

打开 Dreamweaver 后，单击"文件"→"新建"命令，弹出如图 6.59 所示面板，在常规模板中，包含了"基本页"、"动态页"、"模板页"等九项内容，其中最基本的为"基本页"和"动态页"来创建静态页面和动态页面；"框架集"从整体框架角度对网站及页面定型；"页面设计(CSS)"则提供了以 CSS 加 DIV 当前流行设计元素所定型的页面效果；"入门页面"提供了更为简洁的静态页面效果。读者在选择不同选项时，中间会提示不同分级项目，右边会适当提示预览效果。

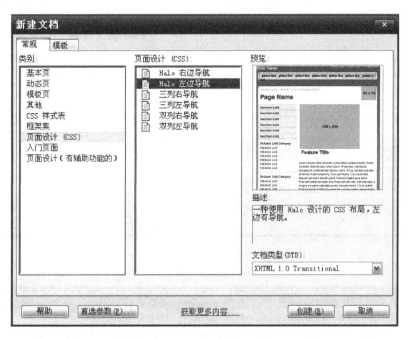

图 6.59　新建选择"Halo 左侧导航"

这里选用"页面设计(CSS)"样式中的"Halo 左边导航"方式来向大家演示如何创建一个漂亮的网页型课件。

(1) 首先按照上一节中定义站点方法，创建一个新站点。因为只有创建了新站点，才能够提供一个统一管理资源的平台。

(2) 按照前述内容，新建一个"Halo 左边导航"样式网页，一切操作默认，并默认保存到刚才创建的站点中，命名为 index.html。

(3) 预览 index.html，其效果如图 6.60 所示。可以看到，采用"Halo 左边导航"样式创建的网页效果非常好，具有良好的一级导航结构和左侧导航方式，且具有二级导航结构，如图 6.61 所示。完全满足课件的控制结构。

(4) 有了这样一个模板页，需要做的是如何对其进行合适修改，以满足用户的需求。通过在文档窗口中选择"拆分"方式观察文档，发现文档被分为两部分，上方为代码视图，下方为设计视图，如图 6.62 所示。其简易之处在于，选择任何一方操作，另一方会实时显示相对应操作，即：如果想更改"Site Name"元素，只需在设计视图中选择它，即可发现它在代码视图中相应的位置也被选中，用户可以选择特长的方式去处理。

(5) 按照上述方式，我们可以很快把网站标题、一级导航和二级导航修改好，调整后效果如图 6.63 所示。同理，可以把页面中其他元素更改为用户想要的效果。

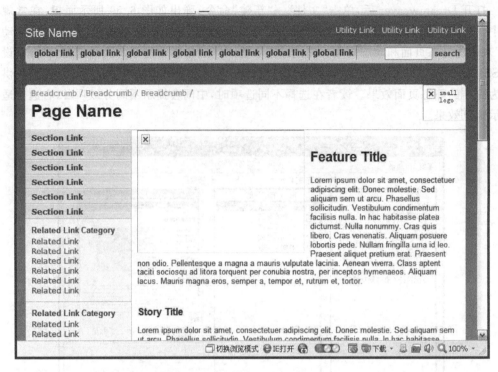

图 6.60 保存后预览网页页面效果

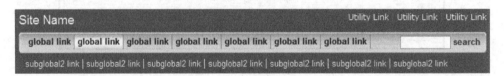

图 6.61 导航二级弹出菜单

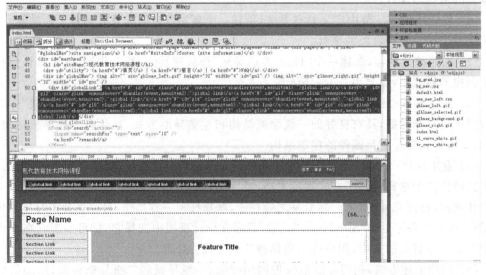

图 6.62 拆分模式界面

图 6.63 经过简单修改后的预览界面

（6）完善网站。以上只是一个页面的效果，要想做出更多页面，有两种选择，一为重复新建相同类型页面，保持体系完整，但会出现很多相同附带文件；二为直接复制 index.html 页面，更改为合适文件名。方法二显然更为合理，用此方法创建出更多内容页面后，我们就可以完善 index.html 及各自页面中的链接方式了。把相应的导航链接到相应的内容页面上即可做出一个完美的网站。

（7）如果对 CSS 和 DIV 及 JavaScript 较为熟悉，用户还可以通过修改它们来提高网页的适应性。在新建之初，系统伴随出现了一个 CSS 样式文件：emx-nav-left.css，用户可以通过修改它来处理网页元素的不同表现。在代码视图中，包含了多个 JavaScript 语句，基本为控制一级和二级导航菜单所用，用户也可以通过自己的更改，使得菜单的数量和样式得到不同程度的完善。

6.5 Authorware 多媒体课件制作

本节首先介绍 Authorware 程序的基本知识，然后介绍利用 Authorware 结构化设计课件模板的方法，可以制作出具有良好结构、表现力很强的交互式多媒体 CAI 课件。

6.5.1 Authorware 基础

1. Authorware 的特点

Authorware 是一个图标导向式的多媒体制作工具。它无须传统的计算机语言编程，通过对图标的调用来编辑一些控制程序走向的流程图，将文字、图形、图像、声音、动画、视频等各种多媒体项目数据汇集在一起，赋予人机交互功能，就可以达到多媒体软件制作的目的，符合初学者的思维方式，程序流程十分形象，便于理解和使用。

Authorware 的主要功能和特点表现在如下几方面。

1）面向对象的流程线设计

Authorware 提供了 14 个设计图标，在程序设计时，可把这些设计图标拖动在设计窗口的主流程线上,所见即所得;再打开各个设计图标,编辑其中的内容。整个程序结构和设计思路清晰、明确,编辑方法易学易用,可视性强。

2) 多媒体素材集成能力强

Authorware 支持多种形式的多媒体文件,能够将这些素材集成并合理地组织安排,包括文本、图形、图像、Flash 动画、音视频等在内的大量新型的多媒体数据格式。

3) 交互能力强

Authorware 具有多种交互响应类型,包括按钮响应、热区域响应、按键响应、文本输入响应、条件响应、时间限制响应等交互方式,并且每种交互响应类型对用户的输入可以作出多种不同的反馈。

4) 支持数据库和动态链接功能

Authorware 支持 ODBC、OLE 等数据库接口,以及 Active 技术。利用动态链接功能,可以将其他语言创建的程序或成果导入其程序中。

5) 程序调试和修改直观

程序运行时可逐步跟踪程序运行和程序的流向。程序调试运行中若想修改某个对象,只需双击该对象,系统立即暂停程序运行,自动打开编辑窗口并给出该对象的设置和编辑工具,修改完毕后关闭编辑窗口可继续运行。

2. Authorware 的环境

1) Authorware 的工作界面

Authorware 启动后,程序的界面如图 6.64 所示。窗口顶端为应用程序标题栏,标题栏下方为菜单栏,菜单栏下方为工具栏,界面左边的一列图标是设计图标面板。Authorware 中绝大部分功能实现集中在图标面板中。界面中央的白色窗口是程序设计窗口,设计窗口是 Authorware 的主窗口,是设计程序流程的地方,通过有效组合和利用图表面板中的图标功能,可制作出完美的程序。其中左侧的竖线叫作主流程线,所有的图标元素诸如文本、图像、交互、导航等都在主流程线上进行安排。最下方是属性窗口,设置并改变图标、程序的属性。界面的右侧是知识对象窗口、变量窗口和函数窗口等,可选择"窗口"中的"面板"命令来调出或隐藏各窗口面板。

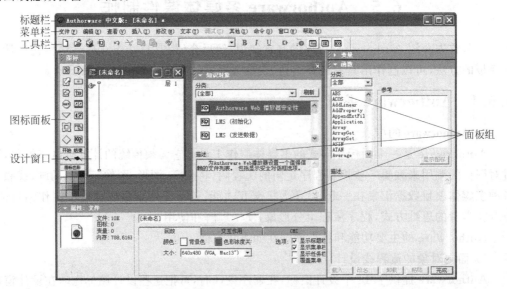

图 6.64 Authorware 的工作界面

2) 菜单栏功能简介

Authorware 的菜单栏的构成形式和使用方法与标准的 Windows 菜单方式一样,主要是为配合图标和其他操作进行控制的一些选项。具体构成包括以下内容。

"文件"菜单:包含对文件的基本操作,如新建、打开、保存文件,将文件发布打包成可执行文件等功能。

"编辑"菜单:提供编辑主流线上图标和画面的功能,如剪切、复制、粘贴和组合等功能。

"查看"菜单:包括查看当前图标、显示/隐藏工具栏等功能。

"插入"菜单:具有导入图标、模板、图像、知识对象和其他 OLE 对象的功能。

"修改"菜单:用于修改图标、图像、文件等的属性,改变前景和背景的设置。

"文本"菜单:提供丰富的文字处理功能,用于设置文字的字体、大小、颜色和样式等。

"调试"菜单:具有单步执行、分段执行等调试程序功能。

"其他"菜单:利用外部调用菜单,用户可以使用库文件和进行声音文件转化等功能。

"命令"菜单:包含与 Authorware.com 命令相关的内容,以及 RTF 编辑器和查找 Xtras 等内容。

"窗口"菜单:窗口菜单的内容非常丰富,在编辑不同图标时,用户可能需要打开演示窗口、库文件窗口、按钮窗口、光标窗口、计算窗口、变量窗口和函数窗口等,均可以选择窗口菜单来实现。

"帮助"菜单:为用户提供帮助信息。

3) 工具栏

工具栏是 Authorware 窗口中的重要组成部分,共有 18 种工具,每种工具都有其特定功能,可选择鼠标或快捷键选项。当鼠标放在工具栏中图标上方时,系统会提示该功能的名称。

4) 图标面板简介

设计图标栏中包含了 Authorware 中 14 种设计图标以及程序调试使用的标志旗和为图标添加色彩的调色板,如图 6.65 所示。

图 6.65 图标面板

"显示"图标:用于显示文本、图形、图像等元素。

"移动"图标:使得显示图标中的对象沿着某条线路移动到某点。

"擦除"图标:擦除界面中不再需要的对象元素。

"等待"图标:在程序运行过程中产生等待时间,控制程序运行节奏。

"导航"图标:与框架图标配合使用,控制程序从一处跳转到另一处去执行。

"框架"图标:为程序建立超链接控制结构,其间可翻页、查找、跳跃等。

"判断"图标:创建程序条件,通过顺序、随机、计算等方式控制程序的流程。

"交互"图标:创建多种交互结构,如按钮、热区等 11 种交互方式,实现人机交互的目的。

"计算"图标▇：通过设置和计算变量、函数及表达式的值，辅助程序的运行；亦可编写程序代码，实现特殊功能。

"群组"图标▇：程序简化图标，可把多个图标组合起来，实现模块化子程序的设计，使程序流程结构一目了然。

"数字电影"图标▇：用于播放 AVI，MOV，FLC，MPEG，和 QuickTime 2 等不同格式的影像文件。

"声音"图标▇：用于播放 WAV、MP3 多种声音文件。

DVD 图标▇：用于播放 DVD 中的多媒体素材。

"知识对象"图标▇：用于创建用户自定义的知识对象。

除了上述 14 个设计图标外，在图标面板中还包含两个标志旗和一个调色板。标志旗的作用在于可局部测试程序，使得程序制作过程更加快捷。

"开始"标志▇：白旗图标拖动在流程线上的位置标志着程序测试的起点。

"结束"标志▇：黑旗图标拖动在流程线上的位置标志着程序测试的终点。

"图标色彩"面板▇：为设计图标赋予颜色以区分其作用不同。

5) 设计窗口

Authorware 是基于流程线的可视化编程，程序设计可以通过设计窗口实现。在设计过程中，一个打开的程序可以拥有一个或多个设计窗口。设计窗口是 Authorware 窗口的主要设计内容，Authorware 的设计窗口组成如图 6.66 所示。

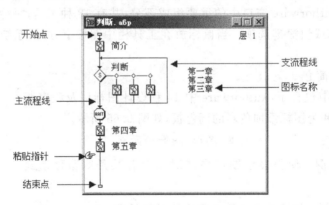

图 6.66 Authorware 的设计窗口

(1) 窗口中一条纵向的直线称作主流程线（主流线），其功能类似于编写其他程序所使用的流程图。可以在主流线上放置各种设计图标，程序执行时，沿着主流线依次执行各个设计图标。主流程线两端为两个小矩形标记，分别为文件的起始标记和文件的结尾标记。

(2) 设计窗口标题栏与其他 Windows 应用程序窗口标题类似，只是最大化按钮永远是灰色不能用的。

(3) 主流线上的手形标志是程序指针，在设计窗口任意空白处单击鼠标，指针将会跳至主流线上相应的位置，并可在此处对程序进行处理。

(4) 设计窗口右上角的数字表示当前窗口所处的层次。

(5) 在主流线上某些图标的右侧也可放置其他图标，形成不同的分支路径，这些表示分支路径的线称为分支流程线。

6）演示窗口

当编辑一个显示图标时，系统会弹出一个演示窗口，编辑的内容在窗口中进行。当执行程序时，运行结果也显示在该窗口中。它提供了一个所见即所得的平面设计环境，如图6.67所示。

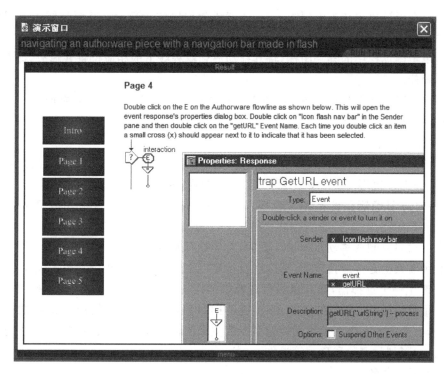

图6.67　编辑与运行环境下的演示窗口

在默认状态下，运行一个交互式程序时，演示窗口具有一个标题栏和一个菜单栏。菜单栏上只有一个"文件"命令，下面仅下挂一个"退出"命令，屏幕的背景色为白色。为使演示窗口更能体现个人的特点，通常在进行Authorware程序设计之前，根据用户的需要和使用条件来设定演示窗口的大小和样式。

执行菜单栏"修改"→"文件"→"属性"命令，打开设置该程序文件的属性窗口，可对文件的颜色及屏幕大小做设定，如图6.68所示。

图6.68　文件属性窗口

3. 简单的程序示例

1）图标的使用

Authorware 是基于图标和流程线进行编辑的多媒体软件，对图标的操作是程序开发中最频繁的操作。在实际编程之前先介绍一些图标通用的使用方法。

（1）在主流程线上放置图标。

图标只有当被放置在主流程线上时，才能成为程序的一部分。在流程线上放置图标有两种方法。

一是单击图标栏中的某一图标，将其拖动放到流程线上的相应位置并释放，即在该位置出现一个图标。

二是执行"Insert"→"Icon"命令，单击选择图标类型，此时，手形标志指向的主流程线位置上将自动生成一个图标。

（2）图标的操作。

对于图标也可以进行删除、剪切、复制和粘贴等操作。要删除一个图标，只需要选择该图标，单击 Delete 键即可。应该注意的是，有的图标（如群组图标、交互图标等）包含其他图标，在删除时应明确删除的范围。剪切、复制和粘贴等操作与一般应用软件的操作方法相同。

如果一次要复制或移动多个设计图标，首先选择欲复制或移动的多个设计图标。若这些图标在主流线上是连续排列的，那么在设计窗口中主流线上适当位置单击鼠标左键后，拖动鼠标可产生一个选择框，松开鼠标后选择框范围内的图标即被选中；若这些图标在主流线上并非是连续排列，那么在单击 Shift 键的同时单击不同的设计图标，这些图标即被选中，再单击已选中的某个图标可撤销选中。当多个图标选择后，可按照单个设计图标的操作方法对其进行复制、删除和移动等操作。

（3）图标的命名。

程序为每个主流线上的图标给出的默认名称是 Untitled，只需选择该图标，或单击图标的已有的名称，就可以修改它的名称。由于课件结构可能较为复杂，因此有必要通过恰当的图标命名来保证程序结构的清晰和明确。

（4）图标的编辑。

图标的编辑包含两方面的内容：一是对图标内容的编辑，如对显示图标在演示窗口中编辑要显示的内容等；二是通过图标的属性窗口进行编辑，设置该图标的各种属性。

2）程序示例

下面以如图 6.69 所示的简单程序为例介绍 Authorware 的编程过程。

（1）启动 Authorware，单击工具栏中的"新建"图标，建立一个新文件"未命名"。

（2）鼠标单击一次主流程线后，确保"手形"图标出现在流程线上，选择"文件"→"导入和导出"→"导入媒体"命令，打开相应的文件夹，选择一张准备好的图片文件"鱼儿"，其将直接出现在主流线上，系统自动生成一个名为刚才图片文件名的显示图标。

（3）将鼠标移动到设计图标栏中的"显示"图标上，单击鼠标左键不放，将它移动到主流线上后松开鼠标，主流线上出现一个名字为"未命名"的显示图标。

（4）选择该显示图标，图标名称"未命名"同时被选中，对显示图标进行命名，修改为有意义的名称，如"鱼类简介"。

(5) 双击显示图标"鱼类简介",屏幕上弹出演示窗口,同时出现工具箱。该工具箱含有多个工具,在操作时可用心观察。其中的箭头为"选择"工具,大写字母"A"为"文本"工具。

(6) 在文字输入之前,先对文字的格式进行设置。

设置文字的字体:执行"文本"→"字体"→"其他"命令,再从字体列表中选择"楷体_GB2312"字体。

设置文字的大小:执行"文本"→"大小"→"其他"命令,再从字号列表中选择"40"磅字号。

(7) 单击工具箱中的"文本"工具(单击工具箱中的标志"A"),然后将鼠标在编辑窗口中间偏左处单击一下。这时屏幕上会出现一个标尺,标志了文本输入的左右边界,闪烁的光标说明此时处于文字输入状态。

(8) 输入文字。在标尺下输入文字"鱼类生活习性大全",如图 6.69 所示。

图 6.69　程序的建立过程

(9) 调整文本在演示窗口中的位置。在工具箱中单击"选择"工具,然后单击该文本将其选中,单击鼠标左键不放,将文本移动到合适位置后松开鼠标。

(10) 单击工具箱右上角的"叉号",在关闭工具箱的同时关闭演示窗口,回到设计窗口。单击工具栏中的"运行程序"工具图标运行程序,观察其效果。

6.5.2　Authorware 中结构化设计课件模板

结构化设计是软件开发过程中的一个术语,这里运用到课件模板制作中是利用了其原理相似这一点。在软件开发(程序编写)过程中,其将问题解决方案表述为:结构图+关系数据模式。在课件制作过程中就可以表述为:模板(结构)+内容。因此,在制作好课件结构之后,只需要添加相应的内容即可。这样既减少了教师制作课件的工作量,又使得其作品具有良好的结构性、层次性和表达性。

Authorware 软件提供了 14 种设计图标、11 种交互方式,每种设计图标和交互方式都有其特定的功能、用法和特色。

制作结构化的课件模板需要整合多种设计图标功能和交互方式的功能,下面就具体制作原理和过程展开介绍。

1. 制作原理和过程

此模板的开发主要是借鉴博彦科技教育软件的结构化特色,从主界面的导航控制进入课程学习,在学习过程中,又可以利用目录功能选择其他学习目标点。这种结构化的特色主要运用了多级菜单的导航链接。可从热区交互功能中得到启发,利用鼠标处于热区区域内时作出反应这一性质来驱动菜单的出现,很好地实现了课件的结构化和层次性。

1) 主流程制作

在主流程线上拖动一个群组图标,作为课件的片头所用。然后在主流程线上拖动三个框架图标,一个为内容导航控制所用,一个为制作课件内容所用,一个为制作退出(片尾)所用。在内容框架右侧拖动课件内容所需群组图标(一般为章的标题),如图6.70所示。

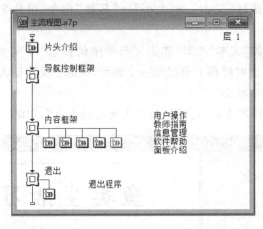

图 6.70　主流程图

2) 控制框架制作

(1) 双击图6.70中"导航控制框架"图标,把框架图标中的系统自带功能图标删除,自己来设定功能图标。在框架中设定为如图6.71所示结构。背景图片为课件门面,可以选择与主题相关的图片。按钮组里放置"按钮"(实质是利用热区的单击交互功能来模仿按钮功能)的图片,以便实现单击"按钮"时使其生成变色按钮,让其更生动。

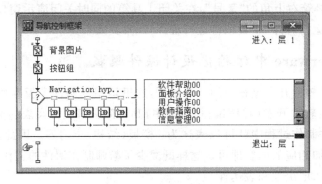

图 6.71　导航控制框架

(2) 单击图6.71中交互图标"Navigation hyperlinks"下的一个群组(这里以第二个"面板介绍00"群组为例),其具体内容见图6.72所示。其中,"面板介绍按钮"图标为变色了的按钮图片,声音图标为单击按钮时所产生的声音文件(注意:这些为热区"面板介绍00"的一级菜单所产生的效果)。重要部分为下面的交互功能图标,观察其前三个图标和后几个图标的不同之处,前三个为所产生的菜单按钮(这里用按钮来做是用到按钮有几种状态的功能,方便其变色。教师当然也可以用热区来实现,像"面板介绍按钮"等那样用两个不同的按钮图片来做),而后面几个图标为退出控制热区。再看群组图标下面的流程方向,前三个为正常顺序,而后几个为逆反方向,目的是为了产生一定的热区区域(按钮位置以外的区域),使得鼠标在这些区域内时(即离开按钮位置时),促使出现的菜单消失,但放在按钮位置上时,又可以继续操作,以便驱动二级菜单的出现。这里注意:要把退出控制热区的区域做得尽量全面,把当前按钮和子菜单按钮位置以外的部分全部覆盖,这样操作才会灵敏。其原理如图6.73所示。

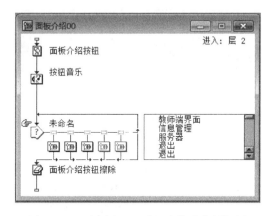

图6.72　面板介绍00群组中的功能图标图

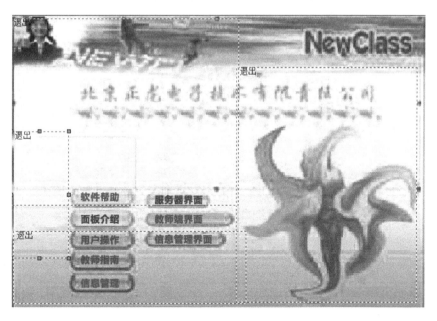

图6.73　退出控制原理图

(3) 单击图6.72中交互图标"Untitled"下的一个群组(这里以第一个"教师端界面"群组为例),其具体内容见图6.74所示。其中,"教师端界面"图标为变色了的按钮图片,声音图标为单击按钮时所产生的声音文件。当然,这些为教师端界面热区的子菜单(即热区"面板介绍00"的二级菜单)所产生的效果。其下面的交互功能图标结构和步骤(2)中原理相同。注意退出控制热区的覆盖面问题,只要顾及当前按钮及子菜单按钮位置即可,操作证明,当前按钮的父级菜单不用考虑(参考图6.73)。

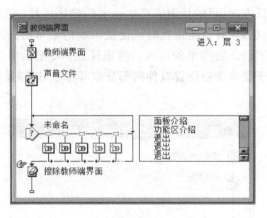

图 6.74　教师端界面功能图标图

（4）控制框架制作已经基本完毕，这时可以运行制作到此界面了，其效果如图 6.75 所示。这样的效果当作课件的主界面应该还满意吧！下面做最后一步，那就是要把控制框架导入课程中去。单击图 6.74 中交互图标下的一个群组，在其中添加导航或计算图标（导航图标为好，过多应用运算图标不利于系统性能），导航、引导到相应的章节内容当中去。当然控制框架制作好了，应该考虑课件的内容框架了，下面就接着介绍内容框架制作原理。

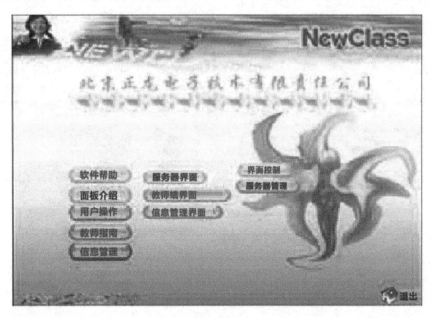

图 6.75　控制框架制作效果图

3）内容框架制作

在制作内容框架之前，用户要考虑进入内容界面之后仍需要随时随地地进行导航转换，即学习目标点的转换。因此，此框架在设计时仍需考虑导航菜单的制作问题，这样才能真正体现整个课件的结构化和层次性特点。双击图 6.70 中"内容框架"图标，其内容见图 6.76 顶部所示。

"背景"图标为制作好的底图，美化界面所用。交互图标下为几个功能按钮，这里主要介绍"目录"按钮(即提供此界面中内容导航的按钮),其余的按钮教师可以按需要去设计。双击"目录"按钮下的群组图标,出现图 6.76 中部结构,可以看出其结构与控制框架中的"导航控制框架"结构相似(见图 6.71);双击此结构中的一个群组,如图 6.76 底部所示,可以看出其结构与图 6.72 结构相似,不同之处在于其交互中一个菜单用按钮实现,一个菜单用热区和图片实现,前面已经讲到这两种方法均可,主要从要求实现的效果考虑选择。

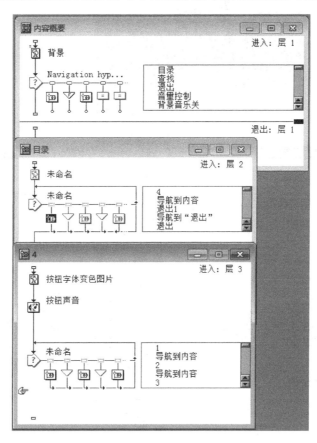

图 6.76 内容框架图标内容及子群组内容图

接下来的制作可以参考控制框架的制作过程,用户可以尝试自行推导。在参考文献《Authorware 多级菜单制作——热区交互实现菜单功能》(陆峰,2005)一文中做了详细的阐述,可参考。其效果图如图 6.77 所示。

内容框架导航功能制作完成之后,就是教师自己对内容的设计了。这里的设计主要是利用框架图标本身的导航控制功能,即允许附着在该图标下的各页面间超链接。在设计内容时注意章节内容间的层次关系,即章框架里含有节框架,节框架下面的群组内部才是真正的课件内容;在章框架中需要删除框架图标中的自带功能图标,在节框架中需要保留这些功能以实现节中内容的互联(如图 6.78 所示,"用户操作"框架图标为灰白色,说明为章结构,已把其自带功能图标删除,"启动系统框架"图标中的自带功能进行了修改)。

教师可以对自带功能图标进行修改,制作出自己的按钮样式,使课件界面更美观。这样就实现了各章节既可以通过主界面控制进入,又可以通过内容控制界面进入。各节内容里的联系通过各页面的超级链接来控制。

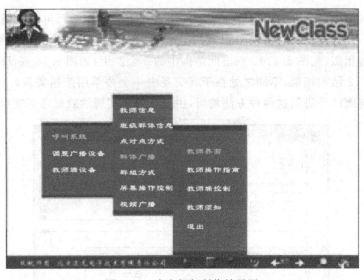

图 6.77 内容框架制作效果图

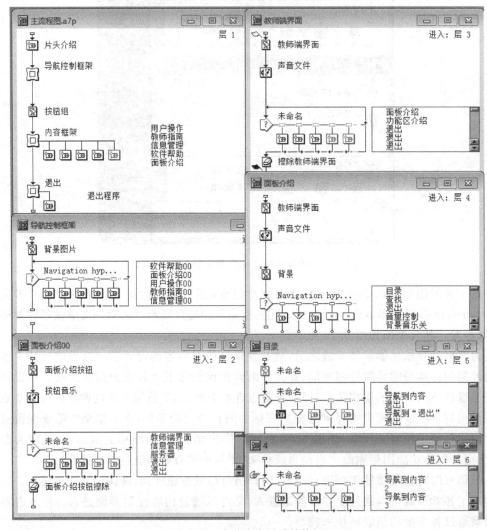

图 6.78 章节内容设计结构图

2. 课件制作注意事项

在制作过程中,用户可以根据自己的客观条件来改变其中部分设置,如:在制作各级菜单的控制热区时,不想使菜单的灵敏度太大,可以把上一级菜单的整个空间留出来不遮盖住,这样也具合理性;可以把目录热区的永久性设置成灵活控制型,只把目录当成一个小功能来用,等等。

教师为了使自己制作出的课件更精彩,常常需要其他软件的辅助。Photoshop(处理图片)、Flash(处理动画)、Goldwave(处理声音)等几种经典软件必须常用在手。这样制作自己的精品课件才会得心应手,锦上添花,使之无论是结构上,还是界面、环境上都会引人入胜,更会使自己的教学思路清晰,具有良好的结构性和层次性。

思考与练习

1. 简述多媒体素材类型、特点及制作方法。
2. 简述两种以上课件制作技术解决方案。
3. 详细设计一个与本学科相关的课件制作方案,并付诸实施,综合利用多种媒体素材。

第7章 信息技术和课程整合概述

学习目标：
1. 理解信息技术与课程整合的定义、目标和具体方式。
2. 了解教学模式的基本概念和结构，能说明什么是信息技术与课程整合的教学模式。

7.1 信息技术与课程整合的定义

信息技术与课程整合是指在课程教学过程中把信息技术、信息资源、信息方法、人力资源和课程内容有机结合，共同完成课程教学任务的一种新型教学方式。其实质是在先进的教育思想、教育理论的指导下，把以计算机及网络为核心的信息技术，作为促进学生自主学习的认知工具与情感激励工具，丰富的教学环境的创设工具。同时将这些工具全面运用到各学科教学过程中，使各种教学资源、教学要素和教学环节，经过组合、重构，相互融合，在整体优化的基础上，产生聚集效应，从而达到促进传统教学方式的根本变革（也就是促进以教师为中心的教学结构与教学模式的变革），达到培养学生创新精神与实践能力的目标。

目前国内关于信息技术与课程整合的说法与定义很多，主要是基于对课程概念的不同理解而产生的分歧。我国学者刘向永认为可以将目前信息技术与课程整合的定义分为"大整合论"和"小整合论"。

"大整合论"观点认为，课程是一个大的概念，信息技术与课程整合就是将信息技术融入到课程的整体中去，改变课程内容和结构，变革整个课程体系。黄甫全认为，信息技术与课程整合是指通过基于信息技术的课程研制，创立信息化课程文化。它针对教育领域中信息技术与学科课程存在的割裂和对立问题，通过信息技术与课程的互动性双向整合，促进师生民主合作的课程与教学组织方式的实现，促进以人的学习为本的新型课程与教学活动方式的发展，建构起整合型的信息化课程结构、课程内容、课程资源以及课程实施等，从而对课程的各个层面和维度都产生变革作用，促进课程整体的变革。"大整合论"观点有助于从课程整体的角度去思考信息技术的地位和作用。

"小整合论"是将课程等同于教学，认为信息技术与课程整合等同于信息技术与学科教学整合。在这种观点下，信息技术主要作为一种工具、媒介和方法融入到教学的各个层面中去，包括教学准备、课程教学过程和教学评价等。这种观点是目前信息技术与课程整合实践中的主流观点。

信息技术与课程整合概念的分化反映了人们看待信息技术作用的不同视角。在研究与实践中，持"大整合论"的人一般都是专家学者，而一线教师则比较认可"小整合论"。从整个基础教育改革的角度出发,"小整合论"是符合当前的发展趋势和实践要求的。信息技术与课程整合特别需要关注教学实践层面的问题。

7.2 信息技术与课程整合的目标

信息技术与课程整合要达到的宏观目标可以归纳为:"建设数字化教育环境,推进教育的信息化进程,促进学校教学方式的根本性变革,培养学生的创新精神和实践能力,实现信息技术环境下的素质教育与创新教育。"具体可以概述为以下三点。

1. 培养学生具有终身学习的态度和能力

学习资源的全球共享,虚拟课堂、虚拟学校的出现,现代远程教育的兴起,人们可以随时随地通过互联网进行学习,使学习突破时间、空间的限制。教育信息化还为人们从接受一次性教育向终身学习转变提供了机遇和条件。

终身学习就是要求学习者能根据社会和工作的需求,确定继续学习的目标,并有意识地自我计划、自我管理、自主努力通过多种途径实现学习目标的过程。要实现终身教育和终身学习,教育必须进行深刻的变革:要使教学个性化、学习自主化、作业协同化;要把培养学生学会学习,培养学生具有终身学习的态度和能力作为学习的培养目标。

2. 培养学生具有良好的信息素养

教育信息化为终身学习带来了机遇。但只有学生具备良好的信息素养,才能把终身学习看成是自己的责任,才能够理解信息所带来的知识并形成自己的知识结构。信息技术与课程整合正是培养学生形成所有这些必备技能和素养的有效途径。我国学者李克东认为,信息技术与课程整合中学生信息素养的培养应包含着三个最基本的要点。

(1) 信息技术的应用技能。

这是指利用信息技术进行信息获取、加工处理、呈现交流的技能。这需要通过对学习者进行信息技术操作技能与应用实践训练来培养。

(2) 对信息内容的批判与理解能力。

在信息收集、处理和利用的所有阶段,批判性地处理信息是信息素养的重要特征。对信息的检索策略、对所要利用的信息源、对所获得的信息内容都能进行逐一的评估,在接收信息之前,会认真思考信息的有效性、信息陈述的准确性,识别信息推理中的逻辑矛盾或谬误,识别信息中有根据或无根据的论断,确定论点的充分性等这些素养的形成不仅仅是通过计算机技术技能训练形成的,而是要通过加强科学分析思维能力的训练来培养。

(3) 运用信息,具有融入信息社会的态度和能力。

这是指信息使用者要具有强烈的社会责任心、具有与他人良好合作共事精神,使信息技术的应用能推动社会进步,并为社会做出贡献。这些素养的形成也不是通过计算机技术技能训练就能形成的,而是要通过加强思想情操教育训练来培养。

3. 培养学生掌握信息时代的学习方式

在信息化学习环境中,人们的学习方式发生了重要的变化。学习者的学习主要不是依赖于教师的讲授与课本的学习,而是利用信息化平台和数字化资源,教师、学生之间开展协商讨论、合作学习,并通过对资源的收集利用,探究知识、发现知识、创造知识、展示知识的方式进行学习。因此,通过信息技术与课程的整合,要使学生掌握以下信息时代的学习方式。

(1) 会利用资源进行学习；
(2) 学会在数字化情境中进行自主自发的学习；
(3) 学会利用网络通信工具进行协商交流，合作讨论式的学习；
(4) 学会利用信息加工工具和创作平台，进行实践创造的学习。

7.3　信息技术与课程整合的具体方式

信息技术与课程整合的关键是如何有效应用信息技术的优势来更好地达到课程学习的目标，培养学生的信息素养、创新精神与实践能力。因此，要培养学生学会把信息技术作为获取信息、探索问题、协作讨论、解决问题和构建知识的认知工具和情感交流工具，其具体表现形式为：

1. 信息技术作为学习对象

信息技术作为学习对象包含三个方面的含义：学习信息技术科学知识；学习信息技术基本技能；学习信息技术对社会的用途和影响。

2. 信息技术作为演示工具

信息技术作为演示工具是信息技术和课程整合的最低层次，也是目前大多数基础教育和高等教育所采用的方式。教师利用现成的或自己设计的多媒体教学软件和媒体素材，形象地演示和讲解教学内容，帮助学生理解所学知识。这样，通过合理的设计与选择，计算机代替了幻灯、投影、粉笔、黑板等传统媒体，实现了它们无法实现的教育功能。

3. 信息技术作为交流工具

将信息技术以辅助教学交流的方式引入教学，主要是为了实现师生之间信息与情感交流。网络通信技术的发展为信息的沟通交流提供了有力的工具，万维网、电子邮件、BBS、聊天室、视频会议等等，都可以为教师和学生间的交流提供支持。学校、教师、学生、家长相互之间都可以利用网络实现更好的沟通与协作。

4. 信息技术作为个别辅导工具

学生利用操练练习型软件和计算机辅助测验软件进行练习和测验，可以巩固熟练所学知识，决定下一步学习的方向，实现了个别辅导式教学。个别辅导式教学中计算机软件可以部分替代教师职能，如出题、评定等，因此，教学对技术有较强的依赖性。此外，教学还能在一定程度上注意学生的个别差异，提高学生学习的投入性。根据不同的学习内容和学习目标，个别辅导软件提供的交互方式也有所不同，体现了不同的教学（或学习）方法，从而形成了不同模式的个别辅导软件，反映了利用计算机进行学习时的交互方式，包括操练和练习、对话、游戏、模拟、测试、问题解答等。

5. 信息技术提供资源环境

用信息技术提供资源环境就是要突破书本是知识主要来源的限制，用各种相关资源来丰富封闭的、孤立的课堂教学，极大地扩展教师和学生的信息源。他们可以访问各种电子化的课程资源库，获得直接相关的素材和资料；使用各种多媒体百科全书光盘（如"科学大百科"、"世界名画"等），获得图、文、声并茂的教学资料；通过网络检索图书馆中的相关资源，或者直接访问数字图书馆中的内容，如中国期刊网；浏览万维网上的各种专业网站，获得该学科的最新信息等。在设计教学活动时，教师需要精心考虑应该利用哪些信息资源，如何用信息技术为学生提供最好、最新、最有吸引力的信息。另外,教师要引导、帮助学生有效地获取和利用各种信息资源,让他们能利用这些信息资源进行探索性的学习活动。

6. 信息技术作为情境探究和发现学习工具

根据一定的课程学习内容,利用多媒体集成工具或网页开发工具将需要呈现的课程学习内容以多媒体、超文本、友好交互等方式进行集成、加工处理转化为数字化学习资源。根据教学的需要,创设一定的情境,并让学习者在这些情境中进行探究、发现,有助于加强学习者对学习内容的理解和促进学习能力的提高。

通过信息技术对呈现的社会、文化、自然情境的观察、分析、思考,激发学习兴趣、提高观察和思考能力;通过信息技术对设置的问题情境的思考、探索,利用数字化资源具有多媒体、超文本和友好交互界面的特点,培养发现问题、解决问题的能力;通过利用节点之间所具有的语义关系,培养学生进行知识意义建构的能力;通过信息技术创设的虚拟实验环境,让学生在虚拟实验环境中实际操作、观察现象、读取数据、科学分析,培养进行科学研究的能力,形成正确的科学研究态度,掌握科学探索的方法与途径。这些都是信息技术作为情境探究工具的主要作用。

7. 信息技术作为信息加工与知识构建工具

信息技术作为信息加工与知识构建工具主要培养学生的信息加工、信息分析能力和思维的流畅表达能力,强调学生在对大量信息进行快速提取的过程中,对信息进行重整、加工和再应用。将信息技术作为知识构建工具可达到对大量知识的内化,在内化的过程中还可以开展通信和交流,提高学生在信息技术环境下思考、表达和信息交流能力以及对信息的应用能力。常见的工具有:

(1) 专门的工具型教学软件,如"几何画板"、化学专用绘图软件 CHEWIND;

(2) 一般工具软件在教学中的应用,如文字处理软件、演示文稿软件、电子表格软件、数据库软件等;

(3) 计算机及其外接设备作为教学工具,如传感器用于实验教学、计算机外接 MIDI 设备用于音乐创作、演奏和赏析等。

8. 信息技术作为协作工具

计算机网络技术为信息技术和课程整合,实现协作式学习提供了良好的技术基础和支持环境。计算机网络环境大大扩充了协作的范围,减少了协作的非必要性精力支出,学生可以借助 MSN、E-mail、BBS 等网络通信工具,实现相互之间的交流,参加各种类型的对话、协商、讨论活动,促进学生独立思考、发展求异思维、培养创新能力和团队协作精神。在基于因特网网络的协作学习过程中,基本的协作模式有竞争、协同、伙伴和角色扮演等方式,不同类型的协作学习对技术的要求程度不同。

9. 信息技术作为研发工具

虽然我们强调对信息的加工、处理,以及协作能力的培养,但最重要的还是要培养学生的探索能力、自己发现问题和解决问题的能力,以及创造性思维能力,这才是教育的最终目标。在实现这种目标的教学中,信息技术扮演着"研发工具"的角色。探究式教学和问题解决式教学等都是将信息技术作为研发工具的典型教学模式。

10. 信息技术作为评价工具

新课程改革要求评价的功能、内容、方式等要发生改变。如果有一个高效的电子评估系统,将学生的成长档案袋、日常的评价信息、调查问题等进行电子化管理,那么就有可能使教师从繁重的统计、档案管理中解脱出来,使他们有更多的精力关注教学,关注评价结果所表现的教学信息,利用评价诊断教与学中出现的问题,从而促进教与学。

11. 计算机作为教学管理工具

计算机管理教学(Computer-Managed Instruction,CMI)是指用计算机来帮助教师进行教学的管理,也就是辅助教师对学习过程进行跟踪记录和评估等。狭义的计算机管理教学仅指专门的计算机管理教学系统的应用,广义上的计算机管理教学还包括文字处理、电子表格、数据库、统计分析、通信等软件在教学管理中的应用。

7.4 信息技术和课程整合教学模式

7.4.1 什么是教学模式

1972年,美国学者乔伊斯(B. Joyce)和威尔(M. Weil)出版了《当代西方教学模式》一书,由此将教学模式率先引进教学论研究领域,拉开了教学模式研究的序幕。20世纪80年代,我国教学理论界开始对教学模式展开研究,目前已成为一个重要的研究领域。然而,对于"什么是教学模式"这个问题,人们仍未形成一致的看法。

在国外,较有影响的是乔伊斯和威尔在《教学模式》一书中的定义:"教学模式是构成课程(长时间的学习课程)、选择教材、指导在教室和其他环境中教学活动的一种计划或范型。"该定义在国外是比较有权威的,普遍被人们所接受。

在国内,关于教学模式的定义众说纷纭,概括起来大致有以下四种观点。

第一种观点认为,"教学模式是在教学实践中形成的一种设计和组织教学的理论,这种教学理论是以简化的形式表达出来的"。此为"理论说"。

第二种观点认为,"教学模式是在一定教学思想或教学理论指导下建立起来的各种类型教学活动的基本结构或框架"。此为"结构说"。

第三种观点认为,"教学模式就是教学过程的模式,是根据客观的教学规律和一定的教学指导思想而形成的,师生在教学过程中必须遵循的教学程序及其实施方法的策略体系"。此为"程序说"。

第四种观点认为,"教学模式俗称大方法。不仅是一种教学手段,而且是教学原理、教学内容、教学目标和任务、教学过程直至教学组织形式的整体、系统的操作样式,这种操作样式是加以理论化的"。此为"方法说"。

对教学模式的概念之所以会出现多元界定,一方面是由于教学模式本身的复杂性和多样性;另一方面是由于研究者的出发点和研究角度的不同。综合上述观点,我们认为:所谓教学模式,是指在一定教育理论指导下和丰富的教学经验基础上,为完成特定的教学目标和内容而建立起来的稳定且简明的教学结构理论体系及其具体可操作的实践活动方式。对于教学模式概念的理解有必要从教学模式的本质特征出发,把握教学模式理论与实践的统一、内容与形式的统一,主要体现在三个方面。

(1) 从教学理论层面看,教学模式是一种教学结构理论。首先,教学模式接受教学理论(思想)的指导;其次,教学模式揭示了某一教学活动所赖以建立的理论基础,为人们从理论上认识把握教学模式有着重要的作用。

(2) 从教学实践层面看,教学模式是具体可操作的实践活动方式。首先,教学模式具有教学实践(经验)的基础;其次,它揭示了与某一教学活动相适应的教学方式、程序、步骤,为人们从实践上操作运用教学模式提供了具体指导。

(3) 教学模式是教学理论与教学实践的中介和桥梁。一方面,教学模式对教学实践(经验)的概括化、抽象化和简约化的描述,可以上升到理论层次;另一方面,尽管教学模式带有理论的概括性、抽象性和简约性,但它又不比一般理论那样抽象,而是一般理论的具体化、程序化,能以明确的目的和具体的方式、手段指导实践。

7.4.2 教学模式的结构

尽管人们对教学模式的概念界定不一,但对教学模式结构的认识基本一致,只是表述略有不同。综合所述,教学模式主要由以下几种要素构成。

(1) 理论基础。指教学模式所赖以建立的教学理论和思想。任何一种教学模式都是以一定的教学理论为基础,并在一定的教学思想指导下提出来的。离开一定的教学理论,教学模式就难以形成;离开一定的教学思想,教学模式也难以存在。而且,不同的教学理论,又会孕育出不同的教学模式;不同的教学思想,又会指导教师选用不同的模式和进行不同的操作方式。

(2) 教学目标。指模式所能达到的教学结果,是教育者对某项活动在教育者身上将产生什么样的效果做出的预先估计。任何教学模式为了完成特定的教学目标设计和展开的。教学目标在教学模式的构成要素中居于核心地位,对其他因素具有制约作用,也是教学评价的标准和尺度。

(3) 操作程序。指教学在时间上展开的逻辑步骤及每个步骤的具体做法等。任何教学模式都具有一套独特的操作程序和步骤。由于教学过程的设计与实施要综合考虑学生、内容、方法、媒体等多方面因素,因此操作程序只能是基本的、相对的,而非僵化的和绝对的。

(4) 实现条件。指为完成一定的教学目标,使教学模式发挥效用所需的各种条件。教学模式的实现条件包括多方面的内容,如教师、学生、教学内容、教学手段、教学的时空组合等。认真研究并保证教学模式的实现条件,可以更好地掌握和运用教学模式,成功地达到预期的教学目的。

(5) 教学评价。教学模式运用的如何是需要评价的,因而教学评价是教学模式的一个重要因素,包括评价方法和评价标准。由于各种教学模式在目标、操作程序、策略方法上的不同,评价的方法和标准也存在着差异。一种教学模式一定要规定自己的评价方法和标准。

上述五个因素具有不同的功能,它们之间彼此联系,相互蕴含,相互制约,共同构成了一个完整的教学模式。如图 7.1 所示,理论是教学模式得以建立的基础;目标是教学模式的

图 7.1 教学模式结构示意图

核心,制约着其他因素;操作程序是教学模式的环节和步骤;条件保证着教学模式的有效发挥;评价对教学过程进行着反馈和监控。

7.4.3 信息技术与课程整合教学模式

随着教学改革的不断深入,信息技术与课程整合已成为教学研究的热潮,当今教学改革中涌现出许多"整合"教学模式。有学者结合国内外关于信息技术与课程整合模式的研究,归纳出19种通用的信息技术与课程整合模式。例如:讲授型模式、个别辅导模式、操作与练习、讨论学习模式、探索式学习模式、协作学习模式、头脑风暴模式、专题探索——网站开发模式、协作调查学习模式、基于资源的学习、资源利用→主题探索→协作学习、网络探究(WebQuest)模式……可谓名目繁多、林林总总。然而,这些模式又过于细化琐碎,有的交叉重复,不便于教师整体把握和应用,称其为教学手段、教学方法或教学策略更为恰当一些。同时,针对不同学科的不同特点,在信息技术与课程整合教学模式的选择上也会有所区别,不能一概而论。因此,本书将从不同学科的角度出发,分析在某个学科领域下,信息技术与课程整合的具体教学模式与案例,以期对教师实现信息技术与课程整合有所借鉴。

思考与练习

1. 根据自己的理解,说明信息技术与课程整合的内涵和意义。

2. 结合实际,谈谈传统教学模式存在哪些问题?并在此基础上分析现代信息技术与课程整合的优势表现在哪些方面?

第8章　信息技术和课程整合案例

学习目标：
1. 理解信息技术与各类学科课程整合的内涵和基本要求。
2. 能结合不同专业进行信息技术与课程整合方案的设计，并能编写信息技术与课程整合教学案例。

8.1　信息技术与语文课程整合

8.1.1　信息技术与语文课程整合概述

1. 信息技术与语文课程整合的内涵

《全日制义务教育语文课程标准（实验稿）》指出，语文教学要注重现代科技手段的运用，以提高学习效率，培养学生运用现代技术搜集和处理信息的能力。在数字化、信息化越来越成为现实的今天，信息技术经历了飞速的发展，我们的课堂正一天天地成为一个信息化的学习环境，信息技术也必将成为现代教师和学生必备的一门用来进行教学与学习的专业技术。因此信息技术与语文课程的整合，是所有语文教师必须面对的问题，这种发展势在必行。

信息技术与语文课程整合，不是简单地把信息技术仅仅作为辅助语文教师教学的演示工具，而是要实现信息技术与语文学科教学的"融合"。信息技术不是简单的整合，是指信息技术有机地与语文课程结构、内容、资源以及课程实施过程等融合为一体，成为课程教学的一部分，而非仅仅作为语文教学的辅助手段。

信息技术与语文课程整合，不是被动地纳入，而是主动地适应和变革课程的过程，信息技术与课程的整合，将对课程的各个组成部分产生实质影响和作用。信息技术本身不能影响课程，却是课改中不可缺少的条件。信息技术的快速发展，产生了学习革命，诞生了知识经济，人类迈入信息化社会。信息化社会应以人为本，应该尊重人的独立性、主动性、反思性、合作性。信息技术与语文课程整合将有利于营造新型的学习型社会。

2. 信息技术与语文课程整合的基本要求

1）激发学习兴趣，促使自主探究

布鲁纳说："学习最好的刺激源是对学习材料的兴趣。"一堂课的成功与否，很大程度上取决于学生对教学内容的兴趣。传统的教学模式，教师依靠"一块黑板、一支粉笔、一本书"进行说教式的教学，媒体运用单一，学生容易产生疲劳感、乏味感。如何激发学生的求知欲，调动学习的积极性，是教学成败的关键所在。计算机多媒体技术具有声情并茂、视听交融、动静交错、感染力强的特点，集文字、声音、图像、图形于一体，它在处理图文、动画、视音频等方面的良好作用能在很大程度上满足学生视听感官的需要,更好地激发学生学习的兴趣,调动学生的积极性,使学生产生强烈的学习欲望,从而形成良好的学习动机,产生良好的学习效果。

2) 突出教学重点,突破教学难点

信息技术在语文教学中可以把抽象的概念和不易操作的实验活动过程进行处理,生动、形象地展现在学生面前。使抽象化为具体,化难为易,以达到最佳效果,可以弥补传统媒体的不足,突出教学重点,突破教学难点。注意步步引导,环环推进,从而使学生不但学到了知识,思维能力也得到了进一步提高。通过这一过程,使学生尝到了独立思考的乐趣,培养了学生的发散思维能力。

3) 结合生活实际,拓展教学空间

利用信息资源跨越时空界限的特点,将信息技术融合到语文课的教学中来,充分利用各种信息资源,使学生的学习内容更加丰富多彩,更具时代气息,更贴近生活,使学生的学习兴趣更加浓厚。同时也可使教师拓宽知识面,改变传统的语文教学内容,使教材"活"起来。现实的生活材料,能够使学生体会到所学内容与自己接触到的问题息息相关,而且能够大大激发学生学习语文的兴趣,使学生认识到现实生活中隐藏着丰富的语文问题。因此,教学中,材料的选择应注意联系学生生活实际,注重实效性。

信息技术与语文课程的整合带来了教学方式和教学结构的变革。有效将教材内容和生活实际结合,操作方便快捷,呈现生动形象,避免教师在某些环节上时间的浪费,并为学生探究、协作、练习、思考赢得更多的时间,从而增加了教学容量,拓展了教学空间,提高了学生在生活中运用语文的意识和能力。

4) 充分发挥优势,培养学生创新能力

信息技术媒体具有图、文、声、像并茂的特点,随着优美的音乐、抑扬顿挫的声音,化静为动,动静结合,直观形象地展示图形的变化过程。因此,在教学中要充分发挥多媒体课件这一优势,激发学生创新的欲望,寻求解答问题的最佳途径,为培养学生的创新能力提供良好素养。运用现代教育技术,充分发挥多媒体技术的优势,可以创造大量在普通教学中难以应用的教学提示,引导学生在全新的教学环境中充分发挥其想象力,使其形象思维能力得到较好的发展,使形象思维与抽象思维协调,同步进行,有效地培养了学生的创新能力。

5) 及时检测反馈,优化巩固练习

在教学中,教师对学生的每一个反应要立刻有反馈,正确地得到强化,错误的得到纠正。强化是塑造个体行为与增强行为定型的重要手段,注意信息反馈是优化课堂教学结构的重要方面。教学中如果能够充分发挥信息技术及时、准确、真实把握反馈信息的这一优势,就可以合理调控教学进程,从而实现教学过程的最优化。

信息技术与语文课程的整合,可以达到优化练习,从而使学生更好地建构知识和进一步巩固所学。练习时可以利用多媒体技术省时、容量大、拓宽思路的特点来强化练习效果,提高练习效率。设计练习时运用信息技术可以进行不同形式的练习,也可以进行一题多变、一题多解的训练,既巩固了新知识,又发展了思维,还反馈了信息并且使不同层次的学生都有自我表现的机会,并从中体会到成功的愉悦,有利于学生的发展。

8.1.2 信息技术与语文课程整合案例

《爱莲说》教学设计案例
北京昌平第四中学初二跨越式实验班

1. 教学目标分析

(1) 知识与技能。

a. 整体感知课文,理解形象、生动、精美的语言特点,积累一些常用文言实词、虚词。

b. 在了解作者经历和《爱莲说》写作背景的基础上揣摩文中描写莲花的文字,品味作者流露出的情感,了解文章运用的托物言志的写作手法。

(2) 过程与方法。

a. 能流利地朗读课文,理解文章大意;能快速阅读拓展文章,在拓展文章的支持下深入理解《爱莲说》的深意。

b. 学生在自主阅读课文的基础上主动提出问题,提升发现问题、辨析问题的能力。

c. 学生通过自主学习与小组协作学习相结合的方式疏通文义、处理课文难点,提升学生分析问题、解决问题的能力。

(3) 情感、态度与价值观。

a. 理解作者高洁的情怀和勇于面对生活、不随流俗的积极人生态度。

b. 有积极的情感体验,欣赏莲的"出淤泥而不染,濯清涟而不妖",培养自己具有"莲"的品质的愿望。

2. 教学对象分析

(1) 学生是北京昌平第四中学初二跨越式实验班的学生,经过一年多的试验班学习,基础知识扎实,课堂气氛活跃,能积极思考、主动质疑。

(2) 学生已具备一定的文言文阅读能力,能够结合课下注释,准确翻译浅显文言语句。

(3) 该班学生在参与北师大跨越式发展课题研究一年多后,都有一定的计算机基础,能熟练在 V-class 平台的讨论组上写作文。

3. 教学内容分析

(1)《爱莲说》是人教新课标版初中语文八年级上册第五单元的一篇文言文,教学课时为 1 课时。

(2) 本单元的能力训练重点是,学生能够借助注释和工具书读懂课文大意,并且在反复诵读中领会文章丰富的内涵和精美的语言,并积累一些常用的文言词语。

(3)《爱莲说》是周敦颐的代表作,以莲喻人,托物言志。表达了作者以莲花君子自勉,不同流合污的高尚品质。通过本课的学习体会作者高洁的情感和不随流俗的积极人生态度,进一步学习托物言志的写作手法。

4. 重点、难点分析

(1) 教学重点是学习文言文《爱莲说》,在深入理解课文内容和写法的基础上背诵课文,积累文言词语。

(2) 教学难点是通过本课的学习,理解作者的高洁情怀,体味所描写的景物与作者所抒发的"志"之间的关系。

5. 教学媒体的设计

人教新课标版初中语文八年级上册教材、多媒体网络教室、北京师范大学现代教育技术研究所的 V-class 平台、网页课件等。

6. 教学策略的设计

结合多媒体网络教室等媒体，教师采用任务驱动的方式，通过"创设情境、激趣导入→多样阅读、整体感知→小组协作、质疑探究→浏览网页、拓展阅读→反思总结、课后练习"五个阶段完成教学任务，其中学生以自主探究和小组协作相结合的方式展开学习活动，充分发挥教师引导作用和学生的主体地位。

7. 教学过程的设计

教学环节	教师活动		学生活动	设计意图
创设情境 激趣导入	我们首先浏览网页中"美丽的莲花"，看后谈谈你对莲花的印象？（总结学生发言）正因为莲花有这样美好的形象和品质，自古以来就深受文人雅士的推崇，宋朝的哲学家周敦颐就特别喜爱莲花，为此还写下了一篇传世佳作，今天我们就来学习这篇《爱莲说》。		浏览网页图片，回答问题	由各种各样的莲花图片引入新课，激发学生学习兴趣。对莲花的美丽、洁净、亭亭玉立有直观感知，为下文分析描写莲花外貌形态的语句、体味作者对莲花品质的颂扬做铺垫
多样阅读 整体感知	(1) 利用网页资源了解作者生平	世间的花种类繁多，各具不同的精神气质，一般来说，喜爱什么花，也反映了这个人的心态和志趣。周敦颐这么喜爱莲花，他会是一个什么样的人呢？请同学浏览网页"作者简介"部分，了解作者生平爱好及写作背景	浏览网页"作者简介"部分，了解作者生平及本文写作背景	了解作者生平爱好及本文的写作背景，促进学生对课文的理解
	(2) 多样阅读感知课文	a. 听范读。同学们，我们打开书，利用教学听范读，注意句读、语气、语调。 b. 自由阅读。 c. 学生代表读课文。请两位学生读课文，强调注意语气语调、节奏停顿及作者情感	听范读。 自由朗读。 学生代表读课文，其他学生听读评价	熟悉课文，了解文中作者的情感，通过反复听读、朗读促进学生对课文的理解
	(3) 协作学习疏通文义	请大家以小组为单位，借助课文注释协作疏通文义。教师给予总结明确	结合课文注释，小组合作学习，疏通文义。以小组为单位反馈，提出本小组内难以准确翻译的语句与其他小组交流	通过小组的合作学习，解决字词理解障碍，疏通文义。解决难点句子的翻译。教给学生学习文言文的方法，培养自主、合作探究能力

续表

教学环节	教师活动	学生活动	设计意图
(1) 独立思考 质疑发问	总结学生问题，引导课文理解。 ◇ 为何作者说莲是花中君子？ ◇ 三种花象征人世中的哪三种人或人生态度，作者对这三种不同的人生态度表达了怎样的情感？ ◇ 作者爱"莲"，为什么要写菊和牡丹呢	学生在整体感知课文的基础上对文章内容、写作方法提出问题	学生就文本内容主动设疑，客观上促使学生加深对课文的理解；教师对学生的问题加以归纳，围绕学生理解难点安排教学内容，激发学生的学习兴趣
小组协作 质疑探究 (2) 深入探究 解答疑问	◇ 为解决第一个问题，请大家找出文中描写莲花的语句，概括这几句写了什么？作者如此准确生动地进行描写，意在突出什么？这些描写，句句写莲，而又句句喻人。我们看莲这些外在的特点，都显示出了莲哪些高洁的品格？ 明确托物言志的写作手法。 ◇ 为解决第二个问题，先请同学们思考，谁喜爱菊？这种人有怎样的人生态度？作者对此抱何态度？ 谁喜爱牡丹？这种人有怎样的人生态度？作者对此抱何态度？ 谁喜爱莲？有怎样的人生态度？作者对此抱何态度？ ◇ 明确了以上两个问题，咱们一起思考第三个问题：作者爱"莲"，仅仅写"莲"不就行了吗？为什么还要写菊和牡丹呢？ 总结学生发言	画出文中描写莲花的句子，思考回答问题。 讨论回答。 牡丹，象征世俗"富贵人"。 作者爱莲，莲是花中的君子。 运用衬托的手法，突出莲的超凡脱俗，作者以莲自喻，借抒写爱莲之情表达自己的淡泊名利、洁身自好、品格高尚的人生态度，婉转地批判了追名逐利、趋炎附势的污浊世风	学生通过合作探究、讨论交流。理解作者的高洁情怀和不随流俗的生活态度。学生通过研读，深入文本，在欣赏文章的同时理解了作者情感

教学环节	教师活动	学生活动	设计意图
浏览网页拓展阅读	古人云:"言为心声。"莲正是他所追求的理想人格的化身。我们再看"比较学习"和"拓展阅读"两个栏目,阅读关于菊、牡丹和莲的诗文谈谈自己的体会和感受	浏览网页,阅读诗句、文章,谈自己的感受和体会	通过拓展阅读,学生进一步领会本课托物言志的手法;同时能够理解由于各个作者所处的时代不同、个人经历不同,所以他们即使面对同一事物也可能会有不同的理解。所言的"志"也会不同。加大学生阅读量,尊重学生的阅读体验
反思总结课后练习	作者既不愿像陶渊明那样做一个隐逸者,更不屑于向世人那样贪慕富贵。在当时浑浊的世间,他以莲自喻,志在坚贞不渝地保持正直的操守,实在难能可贵,有这样高的人品,他才能写出这样经世不衰的佳作。同学们,希望我们都追求高尚的情操,做像莲一样正直的人	理解反思训练	加深学生理解,拓展练习

(1) 案例分析。对于语文课程中的文言文教学,学生理解相对比较困难。在教学过程中,教师希望学生的学习不能仅仅停留在文本语言的理解基础上,还需要理解课文托物言志的写作手法,更重要的是能体会到作者的高洁情怀和不随流俗的生活态度。鉴于文言文的历史背景离学生比较遥远,古汉语文字相对现代语言文字较为晦涩难懂,信息技术媒体的合理应用更显得重要。教师通过可以适时呈现与课文相关的图片、音频,创设教学情境,渲染课堂气氛,调动学生情感,对学生理解和掌握课文内容可以起到积极的作用。同时,可以充分发挥学生学习的欲望,内在的需求能让他们借助于网络平台协作交流,反思总结,更能通过网页浏览拓展阅读,为学生个性化阅读想象创设了广阔的空间。在培养学生的探究精神和协作能力的同时,使学生在认知、能力及情感方面获得了更好的发展,真正实现了学生与文本、学生与作者的充分对话。整个教学片断经历了语言文字到情感体验,然后从情感体验回到语言文字这个过程。

(2) 教学建议。在《爱莲说》教学设计案例中,信息技术与语文课程整合的关键在于资源和媒体的设计。首先,教师要能从海量资料中选取到对自己有用的教学资源,并对资源进行恰当的整合,无论是文本资料,还是图像、音频或视频等资料,都必须围绕教学目标的达成,这才是本堂课的重点。其次,教师要将资源整合到教学中,学生可以在网页中点击教学相对应的模块,寻找学习资源,提高课堂效率。最后,多媒体网络教室的联机模式,为教师与学生的及时交流提供了快捷方式。语文课堂上使用信息技术,最终还是要为语文能力的学习服务。

8.2 信息技术与数学课程整合

8.2.1 信息技术与数学课程整合概述

1. 信息技术与数学课程整合的内涵

信息技术与数学课程整合是以学生全面、和谐发展为最终目的,要让他们通过信息技术提供的平台更好地理解信息带来的数学知识,并形成自己的观点和重组自己的数学知识结构,拓展思维,在提高数学素养的同时,他们的信息素养,协作意识等多方面能力得以发展。具体到实践中,信息技术与数学课程整合的关键在于如何高效地将信息技术的优势和数学学科自身的特点有机地结合;在于信息技术如何融入到数学课程的各个方面去,将数学课程内容信息化、教学过程信息化、数学课程评价信息化,使得学生更好地完成数学课程的学习。需要强调的是信息技术与数学课程整合,并不是指技术与知识的简单"叠加",也不是信息技术在数学教学中的简单应用,而是将信息技术看成是数学学习的一个有机组成部分。

《全日制义务教育数学课程标准(实验稿)》指出,现代信息技术的发展对数学教学的价值、目标、内容以及学与教的方式产生了重大的影响。数学课程的设计与实施应重视运用现代信息技术,特别要充分考虑计算器、计算机对数学学习内容和方式的影响,大力开发并向学生提供更为丰富的学习资源,把现代信息技术作为学习数学和解决问题的强有力工具。通过改变学生的学习方式,使学生乐意并有更多的精力投入到现实的、探索性的数学活动中去。因此,信息技术与数学课程整合实质上是一种基于信息技术的数学课程的开发,是指在数学教学中把信息技术、信息资源、信息方法、人力资源与课程结构、课程内容、课程资源以及课程实施等融合为一体,成为高度和谐自然的有机部分。通过信息技术与课程的互动性双向整合,从而对数学课程的各个组成部分产生变革性影响和作用,进而促进数学课程整体的变革。

2. 信息技术与数学课程整合的基本要求

1) 创设情境,激发兴趣

多媒体信息技术具有图、文、声、像并茂的特点,能创设各种教学情境,可最大限度地激发学生学习兴趣。《数学课程标准》明确指出:"要在重视学生的生活实践和已有的知识中学习和理解数学。"这一基本理论强调教师在教学中,要立足于学生的生活实际和已有的知识基础来设计富有现实的、有意义的学习活动。如:在学生学完"认识人民币"后,为了让学生充分体验数学来源于生活又应用于生活,体会人民币在社会生活中的作用,巩固培养学生应用数学的意识,在教学时可以利用多媒体课件制作了"虚拟商店",让学生去实践购物。在购物过程,学生学会了看标价,学会了拿钱找钱,学会了合理花钱,懂得了节约用钱。这一情境创设不仅避免了因教室小模拟市场购物带来的不安全因素,减少了经济开支,更重要的是让学生身临其境,零距离接触生活实际,感受数学知识的生活原型,在体验中学习知识,在实践中动用知识,并满足了学生喜欢参加实践活动的愿望。

2) 发挥优势,化难为易

数学教学中每一章节知识都有其重点、难点,然而教学重难点是否能巧妙突破是一堂课能否成功的关键。在数学教学中,有一些知识比较抽象,学生学起来有思维障碍,若用常规的教学手段教学，又不易向学生表述清楚。而恰当动用信息技术进行教学，可解决教师难以讲清、学生难以听懂的内容，它无疑是教师在教学过程中突出重点、突破难点的有效手段。如在教学"角的初步认识"时，在学生理解、掌握角的概念后，为了突破角的大小与谁有关系这一教学难点，可以在屏幕中出示角的大小不一、边的长短也不一的一些角，先让学生发表自己的见解，之后用重叠的方法将这些角进行比较。在计算机演示的过程中，学生通过观察发现，角的大小跟角的两条边叉开的大小有关，跟画出边的长短无关。如此教学，教学重难点被轻易突破，学生不仅轻松获得知识，而且从中尝到了成功的喜悦。

3) 拓展时空，亲历过程

利用现代信息技术拓展时空，整合资源，开阔学生视野，让学生能在一个真实的或虚拟现实的学习环境中经历体验数学，提高数学素养。如在进行"数据的收集与整理"这一内容教学时，由于受到时间、空间的限制，教师没法让学生亲临其境。这时可动用媒体技术对一段繁忙交通路口往来的车辆进行实况录像并剪辑加工，创设了一个真实具体的情境，让学生经历数据收集和整理过程。在统计过程中，学生自己发现问题、分析问题并最终思考解决问题。由于教师利用信息技术创造了一个真实的情境并灵活运用，使学生能在较短的时间内经历了数据的收集、整理和发现问题、分析问题、解决问题的全过程，达到既激发学生学习数学兴趣，又发展学生的统计观念和培养动手实践能力的目的。

4) 化静为动，展示过程

从教育学的观点来说，联系教育对象和教育者的桥梁是教育媒体，而教材又是教育的主要媒体。随着新课程颁布实施，现行教材在教学内容上呈现了图文并茂、生动有趣的特点，重视学生的兴趣、特点。但这些信息资源编入教材中，只能以静态的画面呈现，特别是有些学习内容，学生观察静态画面，不利于学生发现问题，弄清知识的产生、形成过程。而信息技术与学科整合，采用化静为动策略，不仅能活现教材，而且能再现知识发生发展过程，感悟知识的来龙去脉。如：在教学"角的概念"时，应用多媒体课件直观、生动地演示了角的形成过程。先在屏幕上呈现一个红色圆点，然后从这一点引出两条蓝色射线，再闪烁圆点和两条射线所组成的图形，此时学生不仅感悟出角是怎样形成的，而且在大脑中建立起正确的"角"的表象，为角的后续学习打下坚实的基础。

总之，信息技术与数学课程的整合，有效地改变了"教"与"学"的方式，优化了教学过程，提高了教学效率。当然，任何一种现代化的教学手段只是辅助教学的一种工具，决不能从一个极端走向另一个极端，而"剥夺"了学生直接感知、动手操作和师生之间的情感交流的诸多机会，只有扬其所长避其所短，才能充分发挥它的功能。

8.2.2 信息技术与数学课程整合案例

《三视图》教学设计案例

1. 教学目标分析

(1) 知识与技能。能画出简单空间图形（长方体、球、圆柱、圆锥、棱柱等简易组合）的三视图，能认识上述三视图表示的立体模型，从而进一步熟悉简单几何体的结构特征。

(2) 过程与方法。通过直观感知，操作确认，提高学生的空间想象能力、几何直观能力，培养学生的应用意识。

(3) 情感、态度与价值观。感受数学就在身边，提高学生学习立体几何的兴趣，培养学生大胆创新、勇于探索、互相合作的精神。

2. 教学对象分析

在义务教育阶段，学生已经初步接触了正方体、长方体的几何特征以及从不同的方向看物体得到不同的视图的方法。仅仅接触了从空间几何体到三视图的单向转化，对于三视图的形成原理，三视图的投影规律（三等对应关系）还不清楚，三视图中涉及计算的处理能力较低，无法准确地识别三视图的立体模型。因此通过本节课的学习，使学生对三视图有更深刻的认识，识图能力得到升华。

3. 教学内容分析

教材是高中新课程标准试验教科书《数学》（人教 B 版必修二），第一章《立体几何初步§1.1.5 三视图》。本节课是在学习空间几何体结构特征、直观图之后，尚未学习点、直线、平面位置关系的情况下教学的。三视图利用物体的三个投影来表现空间几何体，是用平面图形表示空间几何体的一种方式。它能够帮助我们从不同侧面、不同角度认识几何体的结构特征，使我们能够根据平面图形想象空间几何体的形状和结构。

本节课的内容包括三视图的形成和三视图的画法。这部分内容在数学教学当中，不管对老师或者对学生而言，都是一个难点，也是一个要点。掌握好三视图的原理，有利于学生增强应用数学的意识，学习数学的兴趣。另外，三视图的教学主要是通过学生的亲身实践、动手作图来完成，可以培养学生的探究能力和提高学生的实践能力。三视图是空间几何体的一种表示形式，是立体几何的基础之一。

4. 重点、难点分析

重点是画出空间几何体的三视图，体会三视图的作用。

难点是识别三视图所表示的空间几何体。

5. 教学媒体的设计

通过百度搜索与三视图有关的图片资料，利用百度搜索相关的教学资料制作多媒体课件，以及柱、台、锥、球等实物模型。

6. 教学策略的设计

针对本节课的特点采用的是直观教学法、启导发现法。在教学中利用强大的信息技术教学手段，化抽象为具体，由静到动，加强直观性和启发性。使学生一听就懂，一看就会，一想就透，容易理解并印象深刻。利用多媒体课件，精心构建学生自主探究的教学平台，启发引导学生观察、想象、思考和实践，从而发现规律、获得知识、体验成功。

总体教学流程为。

(1) 创设情境。从汽车、飞机的三视图引入。

(2) 介绍几何体的三视图的做法，并引导学生观察探究正视图、俯视图、侧视图之间的关系。

(3) 在上述基础上，师生共同探究长方体、球、圆柱、圆锥、圆台的三视图的作图方法。

(4) 在学生初步掌握简单几何体的三视图的基础上引导学生探究简单组合体的三视图。

(5) 通过练习引导学生探究由三视图识别其所代表的实物模型，为下一节课作铺垫。

(6) 巩固总结。共同回顾三视图的作图原则。

(7) 课后作业及课外探究。

7. 教学过程的设计

教学环节	问题与情景	师生活动	设计意图
温故知新 引入新课	多媒体演示平行投影的相关知识点。 创设情境1 多媒体展示苏轼诗《题西林壁》 "百度图片" 创设情景2 汽车三视图 "百度图片" 飞机三视图 "百度图片"	展示汽车、飞机、坦克的三视图图片，引导学生从不同角度观察同一个空间几何体。 引导学生分别观察这三组图片，说出每组中三张图片之间的关系，并指出为什么会产生这种结果？ 提问： (1)选择这些视图可以比较准确全面地表达几何体吗？ (2)你们生活中见过三视图吗？ 活动中关注： 学生是否理解将立体图形分解成平面图形来表达的意义	引入生活情境，激发学生的学习欲望，自然引入新课，同时与其他学科相联系，拓宽学生思维，发展他们联想、类比能力
探究协作 形成概念	探究1 对长方体的六个面进行正投影，并思考为什么选择用三视图来表达几何体的形状及尺寸。 总结： 从前向后正投影在正面内得到主视图。从左向右正投影在侧面内得到左视图。从上向下正投影在水平面内得到俯视图。	提问： (1)我们对长方体的六个不同方向进行正投影，可以分别得到什么样的视图？ (2)这些视图分别反映了几何体的哪些尺寸？ (3)只要观察哪些视图就可以比较全面地表达这个长方体的形状、大小？ 活动中关注： (1)学生是否理解用投影定义视图。 (2)学生是否理解用三种视图表示立体图形的道理	引出三视图的概念，并理解用三视图来表达几何体形状、大小的意义。 在定义三维投影面时，让学生举出教室里的三维投影面，如墙角。帮助学生理解互相垂直的三维投影面
探究协作 深化概念	探究2 (1)思考三视图的画法。 (2)课件演示：对几何体进行正投影得到三视图。"百度视频"。 (3)将水平面、侧面、正面展开到同一平面，观察得到三种视图的位置关系。 (4)同桌讨论得到三种视图大小上的规律。 得出三视图之间的投影规律： 主、俯视图——长对正； 主、左视图——高平齐； 俯、左视图——宽相等。	提问： (1)如何绘制一个几何体的三视图？(观察从不同方向正视几何体，观察几何体的三视图)。 (2)除了观察，将这三种视图画在同一平面，它们的位置和大小尺寸有什么关系吗？ (3)现在将空间中的三种视图展开到同一平面，你还能确定它们各自的名称吗？ (4)除了位置上的关系，在大小尺寸上，三种视图彼此之间又存在什么关系呢？ (5)对于其他几何体，如何表示它的长、宽、高？ 活动中关注： (1)学生是否理解展开后的三视图位置的特殊要求？ (2)学生是否探究发现展开后三种视图对几何体长、宽、高的对应关系？ (3)学生是否明确几何体长、宽、高的概念？ (4)学生是否充分展开探究	讨论交流有助于学生发现三种视图的大小对应关系；有助于学生更加深刻地理解三视图的大小对应关系。 在讲述三视图的定义时要注意把握正投影这个要点，动画演示。 通过学生自己思考操作来寻求三视图中的量的关系，真正实践发现学习理念。 介绍三视图在生活中的应用，激发学生的学习兴趣为之后的教学做好铺垫

续表

教学环节	问题与情景	师生活动	设计意图
观察思考 识别特征	教材的例1和例2 思考：由三视图到空间几何体，例2为例子。根据三视图说出原空间几何体的结构特征。 方式：同桌讨论，教师讲评。 思考：通过三视图判断原物体的结构，是否可以只看一个或两个视图就可以判断出来？ 方式：学生讨论。 变式1为通过增加小立方体来探究三视图的变化。通过学生的独立思考，课件演示能克服思维难度。 变式2为通过给出三视图中的两个来探讨所有有可能出现的几何体（用小立方块垒成）。从而得到，空间几何体形状的改变会在三视图中的某个视图上体现，但不一定每个视图都改变；三视图是个整体；三视图是几何体的平面表示	注意：三视图用粗线画出，辅助线用细线 初学时，标注长对正，高平齐，宽相等，可以加深印象。 学生交流合作探究的方式，探究教材的例题，请各组代表上黑板，教师巡视，对学生中存在的问题一一纠正，共性问题板书集体说明，加深印象。 老师适时启发引导	引导学生利用类比的方法观察空间几何体三视图的变化，并且动手画空间组合体的三视图。目的是巩固同时加深对三视图的理解。 从三视图到空间几何体，难度较大，一个熟悉的几何体入手比较适合，引入之后利用一些小变化加大思维力度。并且用两个工厂图纸来让学生练习，让学生感觉到数学的实用性
总结概括 拓展提升	小结升华： (1) 小结知识并指出重点。 (2) 课件展示辛勤工作的设计师及各种零件的三视图，总结升华。 布置作业： 层次1：教材练习 A，第3～4题，练习B，第2题。 层次2：课后利用"百度搜索"观察日常生活中物体的三视图	提问： (1) 这一节课你收获到了什么？ (2) 我们今天学习的内容和以前"从不同方向看"有哪些不同？ (3) 画一个几何体的三视图的一般步骤？ 引导学生总结： 本节课学习使我们不但知道三视图的形状，还明确了三种视图之间的位置	回顾本节课，归纳总结，加深理解，巩固学习成果。 层次1的目的是强化巩固本节内容。 层次2的目的是激发学生学习的兴趣，提高数学文化品位

案例分析与教学建议。

(1) 案例分析。

本节课的主要任务是引导学生完成由立体图形到三视图，再由三视图想象立体图形的复杂过程。直观感知操作确认是新课程几何课堂的一个突出特点，采用直观感受、启导发现、交流合作探究的学习方式，教师通过创设学习情景、平等融洽的人际环境，激发学生的学习积极性。这样在课堂教学过程中通过师生互动、学生互动，让课堂充满了活力，新课改理念得到了落实。本节课依据课程标准，挖掘了教学中的科学探究内涵，充分利用信息技术的平台让学生感受、理解知识的产生和发展过程，掌握科学探究的基本方法。既包含了科学家持之以恒的宝贵品质，又反映了科学家在研究过程中的创造性思维过程。在潜移默化中，培养了学生的探究精神和创新的思维品质。

由视图到立体图形是本节课的难点,需要学生根据视图进行想象,在大脑中构建一个立体形象。引导学生利用直观形象与生活中的实物进行联系,通过归纳、总结、类比的方法,有效地突破这一难点。当然对于教学来说,没有任何单一的策略能够适应所有的情况,而有效的教学必须要有可供选择的各种策略因素来达到不同的教学目标。只有掌握了较多的不同的策略,才能根据实际情况制定出良好的教学方案。本节课可能会出现学生表现出浓厚的学习兴趣,积极参与讨论和探究,但教学时间不易控制。

(2) 教学建议。

课程标准指出"注重信息技术与数学课程的整合",要求"高中数学课程应提倡利用信息技术来呈现以往教学中难以呈现的课程内容"。本节课遵循此理念,借助多媒体计算机进行教学,充分发挥信息技术的优势,将文本、图形、视频等多种媒体集于一身进行信息加工处理,呈现方式丰富,改善了认知环境。

新课程改革倡导合作探究性学习,培养学生的创新精神和实践能力的教育理念,更加贴近素质教育,更加人性化、信息化、多元化。根据这一理念,本节是以实际问题的出现通过自主探究的方式掌握数学知识,通过交流合作的模式发展数学能力,利用理论是为实践服务的宗旨解决实际问题,最后升华为培养数学精神的理念。"学起于思,思源于疑"。学生有了疑问才会去进一步思考问题,才会有所发展、有所创造。

8.3 信息技术与英语课程整合

8.3.1 信息技术与英语课程整合概述

1. 信息技术与英语课程整合的内涵

《全日制义务教育英语课程标准(实验稿)》明确指出:"教师要充分利用现代信息技术,开发英语教学资源,拓宽学生学习渠道,改进学生学习方式,提高教学效果,要利用计算机和多媒体教学软件,探索新的教学模式,促进学生的个性化学习。"现代先进信息技术与英语学科的整合应以现代教育理论为指导,以建构主义理论为依据,以改变课堂教学行为为切入点,构建师生互动、学生互动、人机互动的教学体系。以学生的兴趣作为开展课堂教学的出发点和切入点,创设学生感兴趣的教学环境,充分调动学生在学习过程中的主体作用,激发学生的内驱力去钻研,利用丰富的网络资源拓展课内知识至课外知识。充分发挥人机互助的作用,使学生成为知识意义的主动建构者,教材所提供的知识,是学生主动建构意义的对象;媒体是用来创设情境、进行协作学习和会话交流的工具,即作为学生主动学习、协作式探索的认知工具。

信息技术与课程整合通常以各种各样的主题任务驱动教学,如果我们有意识地开展信息技术与现在流行的英语学科"任务型"教学相联系的横向综合教学,将会更好地将信息技术和英语课程进行整合,达到理想的效果。这里的"整合"是指将信息技术作为一种工具、媒介和方法,巧妙地应用和融合到教学的各个层面中,师生以一种自然的方式对待信息技术,把它作为获取信息、探索问题、协作解决问题的认知工具,教师把计算机技术融入到各学科教学中,如使用黑板、粉笔,纸和笔一样流畅,学生使用计算机获取、处理信息就像使用电话、铅笔、橡皮那样自然。"无"是最高的境界。我们所追求的"整合",就是对技术从陌生到熟悉直至忘记的境界。当你的研究和注意力忘记了技术的时候,也就是"整合"到"无"的高度了。从技术走向忘记技术、关注教学的境界,这才是真正的信息技术与课程的整合。

2. 信息技术与英语课程整合的基本要求

1) 利用整合的优势,创设语言情境

现代信息技术辅助教学,很容易做到图、文、声并茂,具体场景的创设能激发学生的学习兴趣,使他们由厌学、苦学变为喜学、乐学,加速认知活动,提高学习效率。如在设计 The Olympic games 课时,课前播放奥运会宣传片,丰富多彩的画面、悦耳动听的音乐,增强了教学的吸引力,让学生保持浓厚的学习兴趣。后面环节中为宣传片配英文解说的活动,更可以让学生跃跃欲试,兴奋不已,从而真正实现"视听说"结合,达到英语学习的最佳效果。同时采用录音机录制学生的有声语言,让学生一起与原声朗读带进行对比,从中提高朗读水平和辨音能力。

2) 利用整合的优势,扩大教学容量

运用多媒体进行教学,教师在课前将所需板书、板画、作业等内容制成课件,在教学中展示出来,节省了课堂板书的时间,能在四十分钟内呈现更多的知识,开阔学生的视野,扩大课堂信息容量,充实教材内容,发挥学生的主体作用。众所周知,因特网是世界上最大的知识库、资源库,它拥有最丰富的信息资源,而且这些知识库和资源库都是按照符合人类联想思维特点的超文本结构组织起来的,因而特别适合于学生进行"自主发现、自主探索"式学习,这样就为学生批判性思维、创造性思维的发展和创新能力的孕育提供了肥沃的土壤。在设计《The Olympic games》时,教师提供各奥运网站供学生浏览查阅,而学生在寻求问题答案的过程中,又会发现新问题,从而再解决问题,这便形成了一个链式的研究型学习,激发学生的再探究精神,将学生的思维引导到一个更加广泛的领域。

3) 利用多媒体技术培养学生的协作精神。

英语教学本身就存在许多形式的"Team work(团体协作)",如在进行模拟交际时(辩论、讨论、角色扮演等活动),需要与同伴分配角色共同完成,获取信息时要合作,小组中可以有明确的分工和目标;在用计算机展示学习成果时,更需要小组成员间的密切合作,在这样的小组活动中,使每个学生的团结协作意识不断增强,提高了学生的综合素质,为将来的学习、工作打下了良好的基础。学生可以借助 Net Meeting、Internet Phone、ICQ、E-mail、Chatting Room、BBS 等网络通信工具,实现相互之间的交流分工,合作设计一份计算机手抄报,主题是 Olympic。在丰富的网络资源的面前,发挥网络资源共享的优势;有的负责收集文字材料;有的负责收集图片材料;有的负责版面设计;有的负责色彩搭配。这样,使得人人各有工作,人人积极主动地参与教学过程,做到各司其职、各尽其责,并发挥集体智慧开展合作学习,优势互补,提高各层次学生的学习参与度和学习效果,给学生提供了开展协作学习的机会,激发学生的创造意识。然后进行比赛,全班展览,共同分享成功的快乐。

4) 利用多媒体立体交互功能,给每一个学生成功的体验

多媒体计算机具有强大的交互性,教师可根据不同的教学目的和内容设计出引人入胜的教学环节,利用多媒体把课本的"平面"课堂设计成为学生思维而多变的"立体"课堂。这样的教学方式能提高学生的创造性思维能力,使他们多角度、多层面地思考问题,并体现课堂的立体交互功能。在网络教学课件中的"习题库"中的题目有多种分类,学生可按照自己的掌握情况有选择的回答,大大降低了英语交际的门槛。同时,画面上出现的瞬间动感片段,对学生的回答给予及时的肯定和表扬,使他们收到意外的"礼物",品尝成功的喜悦。有

了这份开口的信心,学生就有勇气点击更高的"挑战",从而避免不分对象的"一刀切"弊端,又可把因材施教提高到可操作水平。其结果是学生们"质疑解惑各自发展",每个层次的学生都获得了对自己来说较优的发展。

5) 利用网络资源,促进英语学习

英语整合课网页大部分是英语。这样学生无论是在学习过程中还是在资料搜索中,一直接触英语的环境,这不仅锻炼了他们的阅读,更是锻炼了他们的英文思维方式。英文习作是英语教学的其中一环,运用信息技术与英语教学整合的探究性教学模式来开展英文习作探究,主要是利用网络信息进行语法词章的判析。譬如,学生的习作中如果出现单词错误或者语法拼写错误,电脑都会在出错的方位呈现红色的下划曲线。只有更改了错误,红色的下划曲线才会消失。这有助于澄清学生的模糊认知,规范英语习语,从而锻炼了写作能力。同时有些英语音像也有助于锻炼他们的听力和口语。这种无时不在的英语氛围能弥补日常英语环境的不足,也是学习英语的极好途径。国际互联网上的英语学习资料,打破了英语学习的封闭状态,极大地拓宽了学生的视野,将学生的思维引导到一个更加广阔的领域。

8.3.2 信息技术与英语课程整合案例

The Olympic games 教学设计案例

1. 教学目标分析(Analysis of teaching goals)

(1) 语言知识目标(language knowledge)。

词汇(vocabulary)。理解、内化、运用以下词汇:athlete continents compete medal…

扩展词汇(add vocabulary)。IOC logo BOBICO2008 mascot podium

句型(sentence patterns)。What's your opinion about? In my point of view

语法(grammar)。宾语从句。

功能(function)。学习掌握一些用于表达态度和感情及发表意见和评论的句式:Why do you think so? Good idea!

(2) 语言技能目标(language skills)。

听(listen)。

a. 在关于奥运的对话和语段中识别新词汇、短语等并正确理解其意义。

b. 正确理解对话内容,能抓住所听语段中的关键词,正确理解话语间的逻辑关系,并推断出不同说话者的观点、态度。

说(speak)。

a. 能说出自己对奥运的看法,也能询问他人对奥运的见解。

b. 能恰当使用"I think"、"in my opinion"等发表意见,进行讨论。通过课文学习和情景模拟提高英语口语交际能力。

读(read)。

a. 能在阅读中通过使用不同的阅读策略获取主要信息,理解课文的内容和细节。

b. 能通过不同渠道,如报刊、音像、网络等阅读和理解来自其他资源的相关文章,进而了解更多奥运会的情况,培养自主学习的能力和利用互联网探求新知的能力。

写(write)。

a. 能通过网络 BBS 论坛发表关于奥运看法的文章。

b. 能以 E-mail 的形式向外国人或亲友介绍你所知道的奥运。

表达与展示(express and display)。

以辩论、演讲、调查报告、板报 PPT、网页等形式展示学习成果,培养创新意识、竞争意识等。

(3) 学习策略目标(learning strategy)。

a. 认知策略。通过训练,培养准确获取信息的能力,用现有知识和经历对材料进行理解、分析及综合加工。

b. 交际策略。在课内外活动中积极围绕话题与同学交流,学习运用恰当词语使对话继续,运用恰当语调表达不同语气和情感的交际策略。

c. 调控策略。合理分配注意力及学习时间,从同伴处获得反馈,评估学习效果并主动调整学习方法及重点。根据问题或任务的不同,培养各种能力,加强对思维方向的自觉控制。

d. 资源策略。通过老师与同学等人力资源及图书馆、报刊、杂志、网络等非人力资源查找相关资料。学习有效使用词典、电子词典及金山快译、金山词霸等工具学习英语。

(4) 情感态度目标(Affect and attitude)。

a. 结合所学内容培养学生了解奥运、深入奥运、热爱奥运的意识和精神。

b. 结合北京获得 2008 年夏季奥运会主办权及北京为迎接奥运所做的准备工作,使学生体会到中国的快速发展,增强自信和爱国意识。

c. 激发参与意识、合作意识和竞争意识,让学生充分感受现代教学方式的变革,促使其学习方式的革新和优化。

(5) 文化意识目标(cultural consciousness)。

a. 交谈技巧了解英语交际中如何根据对方的话语作出恰当的反应。

b. 中外对比能以各种方式向外国人介绍北京奥运,形成开放的文化态度,培养国际视野和祖国意识。

2. 教学对象分析(Analysis of learners)

高中生思维活跃,关心时事,有旺盛的求知欲,较强的学习自觉性及自学能力。敢于提出不同见解,对老师的期望值也大大提高,希望获得更多的学习策略和技巧。高中学生储备了一定的词汇和英语知识,具有初步的英语听说读写能力,能较好地展开话题讨论,各抒己见。同时,也基本具备一定的计算机操作知识,具备网上搜索和查阅知识的能力及制作简单 PPT 课件的基本能力,这为课程进展及完成课后作业提供了技术保障。

3. 重点、难点分析(Analysis of main points and difficulties)

重点(Main points):掌握并熟练运用新词汇及句型于日常会话及书面表达中。

难点(Difficult points):正确使用形容词描述物品品质,并能发表自己的建议和看法。

4. 教学媒体的设计(Design of teaching medium)

教材相配套的自制 CAI 教学课件、录音机、录像机、多媒体教室和卡片等。

利用多媒体技术激发学生的学习兴趣,创设有利于激发和支持学生想象的情境。在英语课堂教学中,适时、合理地运用计算机辅助教学,可以优化教学过程。多媒体课件设置了较多的与课堂教学内容关系密切的视频、动画、图片,给学生以乐趣,更给学生以启迪,为学生创设了自主学习情境,提高了教学效率,也提高了学生的创新能力。教学不局限于教师使用信息技术,还鼓励学生运用计算机辅助学习,通过亲自动手操练来达到巩固学习的目的。

5. 教学策略的设计(Design of teaching strategies and methods)

英语课程要创造一种适合所有学生的教育,而不是面向适合英语教育的学生。它所谋求的不仅是学生综合运用英语的能力,还要使学生通过英语学习在情感、素养和学习能力等方面得到发展。因此,这节英语课教学以学生为主体,以训练为主线,以能力的培养为宗旨。学生是学习活动的主人,教师是学习活动的组织者和引导者。教师要努力创设多种多样的方式和机会让学生通过自主、合作、探究等学习方式进行学习,注重教与学的互动和学生之间的互动。在教学过程中,教师要随时给予激励性评价(包括师生之间、学生之间和自我评价的方式)。要尊重学生的兴趣和独特的感受,将集体学习与小组学习结合起来。教学方法主要是采用听说法、任务驱动法、交际法和角色扮演、全身动作反应法等;学习方法主要采用自学、协作、讨论、辩论、采访、表演等方式。学生在教师的指导下,通过感知、实践、参与和合作等学习方法完成任务,感受成功。

6. 教学过程的设计(Design of teaching procedure)

按照上面的教学思路,根据现代英语教学理论,体现学生主体,关注个性差异,让每个学生在自己原有的水平上都有进步,形成适合自己的学习策略。开发个性潜能,使每个学生在英语学习中都能发现自己个性才能发挥的领域和成功点。倡导建构式的学习,努力运用学生主动参与、感知体验、探究发现、交流合作的学习方式,充分利用信息技术手段,实现信息技术与英语课程的有效整合,让学生在语言实际运用中感受成功的喜悦,调整学习英语的情感和策略,熟练语言技能,发展语言能力,使课堂真正形成"乐说"、"会说"、"能交际"的氛围。具体教学阶段和教学活动如下。

教学阶段	教学活动
创设情境 激趣导入	"施之以教,贵在引导。"在与学生相互用英语问好,进行简单的英语交流后,教师单击自制的WELCOME 页面,播送悉尼奥运会中我国运动员刘翔、女排等夺冠场面,配以激昂的奥运歌曲,屏幕飞出奥运,跳出福娃,展示奥运格言:"faster,higher,stronger"及 2008 中国奥运的口号"One world,One dream"从而引出主题,形成强烈的视听共鸣,激发学生强烈的民族自豪感和求知欲。接着展示奥运会的各种项目,激活学生有关体育知识,激发了解奥运的强烈兴趣,当情与景交融之时,自然引入新课 The Olympic Games
主动探索 掌握新知	(1) 自主学习 在新课导入后,让学生浏览学习目标中的学习任务,基于新课标教学理念,让学生带着任务,在教师的启发引导下,进行自主探究学习。要求学生回答以下问题: A. in which year were the first modern Olympic games held? B. how often are the Olympic games held? C. what is the motto of the Olympic game? D. what do the five rings on the Olympic flag represent? E. when and where will the next summer Olympic games be held? 学生带着问题在教师提供的相关网站上搜索与问题相关的信息,学生将搜索到的信息先复制存档,然后发送到电子留言板上,作为学生的学习反馈。由于以问题为任务,构筑了信息沟,学生要在文章中找到答案,势必要读懂课文及相关文章,为此,学生首先进入课件的"专题知识库"模块,浏览"背景知识"、"相关词汇"、"学习目标和内容"、"学法指导"等相关信息。自学完相关词汇及句型后,教师再点拨矫正,学生随即进入习题库,巩固所学新知识 (2) 协作学习,交互讨论,提炼解答 学生通过"电子举手"回答问题,学生在 BBS 上对所设问题及答案进行讨论或做 pair work 同伴会话讨论方式,或对其他疑难杂症进行网上求助。教师评析,辅助学生共同提炼答案,进行师生互动。学生可两人一组自编新句型,加深对单词及句型的理解与记忆。在这种情境练习中,教师给了学生实践的空间,使学生的知识不断巩固,技能逐步形成,同时突出了语言的交际特点,培养了学生运用语言的能力及创新品质

教学阶段	教学活动
合作交流 语言交际	英语教学不仅是掌握一定的英语知识,更主要的是要把知识灵活运用到具体的语言环境中,培养一定的综合语言应用能力。为此,新课后为学生安排了几组不同类型的练习活动。 (1) 趣味操练(小小配音员)。为媒体库中,中国申奥片的视频资料(关闭声音喇叭)配英文解说,将每位同学的配音录制下来,再播放对比,全班评论。 (2) 角色扮演(小小记者)。师生合作或生生合作,一人扮记者,一人扮奥组委权威人士,双方用英语交流奥运会情况,几个小组同时进行交际训练,使更多学生有机会在有限的时间内进行口语交际,使学习成为教师指导下的自主的富有个性的过程。 (3) 辩论: a. Which animal do you like to choose as the mascot for 2008 Beijing Olympic games? b. What are the good effects and bad effects of hosting the Olympic games? c. What can I do for 2008 Beijing Olympic games? 提供三个话题,学生可根据兴趣,自由选择一组话题进行辩论或讨论,形成开放式的学习环境,体现个性化的学习,同时激发了学生的参与意识和创新思维,真正做到以学生为中心,因材施教,因人施教。 在口语训练前创设真实的语言情景,使学生进入愉快的学习状态,激起学生说的兴奋点,诱发"说"的欲望。学生通过看和听规范的英语进行模仿说话,然后分组、分角色操练巩固,再将学生的表演进行录音和录像,在班内播放、点评。学生看到自己的录像,听到自己的声音,积极性特别高,主动纠正自己和他人发音中的错误。可见运用现代信息技术进行英语口语训练,使学生在一种积极主动的良好心态下轻松学习,思维活跃,积极参与训练,注意力持久稳定,训练效果好,能有效地提高听力能力和口头交际能力
课后练习 课堂延伸	布置在线练习(含即时评价解析系统);提供相关奥运网址链接;把英语练习布置在校园网上,形式有看图写话、写日记、写贺卡、改写课文、续写课文等。学生先把第一稿发送给教师,教师浏览批阅后发还给学生,学生再根据教师所提供的意见进行修改,经过几次反复交流,最后定稿,对优秀作业可以打印成稿,供大家交流学习。 在这种网络学习环境中学生可按照自己的学习基础、兴趣来选择先学什么内容,和选择适合自己水平的练习。学生在校园网 BBS 上留言,把问题放到网上,或解答别人的问题,当他为别人成功地解答好一个问题的时候,心里就会充满欢乐和成就感。同时教师在参与、指导的过程中与学生的心理得到了沟通,和谐了教学氛围,为学生的自主发展提供了广阔的空间,学生的英语学习兴趣得到激发,创新能力和处理信息的能力也得到了培养
布置任务 成果展示	选择一:将你从各种途径获得的奥运知识以专题形式,通过各种方式(演讲、表演、板报、PPT、网页等)展示出来,并用英语介绍设计成果。 选择二:模仿开心词典的形式,用英语设计一些关于奥运会的问题,组织一场知识竞赛。 选择三:通过 E-mail、QQ、Blog、免费网络电话等现代信息技术手段向他人包括外国友人用英文介绍北京奥运会

案例分析与教学建议。

(1) 案例分析。

信息技术与教学的整合可以使教师更好地实现因材施教,并照顾到每一个学生。该案例的二、三环节中很好地体现了这一点。教师将网络作为学生获取资源、自主探究和意义建构的工具,采用"以学为主"的设计模式,通过因特网丰富的信息资源,培养学生的综合语言应用能力。通过组织学生对有关问题的讨论,加深学生对事物的认识和理解,同时也培养了学生的语言表达能力和阅读能力。该案例中,安排了多种多样的学生活动,其中有个人、两人、小组和全班性的,有教师指导性的,也有需学生独立或合作完成的。每项活动均有明确的目标与要求,并能够安排在一定的语境和情景中进行,突出了培养学生用英语做事情和用英语进行交流的能力,体现了交际语言教学的思想。学生分角色表演对话的活动能让学生在真实而有意义的语境中运用所学的语言,这对学生在今后的学习、生活中,在类似的环境中恰当地运用英语进行交际有很大的帮助。在作业协同化的过程中,相互尊重、相互鼓励的互动情境的创设对促进学生的认知和人格的健康发展都是非常有利的。教师通过多媒体技术,为学生创设各种语言学习环境,提供了丰富的教学资源,拓宽了学生的学习渠道和学习方式。学生显得乐学、善学,提高了自主探究的兴趣,在感悟语言的基础上积极地开展英语思维活动,使学生"乐说"、"会说"、"能交际",感到学英语"It's fun. It's easy!"

评价一节课成功与否,主要应看学生在活动中的参与程度(外显的语言行为和内部语言思维过程),学生言语交际的有效性,以及学生在学习中表现出的情感、合作精神和学习与交际策略等方面的发展情况。在本次课上,学生能够积极参与讨论且活动量大,并有自由发挥的空间,教学效果良好。

有了信息技术的支持,巩固练习就能寓教于乐,提高学生的兴趣;有了信息技术的支持,教学中就可以做到因人而异,让学生根据自身情况自主选择,真正体现"以人为本"的课程理念。信息技术这一现代化教学手段,在优化教学结构、激发兴趣、激活课堂,调动学生多个感官等方面有其得天独厚的优势。再加上教师精心的教学设计和教学指导,更有利于让所有学生参与学习,让所有学生有学习兴趣,让所有学生学有所获,更能体现课改的精神。

(2)教学建议。

其一,既然是自主探究,应允许学生进入教师提供之外的其他网站进行学习。当然教师要加强监控,引导学生进行学习,并提供适当的帮助和指导,以免学生在网上"迷路"或浏览与教学无关的网页,同时还要对学生学习中碰到的问题做个别辅导。

其二,要充分发挥教师的主导作用,把学习的过程交给学生,教师应当做些什么?在不同的课型中,教师的组织者、指导者、促进者的角色又该怎样体现?这些问题如果处理不好,就会出现撒手不管或包办代替的现象,整合课便变成了自学课或传授课。

其三,网络内容的丰富性和娱乐性,往往吸引广大青少年学生钻进网吧打"持久战",这种长时间的屏幕注视造成的视觉损伤危害极大。而且,长时间使用计算机会造成学生心理烦躁不安、孤僻易怒等人格缺陷。因此要控制学生独自上网时间。随着网络全球化,生活水平、文化意识反差的价值观念会震颤正在成长中的青少年的心灵,导致国家、民族意识淡漠的思想倾向,因此需定期进行爱国、爱集体的思想教育。

其四,要考虑教师和学生信息技术的能力。整合课是以一定的信息技术水平为基础的,课程的需求要与师生的水平符合。由于计算机网络通用语言是英语,为了使行文力求言简意赅,经常使用以音代词、以符号代词、单词缩写、标点省略或不规范等现象,在英语聊天室中表现的尤为突出。例如,"88"表示"Bye-bye","IC"表示"I see"。这对巩固英语基础知识不利,从而影响教师的教育效果。

其五,在各种信息技术与课程的整合中,有人十分强调上网,而忽视了让学生在实际环境中进行学习,解决问题。有人批判这种现象是在学生与环境中设置了一道网络屏障。语言学习的最终目的是能交流,因此,英语就不可能脱离现实交流的"说"而完全融入网络中,通过打字进行间接交流。"说"是个长期锻炼的过程,应以"适时、适度、适当"为原则,找准信息技术与教学内容的切入点。

信息技术有其独特的教学功能,但也有其缺陷,在选择和应用中一定要用其长,克其短,才能产生良好的教学效果。

8.4 信息技术与物理课程整合

8.4.1 信息技术与物理课程整合概述

1. 信息技术与物理课程整合的内涵

信息技术是现代教育技术的重要代表,具有信息高密度、传递高速度、交互高强度、反馈高效率的特点。它集视听技术、计算机技术、多媒体技术和网络技术于一身。而物理科学研究的是自然界最基本的运动规律,它的课程教学强调的是对学生的实验技能和科学素养等方面的培养。而信息技术与物理课程相整合,就是在物理教学中广泛应用信息技术手段,并把现代信息技术作为学生学习的认知工具和教师变革教学方法、变革教学手段的工具。这种整合为物理教学提供了辅助教学资源,创设丰富了教学环境,使得信息技术与课程内容、课程结构、课程资源等有机地整合在一起,成为一个互动的课程整体。

信息技术与物理课程整合,是物理教学信息化的必由之路。它们之间的整合,绝非是简单的相加,而是如何以课程为出发点,让信息技术服务于课程,让两者有机地结合起来,以达到最优化整合。

2. 信息技术与物理课程整合的基本要求

1) 直观展现抽象的物理知识

物理课程中涉及较多抽象的概念,如分子动理论的相关知识、电流的形成、平抛运动等。常规的教学中运用挂图、幻灯片、模型等静态教具,缺乏准确的感性效果。而信息技术不仅可用图形、图像、动画、声音和色彩等方式向学生提供丰富的感性材料,还可以用二维或三维的图像、动画进行模拟,从而把文字材料获得的抽象概念具体化、把难以想象的微观世界宏观化、把难以演示的实验形象化。例如讲分子运动理论知识中的扩散现象,通过学生观察红棕色二氧化氮气体和空气的扩散,再观察信息技术模拟的分子运动,彼此进入对方来直观展现抽象的知识,充分地让学生能理解和认识扩散现象;同样的讲本节知识中"物质由分子组成"、"分子间有间隙"等都可以用同样手段模拟,把微观的变为宏观,让学生有更具体的认识。再如:在平抛运动教学中,由于实验中的小球在空中运动太快,学生对此看得不太清楚,教师通过先做实验,学生观察,再看计算机模拟实验过程中小球运动的轨迹图像,借此演示平抛小球在竖直方向的自由落体运动,在水平方向的匀速直线运动,学生在知识理解上就显得轻松容易了。

2) 呈现多种媒体的教学信息

教师利用多媒体软件中的超链接功能,灵活便利地呈现各种形式的教学信息,为课堂教学提供了很好的工具。例如,利用 PowerPoint 演示文稿软件,可以将板书内容、物理例题及相应解题过程、必要的物理板图等制作成电子教案,把讲课用的视频资料、例题、条件分析、解题步骤、板图等存储成不同的画面或单元,再用超链接的方法链接到需要的部分。当教师讲到相关部分时,用鼠标点出,就可以方便地调出需要的内容了。信息技术的引入,特别是习题教学和实验专题的复习课教学，将更体现出"省时、高效"和课堂的"大容量"。

3）展示学生难以见到的生活中的物理情景

物理课中的很多内容很难通过语言讲解而表达清楚，也由于客观条件所限制，一些生活中的物理情景、科学技术运用于实际的场景学生很难见到，更不可能都身临其境。运用信息技术就可以为学生展示这些物理情景，从而激发学生的学习兴趣和探究知识的欲望。如宇宙的演化、闪电、光及物质间的相互作用、飞机的空中加油、飞机投掷炸弹、船闸原理、"神六"的发射等。都可以通过视频、声音等多媒体资料显示，让学生有了身临其境的感觉。

4）为学生提供仿真实验室和营造理想化状态下的实验环境

学生通过动手实验，培养了他们的动手、探究和创新能力。但针对有的物理实验会在空间、时间和器材等方面受到这样或那样的限制。利用信息技术的仿真物理实验室就能解决上述所有问题，用仿真物理实验来探究物理实验，与我们在物理实验室使用真实器材做实验完全一样，可以按照自己的意愿设计实验，进行数据读取、记录、分析，得出实验结果等。例如《仿真物理实验室——电学》是一个全开放性的电学实验仿真平台，与常规的物理教学软件大不相同。学生和教师都可以针对自己的要求亲自动手创建出自己所能想象的所有电子实验，比如自由的连接串联和并联电路、测路端电压、惠斯通电桥精确测量电阻等，让学生有了更自主的动手和体验空间。

5）利用网络资源帮助学生进行探究性学习

教师将相关的教学内容、教学资料、学生需要的相关学习资料或优秀网站链接放在个人主页上，引导学生融进网络，借助信息技术传递信息快、灵活等特点，实现教学内容的实时、超时空开放，加上网络资源信息量大、知识面广、内容更新快，让学生上网自主学习、自主探究。

物理课程是实验性的教学学科，将信息技术应用于其中，一定要以培养学生的科学思维、探究能力、操作技能等为最终目的，不能因为强调信息技术的应用而放松常规的实验教学活动。只有将信息技术的运用与学生的实践活动有机的整合起来，才能在物理课程教学中发挥学生的主动性，提高教学质量和效率。

8.4.2 信息技术与物理课程整合案例

《牛顿第二定律》教学设计案例
湖北黄石市第三中学 赵虎 程冬梅

1. 教学目标分析

（1）知识与技能。

a. 掌握牛顿第二定律的文字内容和数学公式；

b. 理解公式中各物理量的意义及相互关系；

c. 知道在国际单位制中力的单位"牛顿"是怎样定义的。

（2）过程与方法。

a. 能以实验为基础，通过观察、测量、归纳等方法得到物体的加速度、质量及所受外力的关系，进而总结出牛顿第二定律；

b. 提高实验能力、概括能力和分析推理能力。

（3）情感、态度与价值观。

a. 通过学生之间的讨论、交流与协作探究，培养团队合作精神；

b. 在探究过程中体验解决问题的成功喜悦,增进学习物理的情感;

c. 利用信息技术和物理教学过程的整合,掌握运用计算机技术探索物理规律的方法。

2. 教学对象分析

在学习这一内容之前,所教的学生已经掌握了力、质量、加速度、惯性等概念;知道质量是惯性的量度,力是改变物体运动状态的原因;会分析物体的受力。学生已具备一定的实验操作技能,会用气垫导轨与光电测时系统或打点计时器研究匀变速直线运动;具备一定的计算机操作能力,会应用CAI课件处理实验数据。学生对物理学的研究方法已有一定的了解,在自主学习、合作探究等方面的能力有了一定提高。

在非智力因素方面,学生学习积极主动,对学习物理有较浓厚兴趣;有较强的好奇心和求知欲,乐于探究自然界的奥秘;敢于坚持正确观点,勇于修正错误;喜欢和同龄人一起学习,有将自己的见解与他人交流的愿望,具有团队精神。

3. 教学内容分析

牛顿第二定律是在实验基础上建立起来的重要规律,它是动力学的核心规律,也是学习其他动力学规律的基础。本节内容隶属高中物理新教材第三章第三节,《普通高中物理课程标准》要求学生"通过实验,探究加速度与物体质量、物体受力的关系,理解牛顿第二定律"。强调让学生通过演示实验知道加速度和力、加速度和质量之间的关系,理解牛顿第二定律的内容,经历实验探究过程。

4. 重点、难点分析

教学重点是通过实验探究加速度与物体质量、物体受力的关系的过程,理解牛顿第二定律。

教学难点是分析实验数据得出加速度与力、质量的关系式。

5. 教学媒体的设计

教材、物理实验室、网络多媒体教室、多媒体课件、牛顿第二定律数据分析软件、学生分组实验器材和设备等。

利用分组实验设备,使每个学生都能参与到实验研究中。利用网络设备,使每个学生都能使用计算机处理实验数据并通过网络进行交流和评价。

6. 教学策略的设计

其一,这次教学活动将分成两个课时完成,第一课时在物理实验室中进行,让学生明确实验任务,通过分组实验,让学生获取相关实验数据。第二课时在网络教室进行,学生将通过网络下载教师编制的实验处理软件,利用计算机对原始数据进行处理,并由计算机生成a-F图和a-M、a-1/M图,保存后上传到交流区,通过投影仪进行评价,最终得出结论。

其二,通过纸带研究加速度与力、加速度与质量间的规律是这节内容的教学重点,然而也是难点。大量的实验数据要进行计算和处理,而简单机械的计算会占去学生大量的课堂时间,分散学生的注意力,影响他们对物理问题的思考。为解决这个问题,可以用VB编写程序制作辅助教学的"验证牛顿第二定律数据分析"的软件。通过把读取数据的工作交给学生,把烦琐的数学运算交给软件,使学生从机械而又繁杂的计算中解放出来,学生可以专注于采用什么方法分析数据,得出规律。计算机强大的数据处理能力使学生感到头疼的实验数据处理变得很轻松,他们有了更多思考的时间和精力去关注实验的结果反映了什么样的规律,也从中体会到了科学研究的乐趣。为学生掌握本课重点提供了传统教学方式所不能提供的方便,将信息技术和课程很好地融为了一体,提高了教学效率。

7. 教学过程的设计

教学环节	教学活动
课题引入	提出本节课实验目的,布置探究任务,介绍实验器材及"验证牛顿第二定律数据分析"软件的使用方法,交代注意事项
学生实验	保持小车的质量不变,改变砂的质量并记录,分别做6次实验,得到6条纸带,编组为Ⅰ;保持砂和小桶的质量不变,改变小车上加放的砝码数量并记录,做6次实验,得到6条纸带,编组为Ⅱ
数据处理	学生用毫米刻度尺分别测出第Ⅰ组6条纸带中的 S_1、S_2、S_3、S_4、S_5、S_6,每次测试均将数据输入计算机,同时输入对应的沙和沙桶的总质量 M,单击界面上的"数据处理"按钮,计算机自动算出加速度的数值并保存实验数据。输入6组数据后单击"描点"按钮,进入数据描点界面,单击"a-F坐标",计算机自动生成 a-F 图线,根据图线寻找在质量一定的条件下加速度与外力的关系。 学生用毫米刻度尺分别测出第Ⅱ组6条纸带中的 S_1、S_2、S_3、S_4、S_5、S_6,每次测试均将数据输入计算机,并同时输入对应的小车的质量 M,点击界面上的"数据处理"按钮,计算机自动算出加速度的数值并保存实验数据。输入6组数据后点击"描点"按钮,进入数据描点界面,点击"a-M坐标",计算机自动生成 a-M 图线,根据图线寻找在外力一定的条件下加速度与质量的关系;然后单击"a-1/M坐标"按钮,计算机自动生成 a-1/M 图线,根据图线寻找在外力一定的条件下加速度与质量倒数的关系。根据图线,找出规律,形成结论,保存后上传到指定的存储区
交流评价	提取几组学生的实验结果和相应的图像投影到大屏幕上,让学生自由讨论,对实验成果进行评价,得出初步规律
总结归纳	教师总结归纳加速度与外力的关系、加速度与质量的关系

案例分析与教学建议。

(1) 案例分析。

本节课如果采用传统的教学方法展开,为完成教学任务,教师不得不采用满堂灌的方式,借助各种各样的课件来模拟演示实验,不经过数据处理过程直接得出实验结果,完全排除了学生的主体性,课堂成了教师手忙脚乱地使用各种设备的表演。所谓的信息技术与学科整合实质上成了计算机辅助教学,这种做法显然违背了整合的本意。本节课的设计很好地突出了学生学习的主体地位,而教师只是一个帮助者,通过学生的主动探求,培养并提高了学生分析、归纳、综合的能力,同时也提高了学生应用信息技术的技巧和能力,达到了整合的要求。

(2) 教学建议。

实际上牛顿第二定律不是通过一两次实验就能探究出来的,它是大量事实(包括天体运动)的总结。在展开教学活动之前,教师要能引导学生去想象生活中的相关经历,激发学生对实验探究的兴趣和动机。在实验教学过程中,教师要善于发散学生思维,通过讨论将学生引导到集中探究 a 与 F,a 与 M 的关系的实验上。通过实验得出结论并归纳出牛顿第二定律。在这个环节上,教师切忌采用灌输、叙述的办法来说明 a 与 F 的因果关系、矢量关系和瞬时关系,以及 F 是合力等问题。依据实验中出现的情景,引导学生提出疑问,并着手解决问题,在探索中培养获取知识、运用知识的能力。同时,利用网络设备,使每个学生都能使用计算机处理实验数据并通过网络进行交流和评价,提高探究精神、协作能力和问题解决的能力,这些能力的培养才是终身适用的。

8.5 信息技术与思想政治课程整合

8.5.1 信息技术与思想政治课程整合概述

1. 信息技术与思想政治课程整合的内涵

所谓现代信息技术与思想政治课程整合,就是要把现代各种信息技术手段恰当地融入到思想政治课教学之中,就像我们在课堂教学中使用黑板和粉笔一样自然流畅。

要达到"整合"的目标,教师必须在准确理解现代信息技术内涵、熟练掌握现代信息技术手段、深刻了解教育本质和思想政治课教学根本目的的基础上,充分发挥现代信息技术手段的"辅助"作用,突破教材重点和难点,提高课堂教学效率,并在现代信息技术的支持下改革现有的教学方法、教学内容和教学观念,扩展教学空间,改变单纯依靠教材、黑板的传统教学观念和教学模式,形成一种将传统教材和信息媒体结合、教师主动引导与学生主体探究相结合的教学观念和教学模式。

首先,利用现代信息技术手段进行教学,为思想政治课程教学注入了新鲜血液并带来了生机和活力。通过多媒体教学演示,可以把当前的一些社会现象、新闻报道及实际景物栩栩如生地再现,不受时间、空间等自然、人为因素的限制;同时可以将社会生活中大量鲜活的素材以生动、具体、形象的画面、声音展现在学生面前,能给学生耳目一新的感觉。由于这些生动形象的榜样信息具有很强的说服力和示范作用,可为学生树立起仿效楷模,从而进一步强化思想政治课教学的德育功能。

其次,利用现代信息技术手段进行教学,课堂信息容量增大,可以拓宽学生的视野,激发学生的学习兴趣和动机。通过自主探究、协作交流等方式,对各类时政热点问题和社会现象分析讨论,从而使学生在学习思想政治课基本理论知识的基础上,实现知识的扩展与深化,充分调动学生学习高中思想政治课的积极性,培养学生理论联系实际和自主合作探究学习的能力。

由此可见,信息技术与思想政治课程的整合,既可成功地导入新课,优化教学过程,又可增强学生的学习兴趣,激发学生的求知欲望。多媒体奇特的视角、逼真的效果既可强化学生的感知,极大地渲染教学情境,帮助学生理解和掌握所学的知识,还可促进学生个性发展和创新能力,提高信息素养和德育修养。信息技术与思想政治课程的整合,是信息时代思想政治课教学的内在要求。

2. 信息技术与思想政治课程整合的基本要求

1) 高度重视现代信息技术手段与现代教育观念的整合

有什么样的教学观念,就会有什么样的教学行为。先进的教学手段一旦掌握在教育观念落后的教师手中也会变异。如果教师把信息技术辅助教学只是作为综合资料的一种简单演示,就会容易引起学生的疲劳,分散学生的注意力,最终使学生失去学习的兴趣。

有的教师片面追求某一种"整合"的固定模式,或者将某种模式称为"最优化",这是形而上学思想方法在作怪。"没有最好,只有更好"。这就需要发挥广大思想政治课教师的创新精神,通过教学实践探索"整合"的模式,并进行广泛交流探讨,取长补短,共同提高。

现代信息技术手段与现代教育观念"整合"的目的,是促进学生学会学习、学会思考。在推广现代教学手段的过程中,必须改变教师陈旧的教学观念,不论采用什么样的教学手段,都必须坚持以人为本。在实际操作中,要坚持"一切以学生发展为本"的原则,教师应驾驭信息技术手段,将先进的教学思想、教学经验和教学方法融进信息技术手段之中,从而极大地发挥先进手段的教学优势。只有这样,现代信息技术手段才可能不成为摆设,不沦为实行"旧式"教育的新式武器。

2) 正确认识和准确定位现代信息技术教学手段

信息技术是现代科学技术的骄子,利用现代信息技术手段进行教学能使知识形象化、直观化,具有独到的作用。但它在课堂教学之中只能起到"配角"作用,应用的目的是"辅助"教学。

思想政治课程教学不能也不应把教师放在一边,更不能用现代信息技术代替教师讲课的全过程。然而在实际教学中,有的教师把一堂课的所有环节和内容统统纳入课件中,从而造成多媒体独霸课堂的局面。这样,学生就失去了积极参与和思考问题的时间,其实质仍然是"满堂灌"的升级,即"人灌"发展为"电灌",是背离现代教学理念的,对改进教学没有多大用处,甚至会加重学生的课业负担,扼杀学生的想象力与创造力。因此,过于夸大现代信息技术在课堂教学中的作用,以辅代主,势必会导致人为物役,严重影响课堂教学效果。

3) 不断提升教师的教学科研水平和信息技术能力

信息技术与课程整合的实现,不单在于信息技术硬件软件设备的更新,更在于教师信息技术能力和素养的提升。教师是开展信息技术与课程整合的关键因素。为了保证"整合"的顺利实施,教师应具备基本的信息技术操作能力和信息化条件下教学科研水平。

首先,教师必须真正把计算机当作自己教学的工具,在深刻理解它强大的功能后,进一步从自己学科的角度研究如何使用现代信息技术来帮助自己的教学;要勇于探索和创新,熟练地掌握一定的现代教育技术,制作出较为优秀的思想政治课教学"辅助"课件。在教学课件中增加图片、音频和视频等素材,能更加丰富学生的想象空间,使思想政治课更生动、更直观,更好地激发学生的学习热情,发挥促进教学效果的作用。但必须注意的是,媒体的形式必须和教学的内容紧密结合,为教学服务,以优化教学为目的。

其次,教师必须能熟练掌握和灵活处理教材内容,思维开阔而且灵活,这样才能设计好信息化条件下的教学程序,为上好思想政治课打下基础;必须具备扎实的教学基本功,有较好的控制课堂教学的能力和应变能力,才能组织好信息化条件下的课堂教学,也才能把学生的多元化思想认识迅速引导到正确的方向上来。在信息技术与思想政治课程整合时,我们要注重因材施教,强调因地制宜、讲求效率和减轻学生负担的原则,注意处理好质与量、主体与主导的关系等问题。

最后,必须大力加强思想政治课教学资源库建设,如案例库、试题库和资源网址等,以便让思想政治课教师可以用较少的备课时间就方便地根据教学目标调用所需要的教学资源,组成自己的教学活动计划,有效地实施信息技术与思想政治课程的整合。

总之,思想政治课教师必须努力学习现代信息技术和现代教育技术,积极把现代信息技术手段应用到实际教学当中,充分发挥其"辅助"作用,真正实现现代信息技术与思想政治课教学的有机整合。随着"整合"的深入进行和思想政治课教师现代信息技术水平的不断提高,必将彻底改变传统的教学模式,全面提高课堂教学效率,从而进一步推动思想政治课程改革的进程。

8.5.2 信息技术与思想政治课程整合案例

《政府的权力——依法行使》教学设计案例
武汉市黄陂五中　王利珍

1. 教学目标分析

（1）知识与技能。理解政府依法行政的含义、意义、要求和决策；

（2）过程与方法。通过分析石首事件提高学生分析和归纳、自主合作探究学习的能力以及解决实际问题的能力；

（3）情感、态度与价值观。关注政府依法行政的表现,帮助学生树立符合时代精神的法治观念和正确的权力观念。

2. 教学对象分析

本节课的教学对象是高一年级的学生,他们正处于世界观、人生观、价值观的形成时期,情感丰富、思维活跃,对政府权力有自己的看法。如何让学生的看法符合时代潮流,引导学生树立正确的观点特别重要。在本节课的学习中,通过探究式教学模式引导学生进行探究、协作学习,消除学生对政治学习的神秘感和乏味感,充分调动学生学习的积极性。

3. 教学内容分析

本课是人教版高一政治生活第四课的一部分。前一部分引导学生认识政府对人民负责原则,本部分接着引导学生认识国家机构另一原则即依法治国,具体到政府依法行政,下一部分引导学生认识政府行使权力需要监督。因此,在教材中起到承上启下的作用。同时该环节对于学生们具有很强的思想理论性,培养学生形成法治和正确权力观念,也具有很强的探索实践性,去探究法治政府民主与法制问题。因此,是对学生进行政治教育的重要内容。

4. 重点、难点分析

重点是政府为什么和怎么样依法行政。确定其为重点是因为结合新课程标准中重难点提示和教学指导意见中的内容"政府的权力不能滥用",因此,要着重引导学生认识政府依法行政的重要性和要求。

难点是政府怎么样依法行政。由于学生成长经历和认识水平所限,对政府行政方式和方法了解很少,特别是在实际中存在着贪污腐败等执法不严现象,增加了该内容教学的难点。

5. 教学媒体的设计

本课在教学中主要采用的媒体是多媒体计算机教室,围绕多媒体课件展开教学。

6. 教学策略的设计

本课采用探究式教学模式。具体分为五个步骤：第一步"走进生活,设疑引思"；第二步"解读生活,自主探究"；第三步："升华生活,自主创新"；第四步"回归生活,学以致用"；第五步"总结生活,构建知识"。学生在教师的引导和组织下通过自主学习、合作学习、探究学习、创造性学习等方法学习。

7. 教学过程的设计

教学阶段	教学活动	媒体演示	设计意图
走近生活 设疑引思	播放"石首的离奇命案"的CCTV视频,创设情境。 设疑提出问题:湖北石首的离奇命案值得政府官员深思,作为政府应行使怎样的权力?应依据什么行使权力	视频:CCTV新闻 多媒体课件: 一、政府依法行政的定义 主体:政府及其工作人员 方式:行使行政权力 依据:宪法和法律规定	引入生活情境,进行问题探究教学法,调动学生学习的兴趣,激发学生探究的热情,启动学生思维的活动
解读生活 自主探究	呈现"石首事件"相关图片创设情境,提出自主探究问题,组织学生自主探究、合作讨论石首事件。 自主探究问题:为什么会爆发群体事件?政府在处理这次突发事件中存在哪些问题?这些问题对人民有什么影响?对政府自身有什么影响?对国家法律有什么影响	图片:"石首事件"相关新闻照片 多媒体课件: 二、政府为什么要依法行政 1. 必要性是贯彻依法治国方略,提高行政管理水平的基本要求,也体现了对人民负责的原则。 2. 重要性(略)	创设情境,遵循"贴近实际、贴近生活、贴近学生"的原则,把课堂还给学生,鼓励学生主动参与,乐于发现并探究问题,让课堂情趣盎然
升华生活 自主创新	组织活动召开新闻发布会 新华社记者提问:从石首事件中总结深刻教训,请问石首市政府官员怎样避免石首事件重演? 人民日报社记者提问:请问温总理您对石首市政府部门提高行政水平有哪些期望? 辩论主题:遵循办事程序就不能提高办事效率(正方:赞成;反方:不赞成) 组织活动:引专家进课堂,邀请中央党校研究室副主任周天勇为嘉宾预约电话,谈谈他关于石首事件的见解	多媒体课件: 三、政府如何依法行政 1. 具体要求:合法行政、合理行政、程序正当、高效便民、诚实守信、权责统一。 2. 基本要求:(1)加强立法工作,提高立法质量。(2)加强行政执法队伍建设。(3)深化行政管理体制改革	设置活动情境,让学生亲密接触生活并升华生活,引导学生发挥思维想象力,畅所欲言,使课堂"活"色添香。同时培养学生辩证思维能力,增强法治观念,引导学生创造性学习,让学生在认识世界中发现问题、解决问题,促进学生从知识向能力和素质转化
回归生活 学以致用	组织活动召开听证会: 提出探究问题:针对石首事件,政府如何审慎行使权力?分成四组分别代表死者家属、广大群众、专家学者和政府部门领导各自谈谈自己的观点。 即兴演讲:假如我是石首市的市长,怎么处理这个事件该如何行使权力并进行怎样决策	图片:听证会新闻 多媒体课件: 审慎行使权力 科学民主决策	创设实践情境,培养学生解决实际问题的能力,实现知与行的统一,让课堂"活"中求"实"。并且深入贯彻新课程指导思想"科学发展观",培养学生自主探究学习的能力和树立符合时代精神的法治观念

续表

教学阶段	教学活动	媒体演示	设计意图
总结生活 构建知识	布置探究小论文:《石首事件引起的思考》 让学生课后再去搜集有关资料,引导学生思考探究,石首市政府依法行政有什么重要性? 如果你是石首市政府官员准备从哪些方面避免石首事件重演	板书: 课堂小结: 依法行政: 是什么? 为什么? 怎么样	回归情境,引导学生建立知识网络,培养学生归纳能力,引导学生撰写探究小论文,促使学生对知识的理解有新的提升,激发学生课外乐于探究的兴趣。播放歌曲,彰显课堂艺术魅力,让学生感悟到正是有政府各部门的依法行政,才有我们美好的今天,让学生上升到信任、爱政府、爱国的情怀,真正实现德育回归生活的新课程理念

案例分析与教学建议。

(1) 案例分析。

《政府的权力——依法行使》教学案例遵循探究式教学模式。探究式教学模式是指在教学过程中,学生在教师的指导下,仿照科学研究的过程对当前教学内容中的主要知识点自主学习、深入探究,从而培养其科学态度、创新精神和探究能力的一种教学模式。其基本特征可以用一句话来概括:"主导—主体相结合"。它既重视发挥教师在教学过程中的主导作用,又充分体现学生在学习过程中的主体地位。

教师的教学设计回归情境,引导学生建立知识网络,培养学生归纳能力;引导学生撰写探究小论文,促使学生对知识理解有新的提升,激发学生课外乐于探究的兴趣;播放歌曲,彰显课堂艺术魅力,让学生感悟到正是有政府各部门的依法行政,才有美好的今天,让学生上升到信任、爱政府、爱国的情怀,真正实现德育回归生活的新课程理念。

(2) 教学建议。

探究式教学模式遵循"以人为本,促进学生终身发展"的教学理念,坚持以"学生为本,教师为导"的教学观,注重德育回归生活。强调与时俱进,突出贴近学生,重视实践环节,突出创新精神,运用从具体到抽象的归纳法,以学法为重心,放手让学生自主探究的学习,力求使学生在积极、愉快的课堂氛围中发现、分析、解决问题,实现三维目标的统一。真正彰显课堂艺术魅力,展现师生智慧之花,结出智慧之果。

8.6 信息技术与历史课程整合

8.6.1 信息技术与历史课程整合概述

1. 信息技术与历史课程整合的内涵

《全日制义务教育历史课程标准(实验稿)》明确指出:"信息技术和网络技术的发展,为历史学习提供了更加方便、快捷和丰富的信息来源。有条件的地方和学校,应充分利用各种与历史学习有关的计算机教学辅助软件、多媒体历史课件、远程教育中的历史课程,互联网提供的历史教育网站、历史资源数据库和图书馆、档案馆网站等,以获取丰富的历史学习资源。"

历史学科与多媒体、网络技术的配合具有得天独厚的优势,这是由历史学科本身的特点决定的。历史学科的特点在于它的过去性、丰富性、综合性。历史是不能进行试验、重演的,而信息技术却可以将多种样式的历史资料用最为丰富、生动的表现形式最大限度地综合起来,再造历史景象,使历史教学突破时空限制,把千百年前以至上万年前的中外历史现象"重现"在学生面前,拉近了历史与现实之间的时间距离。调动学生获取信息的各个感官去接近历史、理解历史、探索历史。

历史知识自身的丰富性、综合性也要求在历史教学中注意历史知识的纵横联系,以加强历史学科与其他学科知识的内在联系。信息技术把书本上抽象的历史知识变得具体形象,让已逝去的历史事件、历史现象"再现",让学生犹如身临其境,在感性上受到强烈刺激,形成较为深刻的历史表象;促使学生进行积极的思维活动,将丰富而零乱的历史知识综合起来,形成鲜明的历史观念,从而牢固地掌握历史知识,寻求历史规律。只有将信息技术和历史学科很好的整合,才能让受教育者得到系统完整的历史知识,历史在学生心目中才能成为立体的、活生生的、充满神秘而又引发人们探索的学科。

信息技术和历史学科的课程整合,是指将信息技术和历史学科有机结合,融为一体,把技术作为一种工具、手段和方法,提高效率,改变结构,创立综合性课程文化。通过信息技术与历史学科的整合,使教师由传统的知识传递者变为学生学习的指导者、参与者和合作者,甚至成为学生学习的伙伴。它要求教师把主要精力放在如何教学生"学"上,指导学生懂得从哪里获取自己需要的知识、掌握获得知识的工具和根据认知的需要处理信息的方法,使学生"学会学习"。由传统学习中以教师为中心的方式向以学生为中心转变,使学生具有更大的选择自由,促使学生进一步提高学习过程的主动性,使学习向自主化、个性化发展。由此可见,在历史教学中引进信息技术,不仅对传统的教学模式是一个巨大的冲击,传统的学习方式也将受到巨大的影响,出现根本性的变化。

2. 信息技术与历史课程整合的基本要求

1) 营造历史氛围,激发学生情感体验

一节课的开头,怎样使学生尽快产生学习的欲望,尽早进入最佳学习状态,这就得看教师在导入这一环中如何激发学生的求知欲。如在讲授《古代埃及》这课时,教师首先利用首页向学生展示的是多幅古代埃及文明最具代表性的图片,由此导入新课,学生看后心潮起伏,学习的激情早已包容在教师设计新颖的开讲教学之中。在输入情感信息方面,历史教学有其独特的优势——过去的历史给我们留下丰富的多媒体素材。我们要充分利用这些丰富的多媒体素材营造历史氛围,激发学生内心的情感世界,在潜移默化中将历史知识通过历史体验转化为学生内在的情感体验,使之服务于课堂教学,达到传授知识、发展学生能力和完善学生人格的目标。

2) 创设问题情景,拓展学生思维空间

教师根据教学目标,寻找可以引发学生兴趣的材料,创设问题情境,向学生展示要研究的内容,引导学生发现并提出需要探究的问题。在《古代埃及》的课堂教学中,教师通过在网络上建立相关的信息资源库、相关链接、BBS 论坛等手段,引导学生将收集、整理得到的有关信息,通过分析、综合、归纳,从而得出初步的结论。比如讲埃及金字塔时,在网站的思考园中,让学生通过对金字塔的建造方法以及监工残酷对待奴隶等三幅图片进行观察分析,说明其反映的问题。学生围绕问题浏览网页(含超链接)主动提取所需要的信息,尤其是挖掘静态图片后的动态信息,从而形成对知识的"意义建构"。

3) 崇尚合作交流,鼓励学生积极参与

全员参与是自主学习的基础。只有面向全体,让每个学生积极主动参与一切学习活动,让不同层次的学生都得到提高和发展,才能使课堂充满活力,使学生真正成为学习的主人。在教学中要培养学生的自主学习,首先要以师生合作为基础,建立一个民主、平等、和谐的伙伴关系,形成乐学氛围,让学生在强烈的求知欲望的驱使下开动脑筋各抒己见,让学生敢想、敢说、敢于表达自己的真情实感;其次要改变单一的师生交流,形成以小组教学为重点,学生对存在的问题通过网络进行讨论,养成同学间的协作精神,使学生对疑惑问题有了深入的理解。将"教师的学习指导、学生的个体自主学习、群体合作学习"三要素进行动态优化组合,形成师生之间、学生之间多向交流、多边协作,有效互动的课堂教学格局。

4) 建立交互反馈,体现信息技术优势

交互和反馈是信息技术进军教学领域的最直接的理由。在《古代埃及》这节课中,教师用 Authorware 设计了交互式的习题、BBS 讨论区,可完全实现人机的交互作用。在这交互的学习行为中,学生对知识的认识是经过自我加工、建构完成的,这有利于学生的知识和技能的增长,形成爱学、善学的学习习惯,这种开放交互式的学习模式培养了学生的创新能力。学生是信息加工的主体,知识意义的主动建构者,经过自主学习可以牢固地掌握获得的信息知识,同时提高了接受新知识的能力,培养了再学习的能力,使学生具备了创新意识和创新能力。

8.6.2 信息技术与历史课程整合案例

《第二次鸦片战争期间列强侵华罪行》教学设计案例

华舍实验学校 平华淼

1. 教学目标分析

(1) 知识与能力。

a. 通过本课的学习,使学生了解第二次鸦片战争期间,列强侵华的罪恶行径,清朝统治者的腐败无能,使中国举世闻名的皇家宫苑付之一炬,主权进一步丧失,俄国通过不平等条约割占中国北方大片领土的侵略史实。同时了解在国难当头的岁月里,农民起义军反抗斗争的历史史实。

b. 思考第二次鸦片战争爆发的原因是什么?为什么说它是鸦片战争的继续?培养观

察和分析问题的能力。

(2) 过程与方法。

a. 通过运用历史地图、学习历史发展过程，掌握时空结合的历史学习方法。

b. 培养学生分析历史现象的能力，并透过现象看本质（即列强之所以肆无忌惮，如此嚣张、放肆的根源所在），从中领会太平天国农民运动斗争的首要目标为什么是清政府。

(3) 情感态度与价值观。

a. 认识反抗侵略和压迫永远是一个民族发展的强大力量。

b. 认识一个民族的强与弱，国家的先进与落后，与他们的命运息息相关，从而激发学生的爱国情绪，为民族的振兴、国家的强大而发愤学习，努力奋斗，进而确立积极进取的人生态度。

c. 通过太平军抗击洋枪队的史实进行中国人民一贯具有反抗外来侵略的坚强决心和光荣传统的爱国主义教育。

2. 教学对象分析

初中生思维活跃，有旺盛的求知欲，较强的学习自觉性及自学能力，希望获得更多的学习策略和技巧。同时，也基本具备一定的计算机操作知识、网上搜索和查阅知识的能力及制作简单PPT课件的基本能力。这为课程进展及完成课后作业提供了技术保障。

3. 教学内容分析

教学内容取自人教版初中历史教材。《南京条约》使侵略者攫取了许多利益，中国遭受到了沉重的灾难。但是列强并没有满足贪婪的欲望，想要通过修订条约来扩大权益，遭到清政府拒绝后，他们便找借口发动战争，想要迫使清政府就范。由于这场战争是上一次战争的继续，所以它被叫作第二次鸦片战争。中国半殖民地半封建的程度加深了。

4. 重点、难点分析

教学重点包括(1)第二次鸦片战争的发生；(2)列强侵华罪行。

教学难点是第二次鸦片战争与太平天国运动的关系。

5. 教学媒体的设计

教材相配套的自制CAI教学课件（网络课件）、多媒体教室（或计算机教室）。

利用多媒体技术激发学生的学习兴趣，创设有利于激发和支持学生想象的情境。在历史课堂教学中，适时、合理地运用计算机辅助教学，可以优化教学过程。多媒体课件设置了较多的与课堂教学内容关系密切的视频、动画、图片，给学生以乐趣，更给学生以启迪。为学生创设了自主学习情境，提高了教学效率，也提高了学生的创新能力。教学不局限于教师使用信息技术，还鼓励学生运用计算机辅助学习，通过亲自动手操练来达到巩固学习的目的。

6. 教学策略及教法设计

根据新课程理念，教学以学生为主体，以能力的培养为宗旨。学生是学习活动的主人，教师是学习活动的组织者和引导者。教师要努力创设多种多样的方式和机会，让学生通过自主、合作、探究等学习方式进行学习，注重教与学的互动和学生互动。在教学过程中，教师要随时给予激励性评价（包括师生之间、学生之间和自我评价的方式）；要尊重学生的兴趣和独特的感受，将集体学习与小组学习结合起来。

教学方法主要是采用讲授法、任务驱动法、自主学习法等；学习方法主要采用自学、协作、讨论、辩论等方式。学生在教师的指导下，通过感知、实践、参与和合作等学习方法完成任务，感受成功。

7. 教学过程设计

教学环节	教学活动
创设情境 激趣导入	"施之以教,贵在引导"。在与学生进行简单的问候交流后,教师点击自制的网络课件,播放《火烧圆明园》片断录像,这段录像的内容是1860年英法联军进北京时火烧圆明园的内容。配以圆明园文字讲解,进而提出问题,英法联军为什么要火烧圆明园?他们是怎样进入北京的?除了火烧圆明园外,他们还犯下了哪些罪行?从而引出主题,形成强烈的视听共鸣,激发学生强烈的民族自尊心和求知欲。当情与景交融之时,自然引入新课"第二次鸦片战争期间列强侵华罪行"
自主探索 掌握新知	(1) 自主探究。 在新课导入后,让学生浏览学习目标中的学习任务,基于新课标任务教学理念,让学生带着任务,在教师的启发引导下,进行自主探究学习。要求学生回答以下问题。 a. 英法联军为什么要火烧圆明园?他们是怎样进入北京的?换言之,第二次鸦片战争的原因是什么?过程是怎样的? b. 为什么我国的形状从"秋海棠叶"会逐渐变成"公鸡"?我们到底失去了哪些领土?什么时候失去的?通过什么不平等条约失去的?为什么会失去? c. 什么是太平天国运动?太平军怎样抗击洋枪队?为什么说太平天国运动是被中外反动势力联合绞杀的呢?第二次鸦片战争与太平天国运动的关系? 学生带着问题在教师提供的相关网站上搜索与问题相关的信息,学生将搜索到的信息先复制存档,然后发送到电子留言板上,作为学生的学习反馈。 教师给予指导,提供课件"专题知识库"模块,"背景知识"、"学习目标和内容"、"学法指导"等相关信息,帮助学生进行信息的筛选、整理、提炼和归纳。 (2) 协作交流。 学生通过"电子举手"回答问题,或对在BBS上对所设问题及答案进行讨论,或对其他疑难杂症进行网上求助。学生可同桌两人一组,前后桌四人为一大组,交互讨论,协作学习,加深理解与记忆。教师评析,辅助学生共同提炼答案,师生互动。"教师学习指导、学生自主学习、群体合作学习"三要素进行动态优化组合,形成师生之间、生生之间多向交流、多边协作,有效互动的课堂教学格局。在这种情境课堂教学中,教师给了学生"施展"的空间,使学生的知识不断巩固,技能逐步形成
课堂活动 拓展延伸	历史教学不应止于让学生掌握历史知识,更主要的是要把知识灵活运用到当时的、具体的历史情境之中,培养学生解读历史能力。为此,新课后为学生安排了几组不同类型的练习活动。 (1) 话说历史。模仿说书或者评书的形式,以"二次鸦片战争"或"太平天国"为题,让学生进行现场表演。 (2) 辩论。"有争议的大名人——曾国藩",他是"中兴名臣",还是"千古民贼"。 提供话题,学生可根据兴趣,自由选择一组话题,形成开放式的学习环境,体现个性化的学习。同时激发了学生的参与意识和创新思维,真正做到了以学生为中心,因材施教,因人施教。可见运用现代信息技术进行历史教学,使学生在一种积极主动的良好心态下轻松学习,思维活跃,能有效地提高教学效果
课后练习 巩固提高	布置在线练习。信息技术一大优势就是即时交互反馈,利用数据库、ASP网页等,把学生练习的情况即时交互反馈,通过程序它会自动统计全班、全年级、全校每道题特别是客观题的正误情况并即时反馈。 另外,学生还可以在校园网BBS上留言,把问题放到网上或解答别人的问题。同时教师及时地参与、指导,与学生达成有效沟通。和谐教学氛围必将大大提高教学效果。 布置作业。以"圆明园的昨天、今天和明天"为主题,分组查找资料并制作成手抄报、PPT、Flash、网页等展示出来。并通过E-mail、QQ、博客等现代信息技术手段向他人展示自己的作品

案例分析和教学建议。

（1）案例分析。

课堂教学中，应体现新课程标准所倡导教学方法和学习方式转变的要求，让学生在掌握知识的基础上，提高能力，升华情感。本节课采用多媒体手段，创设情景，巧设问题，激活学生思维，调动学生参与到学习活动中。通过课程相关的歌曲、视频片断和相关图片，创设了历史情景，让学生从直观上感受列强的侵华罪行，引起学生心灵的震动。此外，"话说历史"和"辩论"等课堂活动对于学生课堂参与的积极性也能起到很好的促进作用。

（2）教学建议。

本节课教学目标基本达到，媒体和资源的准备也比较充分。但要注意的是，多媒体手段只是一种教学的辅助手段，必须发挥它的长处为教学服务，而不要让自己被课件牵制，充分发挥整合的优势。此外，还需要有效把握好课堂活动等各环节和课堂时间的关系，如何在一节课有限的时间里，将活动开展的更加圆满，以充分调动起学生的积极性，拓展学生的思维和能力，取得更好的效果，是值得思考的问题。

8.7 信息技术与美术课程整合

8.7.1 信息技术与美术课程整合概述

1. 信息技术与美术课程整合的内涵

中小学美术课程总目标是："学生以个人或集体合作的方式参与各种美术活动，尝试各种工具、材料和制作过程，学习美术欣赏和评述的方法，丰富视觉、触觉和审美经验，体验美术活动的乐趣，获得对美术学习的持久兴趣；了解基本美术语言的表达方式和方法，表达自己的情感和思想，美化环境与生活。在美术学习过程中，激发创造精神，发展美术实践能力，形成基本的美术素养，陶冶高尚的审美情操，完善人格。"要实现以上总目标，就要大力提高美术课堂教学效率，必须在美术学科教学中引入信息技术，并加以整合。

信息技术与美术学科的课程整合是指以信息技术为先导，以系统论和教育技术理论为指导，根据美术学科教学规律而进行的美术学科教学改革。通过信息技术与美术学科的课程整合，可以最大地激发学生的学习动机、实现自主学习、探索性学习、研究性学习，为美术远程教育和不受时间限制的学习提供有力地保障。例如，通过多媒体技术可以为美术教学提供更丰富的素材，让学生多渠道、多角度、全方位的学习；通过网络、图形等软件，可以实现"学生"、"师生"之间、学生与校外画家、专家、学习伙伴之间的交流。同时可以为基本美术素质的形象思维能力提供了更广阔的发展空间。在此基础上实现了教学内容、教学手段和教学方法的全面革新，从而为学生创新能力和信息能力的培养，营造最理想的教学环境。

2. 信息技术与美术课程整合的基本要求

1）以"明"见"暗"，体现审美教育的内涵

夸美纽斯在《大教学论》中指出："在可能的范围内，一切事物都应尽量放在感官面前……"。

在美术教学中,美术欣赏不是个体孤立的行为,而是以视觉感受为主,在群体互动和交流的环境中进行的。

一如在《绘画的构图》一课中,运用信息技术把选定的范围用扫描仪输入计算机,再用Photoshop进行编辑,将背景和物象分别放入一个文件夹的不同图层。在演示中只要拖动放大或缩小选中的图层,就能反映出画中表现的物象在不同位置和大小变化的不同效果,使学生对构图的重要作用有一个完整的认识。同时再制作一个有关构图互动式的课件,使学生在操作中既能改变图像大小,又能重新设计图像的位置。通过人机的交流,既揭示构图的规律,又培养学生的艺术感觉,从而体现从静态发展到动态的审美过程。

再如在《中外美术作品》欣赏中,把中外著名的美术作品经扫描输入光盘,同时用flash输入作品的情况和画家生平介绍等文字资料,并配有和谐的音乐。在欣赏凡高的作品时,要求学生用"放大镜"观察作品,从而比较出凡高已摒弃了古典油画的薄画法,强调了笔触的力度和厚度,使学生产生了强大的视觉冲击力。在传统的欣赏课中,"以教师为中心,以课堂为中心,以课本为中心"的模式已受到制约和局限,只有在美术教育与信息技术的整合中,让学生用一种美的眼光去拓宽知识和视野,提高审美欣赏能力,才能真正做到寓教于美,美中育人。

2)以"显"见"隐",实现对美术知识的主动建构

美术教育的特殊在于实践性重于理论性,技术性重于知识性。但在传统的教学中,理性的知识较多,感性的材料又太少,不能充分发挥学生的主体性。所以,在现代教学中,不仅要学生弄懂难点问题,而且教师要善于根据教学内容、目标、对象等因素,适时有效地运用信息技术设计问题,让学生动脑筋思考。正如古人所说:"学贵有疑,小疑则小进,大疑则大进,疑者,觉悟之机也。"学起于思,思源于疑,学生若始终处于"无疑状态",则本质上是一种思维抑制状态。

美术学科有许多术语是比较抽象的,以往教师讲得乏味,学生听得厌烦,教学效果也不理想。运用信息技术变抽象的说教为形象的演示,则会起到事半功倍的效果。在形象化的情绪教学中,由过去的结论式教学转变成过程式教学,既增强学生的学习兴趣,活跃学习气氛,还能提高学生的接受程度;不但在本质上解决问题,而且培养学生的发散思维和直觉思维,并由此实现了对知识意义的主动建构。

3)以"小"见"大",展现学生的思维过程

美术教育的本质是审美教育,而审美活动则是以审美需要和动机为动力,以审美经验为基础的创造过程。美术教学是思维的教学,在传统教学中,教师既不能完全掌握每个学生的思维过程,更不能给予及时反馈,而信息技术的交互功能则能很好地解决这个问题。

比如《画手帕》一课,在学生完全理解的基础上,指导学生利用画图软件上的"铅笔"、"刷子"、"喷笔"等工具,选用适合的几何图形和相关的颜色,自由地设计手帕。教师通过网络对学生的作品进行欣赏与指导,有利于了解学生在主动探索和独立学习的过程中真正掌握的知识、技能和步骤方法,同时使教师获得广泛的教学活动经验。既能充分调动学生的主动性、积极性,又能培养学生运用网络自主探究知识和协作研究问题的能力,加速学生创新意

识的形成,同时也解决个体差异的问题。

8.7.2 信息技术与美术课程整合案例

《让生活插上翅膀——传统纹饰·民族风格》教学设计案例

中山大学附属中学　田强

1. 教学目标分析

(1) 知识与技能。了解传统纹饰的特点、用途和种类。

(2) 方法与过程。引导学生积极参与赏析活动,运用比较专业的术语评价喜欢的作品纹饰,大胆表达自己的认识和见解。

(3) 情感态度价值观。通过综合探索活动,使学生感悟传统纹饰的艺术魅力和民族风格特点,热爱传统文化,体验小组合作学习过程的乐趣和成就感。

2. 教学对象分析

学生在初一历史课程的学习中对祖国传统文化有所了解,比如彩陶、青铜艺术,但对其中的传统纹饰的风格、美感了解不够,加上学生生活在卡通时代,在生活中缺少对传统纹饰的感受,不利于学习活动的深入展开。但正因为了解不多,有一种新鲜感和神秘感,教师要加以引导,以调动学生的学习兴趣。

3. 教学内容分析

本课教学内容主要分为两个部分:一是了解、研究传统纹饰的用途、种类及构成美的因素;二是了解传统纹饰的造型方法。本课是"综合·探索"学习领域,教学内容较多,涉及面很宽,对学生的综合能力要求较高,教师在引导学生研究传统纹饰时,要从纹饰的人文内涵方面加以引导。

4. 重点、难点分析

(1) 教学重点。了解传统纹饰的种类和构成的形式规律及造型方法。

(2) 教学难点。传统纹饰的形式规律及造型方法。

解决办法是结合具体作品进行分析、比较,归纳出对称均衡、变化统一的基本规律和夸张变形、适合添加等造型方法。

兴趣点是纹饰的独特美感和丰富的寓意。

5. 教学媒体的设计

传统纹饰的实物、图片、绘画工具及材料、多媒体课件、多媒体设备。

6. 教学策略的设计

(1) 重视作品的赏析,通过设问、讨论引导学生认识、理解传统纹饰的种类和构成的形式规律。

(2) 注意培养学生的问题意识,启发、引导学生质疑、答疑。

(3) "欣赏·评述"与"造型·表现"相结合,突出本课的"综合·探索"课型特点。

教学方法为讲授法、欣赏法、讨论法、比较法、练习法。

7. 教学过程的设计

教学环节	教师活动	学生活动	设计意图
课堂引入	(1) 检查学生课前准备情况,在讲台前摆放几件传统纹饰装饰的器物,发放学习资料。 (2) 话说"祥云火炬",引入课题。 (3) 出示课题和学习评价标准	学生分组就座。 学生回答	由学生熟悉的话题引入,活跃氛围。 提出学习要求
课堂发展	欣赏与探索 (1) 这一课的内容比较多,为了提高学习效率,大家都有什么问题?有哪些学习要求?请以小组为单位,把想法汇总起来,看哪个小组提出的问题最多,最有价值? (2) 引导学生提出问题,若问题不多、不理想,则教师提出问题供思考,如纹饰的应用、纹饰的种类、纹饰的美感因素、纹饰的内涵…… (3) 对学生提出的问题进行归纳、整理,突出学习重点,及时表扬活动积极的小组和学生。这些问题,哪个小组的同学能够回答,予以解决? 展示学生提出的主要问题,结合重点作品,请学生自己解决。 (4) 教师总结。 结合作品范例进行解析,重点讲述纹饰美感的因素。 造型与表现 在实物或器物轮廓内进行纹样填充。提醒学生根据器物的形状、功用选择合适的纹样和相应的手法(变形、添加、适合等)进行装饰。 展示与评价 对表现优秀的小组进行表扬,指导学生填写评价表格	学生自主学习,通过阅读、讨论,并提出问题。由小组代表汇报讨论结果。 学生自主学习,解决问题,各小组进行问题竞赛。 学生练习,交代注意事项,教师巡视辅导并适当演示。 作业展示、评价 学生进行自评和互评,发表自己的感受	创设问题情景,鼓励学生大胆提出问题,培养学生的问题意识,进行问题竞赛。 鼓励学生大胆提出问题、回答问题,进行问题释疑。 教师归纳总结,使知识形成系统性。 通过简单练习,使学生学会将传统纹饰应用于生活的装饰和美化。 学会评价,深化知识和能力
课堂延伸	指导学生继续收集关于传统纹饰的相关资料,做好下节课课前准备		

案例分析和教学建议。

(1) 案例分析。

在本课教学中,设计思路是以创设问题情景为主线,给学生提供一个平等、和谐、开放、互动的交流平台,充分调动学生学习积极性,引导学生主动探索、积极思维,完成教学任务。在"欣赏·评述"环节中,着力营造一种开放、宽松和谐的课堂氛围,让学生敢问,激活学生的问题意识。一般情况下,学生提出的问题越多,说明学生学习的兴趣越浓厚,提出的问题多,讨论的深度就会加深,学生参与学习的热情会大大提高。另外通过问题,教师可以了解学生所想,师生之间、学生之间的交流互动才能展开,这样的"欣赏·评述"教学就不会显得枯燥无味。同时,通过语言激励、降低难度、改变问话的方式等手段启发学生提出问题并对问题进行分析和解决。

(2) 教学建议。

美术学科有它的特殊性,它的技能性比较强。因此,在信息技术与美术课程整合时,应注意提选出可以整合的内容,而有些教学内容,如国画、水彩画、手工制作等是不能用计算机完成的。将网络媒体引入美术课堂,能较好地体现"学为主体,教为主导,练为主线"的教学思想,在拓展学生知识面,培养创新思维,提高动手能力及建立新型师生关系方面都能起到很好的作用。又比如,在上美术欣赏课时,需要有大量的图片进行欣赏,有时为了找这些图片花费了大量的时间,而利用现代的信息技术就可以轻而易举找到所需要的图片、资料,这是教师必须在备课时要做好充足准备的,设计好课件,教师把一些图片、资料集中链接起来,方便讲解,也方便学生学习。教师提出学习任务,让学生利用教师提供的图片和资料,通过学习和探讨,最后得出问题结论。通过这样的整合,可以避免了传统教学模式下,教师满堂灌,学生被动听的情况。学生主动参与学习,变被动为主动,学习的兴趣和学习的积极性会得到进一步的提高。

8.8 信息技术与音乐课程整合

8.8.1 信息技术与音乐课程整合概述

1. 信息技术与音乐课程整合的内涵

随着现代信息技术的高速发展和普及,它已成为当今教育领域提高课堂教学效益的现代化教学手段之一。推而广之,现代信息技术在音乐教学中的运用也必将引起音乐课堂教学一场深刻的革命。

由于信息技术是一种实用性极强的现代化教学手段,它对现代音乐教学产生了前所未有的影响。音乐课程与现代信息技术的结合,可以说是艺术与科学的结晶,是感性与理性的互补,是精神文化与物质文化的对接,它不仅拓宽了音乐教学的渠道,促进了音乐教学内容的呈现方式、学生的学习方式、教师教学方式和师生互动方式的变化,更重要的是为传统音乐教学的改革和发展带来了蓬勃的生机、注入了新的活力,从而促使音乐学习中思维方式的变化,在更深的层次上推动了音乐教学方式的根本性转变。

音乐课程是一门以审美为核心,培养人文素养,提高学生审美情趣的基础课程,是学校实施美育的重要途径。它以音乐文化为精髓,注重艺术性、人文性、经典性、时代性、民族性及多元文化的有机结合。音乐课程中所包含的内容除纯音乐的知识点,更多是融入文学、史地学、哲学、美学等文化内涵,是一个多元文化综合性学科。

信息技术以其所特有的视听联觉的技术,以声像一体、图文并茂、形象逼真、信息量大和资源丰富,在课堂教学中可以获得师生互动性强、反应即时、丰富多彩的教学内容和生动活泼的教学形式等教学效果。另外,由于信息技术与音乐教学的有机整合,突破了传统音乐教学在时间、空间和地域上的限制,为学生了解音乐背后所蕴含的丰富文化底蕴提供了一个最直接、最快捷的方法,更有利于学生对音乐的学习和理解。

2. 信息技术与音乐课程整合的基本要求

1) 激发兴趣,乐学善学

黑格尔说过:"音乐是情感的艺术。"要充分利用各种教学手段,创造浓浓的音乐氛围,只有使学生处在形象活泼的音乐氛围中,让学生尽快进入音乐意境,去感受音乐的奥妙,才能受到良好的音乐熏陶,达到最佳的教学效果。那优美的旋律,动心的节奏,诗化的意境,形成了音乐氛围特有的美感。

比如一年级音乐知识(认识唱名),如果只是照搬教材,学生会感觉枯燥无味,而且也收效甚微。在教学中利用多媒体,设计"音符七兄弟"、"动物音乐会"、"放飞气球"等音乐游戏,集音乐、动画、童趣为一体。这样既激发了学生参与学习的兴趣,也可变抽象为形象,激发学生的多种感官参与和体验,在轻松、愉快的氛围中,认识了所学的唱名,掌握了各音名的音高位置。

2)激活思维,敢于创新

创造的核心是创造性的思维,创造性思维包括发散性思维和集中性思维,两者有机结合构成各种水平的创造性思维,其中发散性思维是主导成分。因此,在教学中要遵循思维发展的特点,帮助学生懂得创造,能举一反三,触类旁通,随机应变,不局限于某种形式,以新的角度看问题,提出问题的设想。努力创设优化了的情境,让学生融于情境中,主动进行思考和探索,达到激活学生思维的目的。

3)发挥主体,丰富想象

"以教师为主导,以学生为主体",是一条重要的教学原则。在课程整合中,教师是教学过程的组织者、指导者、促进者和咨询者,学生则是知识建构过程的积极参与者。为学生提供充分自由的活动空间和时间,使学生在音乐教学活动中消除恐惧心理,鼓励、帮助学生进行大胆的尝试,其结果更会令你惊喜。

在音乐审美教育体系中,戏曲艺术是一种不可或缺的主要内容,具有其他的艺术所不能取代的美育作用。如欣赏戏剧《红灯计》片段时,可以充分利用多媒体手段,以丰富的信息量将戏剧中不同行当、不同脸谱等用最直观的手段让学生们欣赏。学生根据自己的喜好,饶有兴趣地查找信息,交流信息,那图文并茂,丰富多彩的知识表现形式,不仅有效地激发了学生的学习兴趣,使学生产生了浓厚的学习积极性,而且也提供了多种感官的综合刺激,增加了获取信息的数量,延长了知识的保持时间,扩大了视野,吸收了知识,主体性得到了最大的发挥。而且,学生主动登上了讲台参与模仿演唱,感受到理解戏曲的内在美,更重要的是了解了戏曲通过美丑的强烈对比,激发了学生的自我意识,加强对美的憧憬追求和维护,对丑的憎恶、嘲笑和鞭挞,体会到戏曲艺术的美育手段和高层次的美育地位。

4)大胆实践,培养能力

信息技术提供了极丰富的信息资源和时时更新的各类知识,如将学生置身于网络的海洋中,给学生布置一定的任务,使他们的想象力插上翅膀,让足够的信息支持他们的探索和设想,积极地,主动地,有目的地去获取信息、分析信息、加工信息、利用信息,从而顺利地完成教学任务。

比如《新疆好》一课,是一首充满乡土气息的新疆舞曲,热烈欢快的节奏和充满谐趣的旋律,表现了新疆人民庆丰收,赞美家乡喜悦而自豪的心情。为了让学生了解新疆,感受新疆人民勤劳善良的品质和热情奔放的性格,可以充分挖掘网络资源,围绕重点,大胆地整合素材,扩充信息,使课堂充盈文化和艺术气息。课前,让学生通过各种途径(上网查资源,请教父母,老师等)搜集有关新疆的地理,风俗和歌舞信息,并做好笔记。学生根据自己的喜好进行查找和交流,课上又分小组举行八分钟左右的"智力大比拼"竞猜活动。这样不仅培养了他们搜集和处理信息的能力,而且也培养了理解能力、创新能力、思维能力和动手能力,使他们在过程中感到学习的快乐,让学生获得新疆的有关知识。

5) 丰富情感,情景交融

《乐记》曰:"凡音者,生人心者也,情动于中,故形于声"。这种声从情发的观点,准确地道出了音乐学科的情感特点,也表明了音乐教学与情感教育具有密切的联系。因此,在全面实施素质教育的今天,有必要现实地审视音乐情感教学的重要性,可以说如果偏离了情感教学的这条主线,那么音乐教学就会迷失方向,就不可能起到陶冶高尚情操,培养健全人格的目的。

如在乐曲《牧歌》一课的教学时,首先用多媒体播放。一望无际的大草原、飞驰的骏马、成群的牛羊、美丽的蒙古包以及轻松活跃的气氛一下子把学生带到了宽广美丽的大草原,为引入作品的意境作了极好的创设。课堂上可以让学生通过绘画、舞蹈、语言、唱奏等方式,与自己的小伙伴一起共同表达自己对作品的理解和对形象的感受。绘画的画出了一幅幅草原生活图;舞蹈的跳起了优美的舞姿;会唱的唱起了熟悉的赞歌;会乐器的奏起了抒情的音调。这样让不同层次的学生根据自己的表演能力和特长,选择自己喜欢的形式,十分主动地表达自己的情感体验,达到了音乐以情感人,以美育人的目的。

8.8.2 信息技术与音乐课程整合案例

《军民团结一家亲》教学设计案例

1. 教学目标分析

(1) 知识与能力。了解舞剧《红色娘子军》的剧情;能够较有感情的演唱歌曲《军民团结一家亲》。

(2) 过程与方法。分辨管弦乐合奏《快乐的女战士》的音乐结构,感受不同乐段的情绪,极易乐曲的主题 A。

(3) 情感、态度和价值观。通过对本课的学习,产生对人民解放军的热爱之情。

2. 教学内容分析

《军民团结一家亲》是六年级上册第四单元舞剧之窗中的第二课时。舞剧是以舞蹈为主,并综合戏剧、音乐、美术的艺术要素表现主题思想内容、刻画人物形象的艺术形式。本单元主要是让学生体会音乐在舞剧中不仅有渲染环境、配合舞蹈的作用,而且还可以独立演奏。本节课所学的内容涉及一首学唱歌曲《军民团结一家亲》,还有一首管弦乐合奏曲《快乐的女战士》。《红色娘子军》为六场芭蕾舞剧,首演于 1964 年,由吴祖强、杜鸣心、王燕樵、施万春、戴洪威作曲。音乐取材于海南民歌音调,并融汇了其他的民族音调,运用了主题贯穿和交响化的戏剧性展开手法。讲述了海南椰林寨女吴清华不堪恶霸地主南霸天的压迫,逃出南府,路遇红军干部洪常青,经其指引加入红色娘子军。在党的教育下,吴清华不断提高阶级觉悟,终于成长为一名自觉的红军指挥员。这两首曲子都选自舞剧《红色娘子军》中第四场中的一段。《军民团结一家亲》是在黎族民歌《五指山歌》改编而成的,《快乐的女战士》是女战士和炊事班长的一段表演,一节课的主线始终围绕着"军民团结一家亲"的思想感情。

3. 重点、难点分析

(1) 教学重点。用热爱解放军的情感演唱《军民团结一家亲》;分辨管弦乐合奏《快乐的女战士》的音乐结构,感受不同乐段的情况,记忆乐曲的主题A。

(2) 教学难点。分辨管弦乐合奏《快乐的女战士》的音乐结构。

4. 方法和媒体的设计

教学方法及手段采用欣赏感受方法,教学要把发展学生的听觉思维能力放在首位。音乐欣赏教学必须建立在音响的基础上。听唱结合并用外化的手段表达对音乐的感受,来完成本课的教学。让学生在欣赏的过程中自学,对有难点的地方做单独练习。唱谱子没问题,在欣赏《快乐的女战士》时,老师弹琴学生演唱歌曲的引子、主题A、主题B。为了能让学生听出乐曲的曲式结构,可以让学生在唱主题时做动作,帮助记忆音乐。通过视频播放等媒体形式,加深对舞剧这种音乐形式的感受,引发共鸣。

5. 教学过程的设计

教学阶段		教师活动	学生活动	设计意图
创设情境 导入新课		播放《红色娘子军连歌》。 师:同学们,你们知道吗?这首歌曲是电影《红色娘子军》的插曲《红色娘子军连歌》,下面老师就来给你讲一讲红色娘子军的故事……。(背景音乐《军民团结一家亲》小提琴曲) 欣赏根据这个电影剧本改编的同名芭蕾舞剧《红色娘子军》的片段	走进教室。 了解音乐背景,欣赏音乐和电影片段	利用多媒体手段创设情境导入课堂,给学生以耳目一新的感觉,充分地调动学生的学习兴趣
讲授新课 演唱歌曲	A 播放舞剧	师:欣赏《红色娘子军》第四场的片段,看一看这段舞蹈描绘了怎样的情景? 师:在舞剧中,有音乐也有舞蹈,舞蹈是看得见的音乐,音乐是得到的舞蹈;音乐是舞蹈的灵魂,它是表现剧情的一个重要的组成部分,老师再播放一遍,这次请同学们认真聆听,感受这段音乐和歌曲所表现的海南岛军民团结的鱼水之情。 师:(点题)这首歌曲的名字叫《军民团结一家人》,是给姑娘们的《斗笠舞》的舞蹈配乐的。抒情的音乐加上优美的芭蕾舞,带给人们美的享受。歌曲的后半段,升高了两个调,用合唱将歌曲音乐推向高潮,更加渲染了气氛,表达"军民团结一家人的"深情厚谊	启发学生想象,学生讨论回答	音乐是声音的艺术,图片、音乐、教师的讲述的结合,学生全方位的感受,更易引起共鸣,以及对作品今后的理解
	B 视唱曲谱	师:下面我们先来学习歌曲的曲谱,老师弹琴,你们在心里默唱	学生熟悉曲谱,默唱曲谱	

教学阶段	教师活动				学生活动	设计意图
讲授新课 演唱歌曲	C 填词演唱	师：姑娘们亲手编斗笠表达怎样的感情？……军民的关系就像鱼儿离不开水，亲如一家人，那我们在演唱的时候应该用怎样的情绪来演唱？……同学们认真看看歌谱，结合谱子上面的音乐标记，讨论一下应该用怎样的速度和力度来演唱。 多媒体播放舞剧《女战士和炊事班长的舞蹈》，在欣赏过程中请学生思考作品曲式结构和音乐情绪如何？ 讨论归纳并得出结论：			学生随琴轻声演唱歌词。 学生合作讨论。 个别学生演唱。 学生集体背唱	多媒体播放舞剧对渲染课堂气氛，调动学生兴趣，加深学生理解，起到很好的作用。 采用跟唱法，录音反复唱了三遍学唱曲段，所以跟一遍，就基本学会
		结构	第一部分	第二部分	第三部分		
		节拍	4\4	2\4	4\4		
		情绪	欢快活泼	优美抒情	热烈欢快		
		接着用钢琴带唱的方式引导学生视唱《女战士和炊事班长的舞蹈》音乐主题。提示学生音乐主题的同音反复和跳进，以及富有弹性的节奏和律动，使音乐轻松明快，刻画了什么样的人物形象？ 板书（略） 教师用钢琴伴奏再唱两遍，要求学生背唱					
总结 拓展 升华 情感	师：通过今天的欣赏，你们有什么感受？……我们是幸福的，那是谁给了我们这样的幸福生活？……我们应该怀着怎样的情感来演唱歌曲呢				学生再次有感情地演唱歌曲	音乐给人的想象插上高飞的翅膀，拓宽学生的思维，使学生的创造性得到发挥，潜能得以充分发挥

案例分析和教学建议。

（1）案例分析。

这节课的成功之处就是采用信息技术与音乐学科的整合。这节课的内容很多，涉及一首学唱歌曲和欣赏曲目，同时这节课的内容又在舞剧单元，所以利用多媒体教学，既要帮助学生学会歌曲、又要完成欣赏任务，同时还要欣赏舞剧的内容。因此，在这节课的设计上运用整体学唱方式，效果不错。在欣赏《快乐的女战士》的主奏乐器这一环节上，因为书中有提示，学生可以很快说出答案，但如果不强调，学生对乐器还是没有更深的认知，同时学生的欣赏水平也不会提高。于是，通过一段乐队演奏的《快乐的女战士》，学生就能真正听出并看出当时有哪些乐器参加的演奏了。无论是学歌曲还是欣赏乐曲，教师都要放手让学生做学习的主人，教师在教学中，只起到"导"的作用，在学生遇到困难时，教师可以帮助。

(2) 教学建议。

本课是一节六年级的音乐课,内容是由一首学唱歌曲《军民团结一家亲》和一个音乐欣赏《快乐的女战士》组成的。通过细致的教学设计,较圆满地完成了教学任务,整节课的课堂气氛活跃,学生主动参与课堂的活动。不足之处是语言较为琐碎,不够精练,而且重复的较多。在引导同学们总结《快乐的女战士》、《军民团结一家亲》的思想感情时教师的语言较为贫乏。让学生为三个主题起名字的环节,在下一环节没有利用,所以可以舍弃这一环节。在欣赏无视频音乐《快乐女战士》时,应该让学生小声随音乐哼唱主题,这样会帮助学生分析乐曲的主题,加深欣赏,所以这里应予以改进,以加强学生对乐曲的记忆。在学习《快乐女战士》三个主题后,为检验学生是否掌握教师可以随机的弹一下三个主题,让学生唱一唱。身处信息时代的今天,教师应该充分利用独特、直观的方法帮助教学、辅助教学,更好地为教学服务。

8.9 信息技术与体育课程整合

8.9.1 信息技术与体育课程整合概述

1. 信息技术与体育课程整合的内涵

新课程标准要求在体育与健康课教学中必须重视师生的互动性体现"以学生发展为本"的理念,体育与健康课程关注的核心是满足学生的需要和重视学生的情感体验,促进全面发展的社会主义新人的成长。充分注意到学生在身体条件、兴趣爱好和运动技能等方面的个体差异,根据这种差异性确定学习目标和评价方法并提出相应的教学建议,确保每一个学生受益。显而易见,既注意发挥教学活动中教师主导作用,同时又特别强调学生学习主体地位的体现,从传统的师生关系、教学方法、教学组织形式中摆脱出来,重视师生的互动性,真正体现"以学生发展为本"的理念,实现培养学生创新意识和实践能力的目标。因而我们应该将现代信息技术与体育课程整合,应用到体育教学中去,构建信息化的教学和学习环境,实现新的更高的教学目标,从而提高教学质量,推动我国体育教学改革的顺利实施。

现代信息技术与学校体育教学整合,是指将现代信息技术以工具的形式与学校体育教学融为一体,将信息技术融入到体育课程教学的课程结构、课程内容、课程资源以及课程实施等体系各要素中去,使之成为体育教师主导体育教学的工具,学生主体学习的认知工具。也可以说是在学校体育教学过程中,根据体育课程的实际需要应用以网络和多媒体为基础的信息化环境,实施学校体育课程教学活动。把信息技术、信息方法、信息资源、人力资源以及课程内容有机结合,利用信息加工工具让学生改变其学习方式,进行知识重构,是由体育教师和学生共同完成学校体育课程教学任务的一种新型学校体育教学方法。

2. 信息技术与体育课程整合的基本要求[①]

1) 信息技术与教学内容呈现方式的整合

随着计算机技术的飞速发展,计算机多媒体技术对多种信息具有数据处理、编辑、存储、播放等功能,成为中小学课堂教学信息呈现的重要手段。计算机多媒体技术在教学中的使

---

① 丁涛.信息技术与体育教学的整合.义务教育合刊-体育与健康专辑(十四).2005(26-27).

用,可以提高教学媒体的展示力和交互性,极大地丰富了教学内容的呈现方式。例如,教学舞蹈《春天在哪里》时,教材主要是通过学生的舞蹈来表现生动活泼、生机盎然的春天,表达喜悦的心情。为营造气氛,教学时播放一段网上下载的录像《美丽的大自然》,盛开的鲜花、嫩绿的小草、雄伟的山川、奔流的河水,把学生带进一个美丽怡人的境界。此时,可以问学生:"你看到这美丽的景色,心情高兴吗?愿不愿意学段舞蹈来表达你的心情呢?"然后开始讲解《春天在哪里》舞蹈的基本动作,让学生在音乐中进行动作学习。

在教师实施体育教学的过程中,创新地运用计算机多媒体技术、网络技术,以绘声绘色、栩栩如生的形象反映客观事物,以图、文、声并茂的三维方式呈现教学内容,能极大地满足学生视听感官的需求,充分刺激学生的听觉和视觉,激发学生的学习兴趣。

2) 信息技术与教师教学方式的整合

通过多媒体信息技术对文本、声音、图形、图像、动画等进行综合处理,编制一系列各种运动项目教学课件,能充分创造出一个图文并茂、有声有色、生动逼真的教学环境,为教师教学的顺利实施提供形象的表达工具,能有效地减轻学生课业负担,激发学习兴趣,真正地改变教学的单调模式,真正使体育教学活跃起来。如今,部分学校课件制作室、电子阅览室、数字投影教室、多媒体语言实验室、多媒体网络教室等教学设备的投入使用,可以更新教学模式,充分发挥信息技术优势,提高课堂教学效率和质量。

作为教师首先应深入完善以教师使用信息技术为主的演示型教学模式。教师可以在现有教学模式基础上,使用多媒体计算机进行演示,使全体学生充分感知创设情境。也可以重新组织教学情境,突出事物的本质特征,促进学生形成稳定清晰的表象,促进学生对所学重、难点知识的理解,为学生掌握学习规律创造条件。此方法适应课堂教学中的最常见的新授课、复习课和练习课。例如,操场是什么样的,篮球场是什么样的,许许多多都可以利用制作课件(可利用软件 PowerPoint 制作幻灯片)的方法教给学生。其次要积极探索和发展以学生使用信息技术为主的自主学习型教学模式,如在多媒体网络教室以学生自主学习为主,顾及学生的个别差异,通过网络进行有效学习。此外,网上远程教学为体育又开辟了一条新途径。条件允许的学校还可以通过因特网进行教学。例如,假期里,学生放假回家,为防止训练中断,教师可以通过因特网把训练计划和内容以电子邮件或其他方式告诉学生,学生通过自觉训练后,把训练的情况反馈给老师。从而保证训练的连续性,为开学后的训练打下坚实基础。

3) 信息技术与学生学习方式的整合

信息技术与体育课程整合将带来学生学习方式的变革。信息资源的丰富性和共享性,使学生学习方式实现了转变,从单一、被动的学习方式向多样化的学习方式转变。在传统的教学过程中一切都是由教师主宰,从教学内容、教学策略、教学方法、教学步骤甚至学生做的练习都是由教师事先安排好的。而在信息技术的交互式学习环境中学生可以按照自己的学习基础、学习兴趣来选择所要学习的内容和适合自己水平的练习。

信息技术不受时间和地域限制,拓展了学生的学习方式,计算机、多媒体、网络成为学生学习的媒介,学生可根据自己的学习需要,选择自己的学习软件(程序光盘),选取有关内容加以学习。有的软件还配有游戏式的评价练习,不管哪一层次的学生只要练习过了关,都会给予"你真棒"、"别灰心"、"再来一次"等相应鼓励性的配音评价。在网络媒介中,信息是共享的,互联网是一个强大的信息资源库,学生可以上网快速地获取丰富的信息资料,有目的地处理信息,有利于培养学生的探索、创新意识,有利于学生开展主动的探索型的学习活动。例如,教师教学蹲踞式跳远动作,蹲踞式跳远动作的掌握不是一两节课就可以解决的。此时体育教师可以把教学内容制作成课件发到网上,让学生在家中的电脑上通过网络就可以清楚地看到动作示范、动作要领。学生可根据自己的学习基础,自觉反复操练、模仿强化。教师可以在下次实践课前及时收集学生的反馈信息,上课时进行个别指导,调控教学进度。学生学得愉悦、主动,真正成为了学习的主体。

4) 信息技术与学生生活的整合

以培养学生信息技术能力为核心的信息素养,是新一轮基础教育课程改革的重要目标之一。当前,中小学生信息素养的培养,一方面以信息技术课程建构学生的信息素养内部结构;另一方面,在其他课程中渗透信息技术,以信息技术与课程整合建构学生信息素养的外在发展环境。在今天信息时代背景下,培养中小学生的信息素养还应将信息技术与学生生活整合起来,建构学生信息素养良性发展的生存环境。

《中共中央国务院关于深化教育改革全面推进素质教育的决定》指出:健康的体魄是青少年为祖国和人民服务的基本前提,是中华民族旺盛生命力的体现。学校教育要树立健康第一的指导思想,切实加强体育工作。这并不是说只要在学校中开设了体育与健康课程,保证了必要的课时,就自然体现了健康第一的指导思想。实现健康第一的指导思想还应与学生的生活进行整合,这就离不开现代信息技术。因而加强信息技术与学生生活的整合成了现代体育的一条新途径。体育与健康课程标准在构建课程体系的时候,就十分关注满足学生全面发展的需要,从设计到评价的各个环节始终从学生的生活实际出发,特别开发了地方课程,让学生的学习贴近生活,让学生学想学的、乐学的、生活中感兴趣的知识与技能。德国教育家第斯多惠说过:教学艺术的本质不在于传授本领,而在于激励、唤醒、鼓舞。兴趣是最好的老师,学生的学习兴趣直接影响着学生的学习行为和效果。学生能否通过体育与健康课程的学习形成体育锻炼的习惯,兴趣发挥着非常重要的作用。利用这个特点,教师可以上一些学生喜欢的内容,如滚铁环、溜旱冰。学生要是不会,教师可以顺势让学生上网查找方法,再在上课时请查找好的同学向其他同学介绍,最后教师再把游戏方法和动作要领从网上下载打印出来,有图片的可以附上图片,展示给学生看,让学生学有方向。学生在教师多次这样教学后,也就养成了上网查阅资料的习惯。这为今后的自我锻炼找到了一种行之有效的方法,有利于学生终身体育习惯的养成,能为今后工作学习打下良好的基础。

总之,在学校体育教学中,多媒体信息技术与体育教学加以整合,深化体育课程改革,把课程标准精神落到实处,利用现代信息技术辅助完成体育教学任务是现在及未来体育发展所必需的。在现阶段,多媒体信息技术教育与体育教学的有机结合,是体育教学改革中的一种新型教学手段,由于其视听结合、手眼并用的特点及其模拟、反馈、个别指导和游戏的内在感染力,使其具有极大的吸引力,学生乐学、愿学。同时在实施多媒体信息技术教育的过程中也加深了教师对各项运动技术的理解和再认识。先进科学技术在学校的应用,促使每位教师自觉更新知识、更新教学方法、更新教学手段,紧跟时代的脚步,对自身素质的提高也会有很大的帮助。

8.9.2 信息技术与体育课程整合案例

《小飞行侦察员》教学设计案例
长春市南关区西五小学 孙爱萍

1. 教学目标分析

（1）知识与能力。使学生了解投掷的基本要领，并知道投掷时出手高度、速度与投掷远近的关系。

（2）过程与方法。通过系列投掷活动，提高学生良好的投掷能力和活动能力。

（3）情感、态度与价值观。通过"小飞行侦察员"的主题模拟活动，激发学生积极创想，主动参与活动的兴趣。培养学生团队意识和互助合作的习惯与能力。

2. 教学对象的分析

由于是小学低年级学生，刚刚进入小学不久，学生自制力和理解力相对较弱，情绪变化较大。为此，在教学时采用主题式情境教学的方法，在教学中，教师根据不同学生的个性特点，注意因材施教、因需施教。教师有计划地帮助、指导学生，让他们一边听、一边欣赏、一边实际体验，使他们在玩中学，在玩中练，学生不仅增强了自信，而且还真正体会到体育课给他们带来的快乐。

3. 教学内容的分析

本课选取水平一阶段的投掷教材——《小飞行侦察员》，通过各种不同姿势的飞行活动，让学生初步掌握自然挥臂投掷的方法，发展学生的投掷能力，提高学生对投掷活动的兴趣。促进学生判断力、时空感和身体的协调性、灵活性的发展。抛掷轻物为以后的投掷活动打下基础，在日常生活、劳动、体育活动和保卫祖国中有很大的实用价值。

4. 重点、难点分析

教学重点：全身协调用力。

教学难点：创造不同方式的飞行的方法。

5. 资源和媒体的设计

在教学中利用电脑课件、投影、音乐等多媒体手段把学生直接带入情境，使学生在美妙、轻松的乐曲声中感受美、欣赏美。同时激发学生学习兴趣，让学生直观地看到不同飞行的方法，这时学生可以模仿画面中的动作，也可以自己创造出更多的方法。

6. 教学过程的设计

教学环节	教学活动	资源媒体	设计意图
渲染激趣导入	学生散开，自由模仿飞机飞行练习	播放歌曲	兴趣是最好的老师，如果教师有意识地加以引导，让学生在跃跃欲试的状态下进行学习、练习，学生肯定能积极主动投身于课堂教学中，从而成为课堂的主人

续表

教学环节	教学活动	资源媒体	设计意图
体验 探索 感悟	(1) 教师提问：怎样才能成为特技飞行员呢？下面老师把刚才飞行员表演时看到的几种飞行方法模仿给大家看，请大家看看哪种飞行方法更好。 (2) 学生分组到各自的场地尝试"飞行"。 (3) 教师分别参与各组活动。 (4) 教师引导学生互相比较、互相观察，寻找合理的投掷方法。 (5) 请各小组推荐同学演示，师生共同评议。 (6) 各小队回各自场地抓紧训练，等一会我们来比赛。教师巡回到各组引导学生互帮互学，共同提高。 (7) 进行比赛，师生共同评议	插放飞机飞行表演视频 播放学生投掷影像	比赛是学生特别喜欢的方式，而小组之间的比赛更有助于培养团结合作意识和竞争意识。而将教师的正确的示范、指导放在学生练习、感悟之后，不但实现了教师由"主宰者"向"服务者"的角色转变，使教师的指导更有针对性和实效性，而且对学生观察、对比、坚持、总结的能力和习惯的养成也具有重要意义
提高 巩固 拓展	(1) 教师讲解小游戏"侦察机"的游戏方法。 (2) 学生准备游戏，战斗开始，教师巡视指导。 (3) 学生代表总结战斗	播放音乐	形式新颖、贴近学生生活实际和认识能力的练习比赛，学生往往会情绪激昂，乐此不疲。这样在不知不觉中，学生的投掷能力得到了锻炼、提高
总结 交流 分享	(1) 欢庆胜利，师生一起随欢快的音乐进行放松。 (2) 请各位功勋飞行员交流一下经验。 (3) 教师小结	播放音乐	在评议中，教师鼓励学生大胆进行自我评议和相互评议，发表自己的见解，交流自己的感想，主动寻找快乐，体验成功的感受

案例分析和教学建议。

(1) 案例分析。

本节课通过设置情境、创设氛围，并配以学生喜欢的乐曲及媒体渲染情境，把学生带入富有想象力的时间和空间。培养学生的想象力和创造力，调动了学生的积极性，让学生主动参与，在小组内自学、互学，通过自评、互评，让学生学会对知识掌握的程度进行评价，提高学生的学习效果。在整个教学过程中，教师对学生的学习态度、情绪表现以及合作、探究精神进行评价，注重学生的学习过程，给予学生一定的鼓励，让学生对自己充满信息，达到爱学习、会学习的目的，为以后形成终身体育的意识打好基础。

(2) 教学建议。

通过信息技术与体育课程的整合，可以借助于各种多媒体手段辅助教学，比传统体育课的教师师范讲解更直观、更生动、更容易被学生接受。在教学过程中，教师可以将自己很难示范清楚的动作细节，或者受到时间空间限制无法演示的技术环节，用多媒体技术呈现出来，可以反复呈现某个片段，也可放慢镜头让学生仔细揣摩，加深对动作的理解。但是要注意，信息技术并非万能，要注意教学手段的多样化，不能一味追求信息技术的功效而忽略了体育教学对学生发展的促进作用。信息技术与任何学科的整合，其目的必须是为了以提高教学效率，促进师生发展为宗旨的。

思考与练习

结合本章学习内容,选择自己专业所熟悉的一个或几个知识点,设计一堂信息技术与课程整合教学设计方案,并以微格教学的方式演练,同学间相互进行观摩与评价。

信息技术与课程整合的教学设计要求。
(1) 体现先进的教学理念与教学思想;
(2) 遵循信息化环境下教学设计的原则和方法;
(3) 落实信息技术与课程整合教学模式实施的结构和要求。

请根据实际情况填写表8.1。

表8.1 信息技术与课程整合设计方案

专业　　　班级　　　姓名　　　时间

一、从本单元中,我学习到了:＿＿＿＿＿＿＿＿＿＿＿＿＿＿＿＿＿＿＿＿＿＿＿＿

二、我对所设计的信息技术与课程整合教学模式的理解是:

定义:＿＿＿＿＿＿＿＿＿＿＿＿＿＿＿＿＿＿＿＿＿＿＿＿＿＿＿＿＿＿＿＿＿＿

结构:＿＿＿＿＿＿＿＿＿＿＿＿＿＿＿＿＿＿＿＿＿＿＿＿＿＿＿＿＿＿＿＿＿＿

三、我对这次设计的整合方案的总体规划是:＿＿＿＿＿＿＿＿＿＿＿＿＿＿＿＿＿

四、创建信息技术与课程整合教学设计方案:＿＿＿＿＿＿＿＿＿＿＿＿＿＿＿＿＿

(参照信息化教学设计方案格式编写教学设计方案)

五、评价信息技术与课程整合教学设计方案。

表 8.2 是一个信息技术与课程整合教学设计方案的评价量规。请利用该量规对用户自己创建的整合方案进行评价,反思其中的不足,并作出修改。

表 8.2　信息技术与课程整合教学设计方案的评价量规

评价项目	评价要点	满分	评分得分	小计
教学理念	体现教师的主导作用和学生的主体地位	10		
教学目标	目标确立的科学可行、符合三维目标要求	10		
教学内容	内容的设计符合相关课程标准及教学大纲	10		
	教学难易适中,重难点突出,设计有效	10		
	问题的设计能够激发学生探究兴趣和创新思维	10		
教学过程	教学情景的设计对学生有启发引导作用	10		
	教学流程设计科学、符合学生认知结构,教学环节间过渡自然	10		
	教师教法新颖,有助于培养学生创新思维和实践能力	10		
教学媒体	媒体的选用适时适量,符合教学实际需要	10		
方案实施	实施方案合理可行,具有可操作性和可推广性	10		
综合得分				
评价等级（打√）	优(≥90)	良(75～89)	中(60～74)	差(<60)
简要评语				

第 9 章　现代教育技术环境与系统

学习目标:
1. 了解现代教育技术环境,熟悉现代教育技术系统。
2. 熟悉常用常规教学媒体原理和使用。
3. 了解多媒体网络教学系统的原理及使用。
4. 了解微格教学系统的构成。
5. 理解微格教学理论,熟练掌握微格教学方法。

现代教育技术对教育的影响是全方位的,涉及教与学的各个层面。现代教育技术的介入,使学校的教学模式不断地发生着变革。引起了教育思想与教育观念,教学模式与教学方法的变革,加快了高等教育向现代化迈进的步伐。

在学校教育中要推广应用现代教育技术,发挥现代教育技术的作用,必须先建设良好的现代教育技术环境。现代教育技术环境是指在教与学的实践活动中,所涉及的系统化的信息技术设施与条件。即实现教学信息呈现与教学资源共享,有利于学生主动参与和协作讨论,有利于信息反馈和教师把控,有利于学校对教育信息化调控发展的现代化教学环境。

9.1　多媒体教室及多媒体网络教学系统

计算机多媒体技术、网络技术、信息高速路等为代表的新技术的不断更新,推动了教学手段现代化进程。在基础校园网建设基本完成的条件下,信息化教学环境的建设成为人们最为关注的焦点之一,多媒体教室建设的数字化、智能化发展成为了必然,多媒体教学系统的出现和发展更为教育信息化提供了理想的实践平台。

本节首先系统介绍了多媒体教室的功能、组成、使用方法及发展趋势;其次介绍了多媒体网络教学系统相关内容。

9.1.1　多媒体教室

多媒体教室是指为了满足现代教育教学的需要,利用多媒体计算机、中央控制系统、视频展示设备等构建的综合教学系统。它服务于教师的教学,利用多媒体设备展示的多媒体信息可以刺激学生的感官,促进理解和记忆,丰富和优化教学过程,提高教学的质量和效率。它已经成为网络化校园不可缺少的重要组成部分。

1. 多媒体教室的功能

多媒体教室应具备以下基本功能。

(1) 对计算机输出的数字信号进行投影,主要是播放多媒体课件、视频资料以及演示计算机技能相关的操作过程,辅助教师的教学活动。

(2) 与网络连接,能方便教师利用网络资源进行教学。

(3) 展示实物、模型、图片等资料,便于进行现场实物演示和对复杂图表分析讲解。

(4) 连接闭路电视系统,充分发挥电视媒体在教学中的作用。

(5) 音响系统能播放各种声音信号。

除此之外,通过增加摄录像系统,可以拍摄师生的教学活动过程,记录后作为资料为其他教学场所共享。增加学习信息反应分析系统,能使教师及时全面了解学生的学习情况,更有针对性地进行教学活动。随着多媒体教室设备的丰富,加上与网络的连接,多媒体教室的功能进一步扩展。

2. 多媒体教室的组成

多媒体教室一般以多媒体计算机为核心,由多媒体显示系统、多媒体扩音系统、中央控制系统、影碟机、录像机、带控制柜的讲台等现代化教学设备组成。多媒体显示系统主要设备有投影机、投影屏幕、液晶电视、视频展示台等构成。多媒体扩音系统主要设备有功放、音箱、话筒等组成。

一个标准的多媒体教室系统结构如图9.1所示。

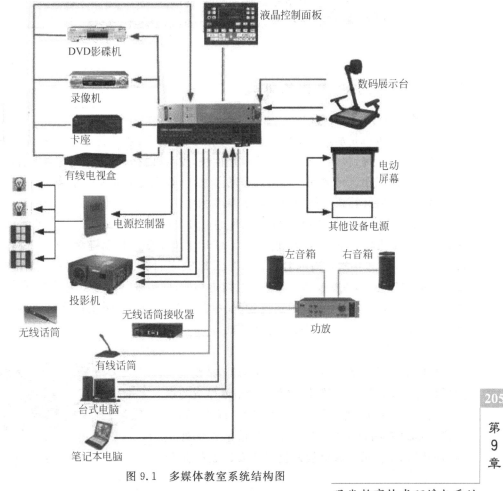

图9.1 多媒体教室系统结构图

该图展示了通过中央控制系统将多媒体计算机、投影机、投影屏幕、音响系统及各类视音频资料播放系统连接在一起，通过计算机软件界面或者桌面按键面板的操作，完成各种信号之间的切换，实现对视音频系统的全面控制。

　　一个标准的 250 座大多媒体教室现实空间布局如图 9.2 所示。

图 9.2　现实多媒体教室示意图

9.1.2　多媒体教室系统组成

1. 多媒体计算机

　　多媒体计算机是演示系统的核心，它的优劣很大程度上决定了演示系统的好坏。多媒体计算机应配置高，机器性能稳定，运算速度快，硬盘、内存容量大，配有声卡、网卡和高倍速纠错能力强的光驱。考虑到其使用操作的频繁，计算机还应加装还原卡。

　　多媒体教室计算机一般应具有以下参考标准。

　　3 年内流行 CPU 与主板；2GB DDR Ⅲ 1333 内存；160GB 7200 转硬盘；DVD 光驱；集成显卡；主板集成千兆网卡；前 2 后 4 USB 插口；防水抗菌键盘，光电鼠标；17 寸宽屏液晶显示器；通过国家电磁辐射最高标准(B级)；软件方式实现网络同传和硬盘保护功能；支持智能排序功能，方便操作；支持断电续传功能，同传未结束前断电或断点后均可继续同传；终端端口锁定功能，可以锁定键盘、鼠标、USB 口、网口等；资产实时监控功能，被控端硬件资产发生变化时，控制端会有报警提示。

2. 投影机

　　投影机一般作为 100 人以上课堂或阶梯教室视频展示的设备，是目前多媒体教室中价格最昂贵的设备。根据其投影原理不同，可分为三类，即 CRT 投影机，LCD（液晶显示）投影机，DLP（数字光学处理器），如图 9.3 所示。选择投影机最主要的指标是分

图 9.3　投影机

辨率和亮度。

CRT投影机有着较高的分辨率和优良的视频图像输出质量,但是其亮度输出低,通常只有几百流明的光输出亮度,通常用于屏幕不太大但对视频图像的质量有极高要求的场合,如飞行模拟器、三维空间模拟器、小型的高级影视厅等。

DLP投影机有着超高的亮度输出,图像清晰度高于LCD投影机,画面质量稳定,散热性好,理论上说,DLP投影机使用寿命达10万小时,可以适合许多环境明亮的场合和超大型会场,缺点是色彩饱和度不高。

LCD投影机有着很高的亮度输出,在画面色彩还原及色彩饱和度方面要高于DLP投影机,适合于动态视频的显示。但散热性差,一般连续使用3000小时后,画面品质衰减较大,会发生图像偏蓝、大面积暗点、对比度降低等情况,且更换灯泡也无法改善,只能更换液晶板,更换周期长,费用高。

选择投影机要依据具体需求和经费情况决定。

3. 投影幕布

投影屏幕可分为金属幕、玻璃珠幕、压纹塑料幕。

投影屏幕的最重要的规格指标是增益和视角,增益反映了屏幕片入射光的能力,通常把无光泽白墙的增益定为1,如果屏幕增益小于1,将削弱入射光;如果屏幕增益大于1,将反射或折射更多的入射光。屏幕在所有方向上的反射是不同的,在水平方向离屏幕中心越远,亮度越低;当亮度降到50%时的观看角度,定义为视角。在视角之内观看图像,亮度令人满意;在视角之外观看图像,亮度显得不够。一般来说屏幕的增益越大,视角越小(金属幕);增益越小,视角越大(压纹塑料幕,由于照顾学生,教育幕多采用压纹塑料幕)。

投影屏幕尺寸大小要根据投影机所使用的空间而定,教室越大,要求银幕越大。200座以下教室,屏幕尺寸选355 CM;200～300座,屏幕尺寸选380 CM。投影屏幕的尺寸是以其对角线的大小来定义的,一般视频图像的宽高比为4∶3,教育用的屏幕为正方形,因此很快就能得出屏幕的高度和宽度。

选择屏幕尺寸要注意以下几点。

(1) 屏幕高度要让每一排的观众都能清楚地看到投影画面的内容;

(2) 屏幕到第一排座位的距离应大于2倍屏幕的高度;

(3) 屏幕底边离地面距离1.5米左右。

4. 视频展示台

视频展示台是通过摄像机以光电转换技术,将实物、文稿、图片等信息转换为图像信号,输出在投影机、监视器等显示设备上的一种演示设备。

从外观上看,一台视频展示台基本的构成包括"摄像头"和"演示平台"两部分,如图9.4所示。主要利用摄像头采集演示平台上的各种实物、胶片等图像信息,然后借助其他外部设备如投影机、电视机等最终将图像展示出来。

视频展示台的主要技术指标是CCD(电荷耦合器件)的分辨率,分辨率越高,清晰度越好。

图9.4 视频展示台

5. 音响系统

多媒体教室的音响系统，一般由三大部分组成：拾音设备，放大设备，重放设备。拾音设备主要指话筒及 CD 等设备；放大设备，主要指功率放大器；重放设备，主要指扬声器。配置音响系统时，应遵循以下原则。

（1）简洁实用原则。多媒体教室的音响系统不必像专业舞台扩音设备那么复杂，不必配置调音台、专业混响器等专门的调音设备，这样有利于教师操作、节约成本。

（2）大功率原则。音响设备方面要求额定功率应该足够大，一般来说，主音箱的有效输出功率按 1W/人配置，AV 扩音机的主声道额定功率取为主音箱功率的 1.2 倍左右，功放主声道额定功率取为主音箱额定功率的 1.2～1.5 倍左右。如一个容纳 100 人的教室，主音箱的有效输出功率为 100W，扩音机的主声道额定功率为 120W。这样易于减小失真及设备安全。

（3）方便易用原则。音响设备的面板调节旋钮要尽量少，易于音乐和声音传送时的调节与控制。同时，由于教师上课期间移动，为了让其使用方便，应采用数字移频功放和界面话筒，这样教师可任意在讲台周围 2～6 米范围内移动，便于和学生交流。

6. 中央控制系统

整个多媒体教室的设备都是由中央控制系统集中控制的。该系统采用微处理器多机通信技术和系统集成技术，将被控系统设备的各种操作功能按照用户要求变为一个简单的操作。教师只需单击按钮式控制面板，即可实现对其他设备的操作。例如，能控制投影机进行开/关机、输入切换等功能；能实现屏幕的上升、停止、下降功能；能够控制 DVD、VCR 进行播放、停止、暂停等功能；能够控制实物展台进行放大、缩小等功能；能够控制音量，进行音量大小的调节功能；能够实现音视频、VGA 信号自动切换控制功能等。

中央控制系统主要由三部分组成。

1）控制系统

一般的多媒体教室的控制系统采用面板按键式控制系统，它性能稳定，价格较低，如图 9.5 所示。高档的学术报告厅可选用触摸屏式控制系统或电脑软件控制系统，其人机交互性好，价格较贵。

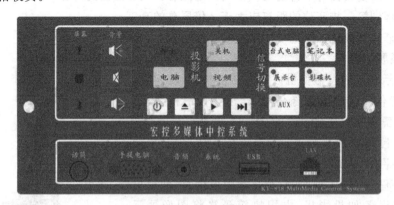

图 9.5　控制面板实例图

2）中央控制主机

中央控制主机包含设备电源管理模块、音视频切换模块、VGA 电脑信号切换模块、设备电源管理模块、电动屏幕控制模块、声音处理模块、控制接口处理模块、电源模块等。通过这些模块，能同时对多路设备进行控制。具有集成度高、全数字化控制、操作界面清晰的特点，如图9.6所示。

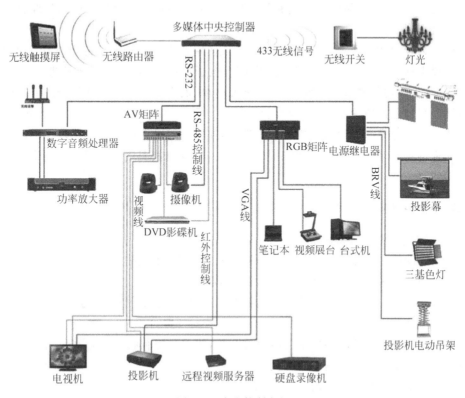

图9.6 中央控制主机

3) 接口电路

接口电路主要包含各种A/V输出接口、VGA接口、可编程RS-232接口、RS-485接口、I/O接口、电源输出接口、网络接口、电脑开关控制接口等，如图9.7所示。

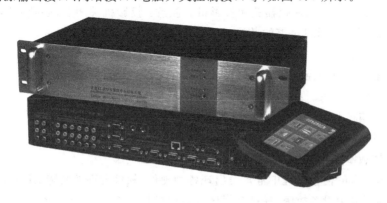

图9.7 接口电路

7. 教室

承载多媒体的教室应配置窗帘，日光灯安装位置、高低、角度都要做精心设计，以提供良好的光学环境。从管理成本和安全性上讲,教室应该集中且楼层不应太高,以免光线太强和温度过高,从而对设备使用寿命造成影响。教室讲台结构要设计合理,应有防盗功能,桌面面积不宜做得过小。考虑到教师的操作顺手和方便,要有足够的活动空间。要避免挡住投影机射出的光线,能够让学生看完整屏幕内容。另外讲台应便于设备的检查与维护。

8. 液晶电视

对于人数较少的普通教室配置多媒体,建议使用背投或大屏幕液晶电视作为视频展示设备。背投电视要求尺寸在 60 寸以上,应该有电子白板功能,可方便老师进行批注、标示等。对于 35 人以内的教室建议使用 52 寸液晶电视,而在 35~50 人之间的教室,使用 63 寸液晶电视。目前液晶电视有专为教学设计的型号,可内置操作系统,直接 U 盘插入就可播放幻灯片。另外还有些型号具有电子白板功能,在安装时可把液晶直接安装在黑板内,使用时拉开黑板即可。背投与液晶后期维护成本较小,液晶电视具有无须选择信号源电视可自动搜索的优点。

9.1.3 多媒体教室的使用

1. 常用操作程序和使用方法

(1) 领取设备。教师到多媒体教室管理中心领取控制设备,如投影机遥控器等。教室管理中心也可把相关设备置于机柜中,方便教学管理。

(2) 打开机柜。用领取的钥匙打开电脑柜和键盘柜。此过程一般为教室管理人员根据课程安排课前操作。

(3) 接通电源。打开电脑柜中的电源总开关,并单击控制面板的电源开关。

(4) 放下幕布。单击控制面板的投影幕布开关。

(5) 打开电脑。开启显示器,计算机主机。

(6) 打开投影机。单击控制面板的投影机开关,或利用投影机遥控器打开。

(7) 打开话筒。打开控制面板上的话筒开关或移动的话筒设备。

(8) 关闭设备。下课后关闭设备,主要有以下几个方面。

① 计算机安全关机。关闭主机,显示器等。

② 关闭投影机。利用遥控器关闭投影机。注意:投影机关闭后,必须间隔 5 分钟左右再关闭总电源,保证投影机足够的散热时间,以保障其使用寿命。

③ 关闭话筒。

④ 收回幕布。单击控制面板上的投影幕布开关。

⑤ 关闭总电源开关。此过程一般为教室管理人员统一操作。

⑥ 关闭电脑柜和键盘柜。此过程一般为教室管理人员统一操作。

(9) 归还设备。

2. 多媒体教室使用过程中注意的问题

在多媒体教室的使用过程中常常会出现各种硬件、软件方面的故障,而维护又要花费大量的时间。为了减少设备故障,提高多媒体教室的维护效率,就要提高硬件、软件的安全性。

1) 投影机的维护

在多媒体教学设备中,最重要、最昂贵的设备就是投影机,其使用状态如何将直接影响整个教学工作的正常运行。

(1) 灯泡。灯泡有一定的使用期限,如果灯泡使用期限已到被烧坏或灯芯有鼓起的现象,这时应换上新灯泡,并用遥控器将灯泡时间清零,过滤器复位。在开机状态下严禁震动、搬移,更不能在没完全散热下断开电源,否则灯泡容易炸裂。同时要减少开关机次数,这对延长灯泡寿命有益。

(2) 除尘。因投影机的滤尘网积尘太多,在持续高温的环境下散热不好,容易导致投影机过热而启动了自动保护、自动关机的功能,需要对过滤网进行除尘,重新启动后方可恢复正常。一般要在一年内对投影机进行深度清洁。

(3) 偏色缺色。构成图像正常色彩的 R、G、B 三原色中缺少一色或两色,这样屏幕图像就会严重偏向于某一原色。造成这种情况原因有,一是色彩控制参数调节失当,一般在投影机主菜单中有相关参数设置;二是由硬件线路故障引起的偏色,由于投影机和电脑所在的操作台距离不一,这样传输这段信号的数据线在安装时一般是临时焊接两端的 15 针信号接口,如果焊接不牢或经过多次插拔,就会出现脱焊而引起偏色。通过合理的硬、软件简化和设置,教师的操作就集中到主机和控制台,像功放等不需要设置的设备不要随意设置,从而杜绝不必要的设置可能带来的混乱和损坏。

2) 计算机系统使用注意问题

计算机系统的维护,要求使用计算机的人员懂得操作计算机的基本方法,有病毒防护的安全意识。

(1) 计算机要安装还原卡和病毒防护软件。

(2) 外设连接故障的解决方法。教师的 U 盘、移动硬盘等通过计算机主板前面的 USB 接口,计算机无法识别和读取数据时,教师可以打开讲台机柜后盖,把 U 盘或移动硬盘直接插在计算机主机后面的 USB 接口上。当中央控制器与笔记本电脑连接后,投影机不显示笔记本电脑的内容,用户可以按笔记本电脑上的键盘功能组合键进行显示输出控制方式切换,每次切换一次等待几秒时间,以便投影机能检测输入信号,如果还不行,重新启动笔记本电脑。

9.1.4 多媒体教室的发展趋势

随着网络技术的发展,多媒体教室的高度集成和网络化已经成为可能。如今,很多高校已经在普及由单个教室的集中控制平台升级为校级平台的集中控制。利用网络技术、现代多媒体技术、计算机技术的网络化多媒体教室能确保设备的安全,实现无人值守,远程集控和管理,代表着今后多媒体教室的发展趋势。在各高校的多媒体教室管理经验中,已有部分院校开始实现多媒体教室的网络化建设,取得了良好的效果。

建设网络控制中心的首要条件是更换硬件设备,并将原有多媒体教室的模拟中控改建成网络数字中控。这样,每个教室的多媒体网络中控系统可通过校园网络互相建立物理连接,使原本彼此独立的多媒体教室互联互通,从而实现对多媒体教室的相关设备、教学资源、教务、安全等全方位统一管理。多媒体网络教室集群中央控制结构图如图 9.8 所示。

1. 网络控制中心平台须具备的功能

(1) 远程集控。基于校园网,网络控制中心可以远程控制、管理所有多媒体教室的设备,如打开和关闭投影机,开关计算机电源等,全天二十四小时监控每个教室终端相关设备的使用状态,使多媒体管理员能迅捷准确地掌握教室所有设备的状况,提高管理维护效率。

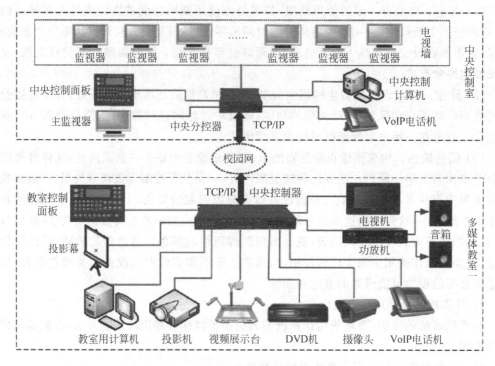

图 9.8 多媒体网络教室集群中央控制结构

(2) 远程管理。通过网络控制中心,可远程监看各多媒体教室,及时应答与解决教师在使用中遇到的问题,协助他们完成多媒体的正常操作。

(3) 远程安全。网络控制中心的视频系统有同步录像功能,一旦有异常情况可同步进行录像,并有图文显示、报警鸣号、弹出相应教室的视频图像并自动录像。值班人员可迅速看到报警图像并及时报保卫部门处理。

(4) 远程教学。这是一个最重要的环节,网络控制中心要能对多媒体教室的课堂教学和考试过程进行实时监控和记录。利用主控制室的电视墙和可显示多媒体及计算机,主控室可作为主讲教室,也可以作为听课教室,各多媒体教室可同时共享主讲教室教学资源。可进行广播教学、教学评估、课程观摩教学,能在较短时间内对各多媒体教室的现场进行视频巡视,并在必要时录制有关内容。可将教室的教学实况上传至网络,通过浏览器打开校园网就能观看教学实况,实现远程网络教学进行教学评估。此外,还可作为电子监考系统,实时监看各个考场的视频动态。

(5) 远程共享。每个多媒体教室可通过网络控制平台,支持多种格式的 VOD 视频、AOD 音频、COD 课件点播;可通过校园网及广域网对公共资源进行上传、分类管理,实现教学资源的网络共享,并授予教师访问、浏览查询、下载应用权等,协助其远程备课;可同步录制教师上课内容,生成相应的教学课件,保存并上传至网络服务器以供学生随时通过网络进行点播观看。

2. 网络化多媒体教室的优势

网络化多媒体教室的使用,更新了以往的管理模式,大大减轻了管理人员的负担。通过网络控制中心这个平台,可对多媒体教室进行远程控制,在教学过程中,若多媒体设备出现问题,控制中心则可通过远程登录或 IP 电话通信系统及视频查看,以有效地解决计算机系统或其他设备的操作不当等问题,大大方便了管理。能自动记载每个教室的使用状况,为维修提供详细的数据,对多媒体教室的资产进行管理。并可通过视频监控设备的安装实现安全管理,可远程巡视,手动或自动录像。可对计算机远程协助安装备份操作系统、各类杀毒软件、升级病毒库、修补漏洞及教学所需的各种软件。这些工作对于原来相互独立的多媒体教室而言,是一项量大且烦琐的工作,而网络化的多媒体教室使得这类工作简化许多。

9.1.5 多媒体网络教学系统

1. 多媒体网络教学系统

多媒体网络教学系统,是将多媒体技术、计算机技术与网络通信技术等多种技术相结合,通过网络实现多媒体教学的系统。它的出现为建立新型的教育方式提供了硬件环境,为教育信息化的全方位扩展提供了施展平台。

目前,多媒体网络教学系统在建设规模上区别还是比较大的。规模小的可以仅是一个教室中的局域网络,规模大的可以建成开放的校园网络。这里仅介绍第一种。这一种多媒体网络教学系统,常被称为"网络机房"或"网络教室",在目前国内的各类各级学校中极为普遍,功能多少各异。功能多的可以集计算机机房、多媒体教室、视听室、语音室等于一体。功能少的仅仅是计算机机房的基础上加上教师机和中央控制系统,以方便教师对学生的教学与监控,此类多媒体网络教师的技术解决方案也多种多样,读者可在网络中搜索到参阅。

2. 网络教学系统的功能

网络教学系统的功能根据其组成软硬件的不同,功能差别十分明显。但一般网络教学系统都具备以下功能。

1) 广播教学

利用教学控制系统,可将教师机的电脑屏幕画面及语音等多媒体信息(文字、图形、图像、音频、视频)同步广播给全体、群组或单个学生机。有的系统,屏幕广播和语音广播还可分别独立执行。

2) 转播教学

这主要是指教师可以将任何一个学生机的屏幕及声音转播给全体、群组或是单个学生机。例如有一位学生做得十分优秀,可以拿他的作品作为示范,供其他学生参考。

3) 监视监听

教师可以在教师机上随时监视每个学生机的电脑屏幕,同时还可以监听声音,以了解学生的学习情况,而不用教师四处巡视。有的可以对群组或全体学生机进行多画面监视,有的网络教学系统还具备自动轮流监视监听功能。

4) 单独对讲

教师可以方便地与任意单个学生实现双向交谈,进行个别辅导,避免影响其他学生,当然也可以让其他学生进行旁听。如果有几个学生有共同的问题,显然这样是十分有利的。

5) 电子举手

学生可以通过某种方式随时向教师呼叫,教师看到控制台上的呼叫信号后,可以通过多种方式与提问的学生进行交流。

6）遥控辅导

教师可远程接管某个选定的学生机,在监看学生机屏幕的同时,控制该机的键盘与鼠标进行操作。这样教师就可以"手把手"地进行辅导。

7）电子黑屏

为了使学生在教师讲课时能认真听讲,可以使用电子黑屏功能关闭学生机的屏幕。

8）远程关机、复位及锁定

必要时,教师可以方便地对学生机进行关机、复位,以及对学生机的键盘、鼠标进行锁定、解锁等操作。

3. 网络教学系统的使用

根据网络教学系统的功能,在实际使用过程中可以开展以下几种模式的教学,广播教学模式、个别化教学模式、分组讨论模式等。

1）广播教学模式

广播教学模式主要使用的是网络教学系统的广播教学功能,也可称为"授课模式"。在这种模式下,教师将自己的屏幕信号广播给全体学生,并利用耳麦进行讲解。这样教师可以轻松地边讲边演示,学生只需要观看自己的屏幕,收听教师的声音即可。当教师把一个问题讲完后,就可以将学生机的控制权交给每个学生,由学生自由练习。

2）个别化学习模式

在这种模式下,学生可以使用教师提供的各种学习资源,例如多媒体课件、网络课程等,自己边看边学边练。同时,教师可以利用网络教学系统的监视监听功能,加强对学生的监督,随时了解学生的学习情况,对有学习困难的学生,可以随时进行指导。

3）分组讨论模式

根据教学需要,可以对全班学生进行分组,组内同学可以通过对讲功能、监视监听功能和遥控功能进行协作、讨论,共同完成教师分配的任务。通过这种教学模式,可以培养学生的合作精神与协作能力。

4. 多媒体网络教学系统优势

与传统的教学模式相比,多媒体网络教学系统充分发挥了网络教学的优势。

（1）有利于提高教学效果。传统教学中,教师有时要花费很多时间去介绍某一背景、事物、现象。采用多媒体网络教室中的广播教学功能,由教师将相关内容用多媒体课件演示给学生看,学生也可以自己动手操作,使得教学过程更直观、更形象,教学效果明显提高。

（2）丰富教学内容的表现形式。在课堂教学中,多媒体网络教学克服了其他媒体单一表现及难以协同的弊端,通过音响、图像、动画等刺激学生的多种感官,能够把知识直观地呈现出来,丰富教学内容的表现形式,使学生的学习兴趣与主动性得到充分地提升。

（3）提供交互式的学习环境。这是多媒体网络教学优于其他媒体技术的最突出特点。以往普遍存在教师难以及时、准确、全面地掌握学生上机练习的实际情况,难以做到与学生之间的及时交流。通过多媒体网络教室的轮流监控功能,教师就可以及时地与学生建立反馈联系,通过检查上机操作过程来了解学生情况,以此来调控教学过程。

（4）优化课堂教学环节。利用教学示范、语音对话等功能,教师可以讲解演示,学生则可以及时上机练习。利用监控管理功能,学生可以将练习情况及时地反馈给教师。利用电子举手功能,可以方便地提问,优化了课堂教学环节,提高了教学质量。

(5) 加大信息容量,共享教学资源。用多媒体网络教室授课,教师可以利用多媒体课件及网络功能,将大量多媒体教学素材集中展示到每台学生机上,学生可以共享所有的资源,对有余力的学生提供更丰富的资源平台。

总之,多媒体网络教学系统为教育信息化的快速发展提供了平台,直接影响到教育信息化建设进程。多媒体网络教学系统在教学中的应用,为教育教学的改革和发展提供了一个更加广阔的空间。

9.2 微格教学系统

微格教学系统是基于微格教学理论,为微格教学而设置的一种完全真实的教学环境,该系统通常由微格教室、控制室和观摩研讨室等组成,包括摄制反馈微格训练的视听设备。

微格教学在初期被认为是单一简化的教学过程,但随着时代的发展,对教师教学水平的要求提高,微格教学的要求也随之提高,要求教师在微格教学中用词精简、表达严谨、体态端正、表情到位、板书合理、互动有序、设疑有法、导入引出得当,使得各种教学技能能够在实践中得到锻炼和巩固,对于提高教学水平是非常有益的。

9.2.1 微格教学

1. 微格教学的发展

微格教学是一个翻译名词,英文为 Microteaching,也可以译成微型教学,是 1963 年由美国斯坦福大学的艾伦(Dwght. W. Allen)教授对师范生进行教学技能训练时在"角色扮演"(相当于我国师范生的实习前试讲)的基础上提出的。

1957 年 10 月 4 日,原苏联成功地发射了世界上第一颗人造地球卫星。美国政府和各界人士十分震惊,他们终于意识到美国科技大国的地位受到了强有力的挑战。通过认真的调查和分析,美国人认为他们落后的主要原因是教育。于是,美国开始了全国性大规模的教育改革运动。改革涉及教育机构、教学管理、教师培训、课程改革、教学方法和教学评价等各个领域。

作为教育改革的一部分,师范教育和教学方法的改革十分活跃。美国的教育学院开始开发旨在改革课堂教学中"教师讲、学生听"的教学方法,对教师或师范生进行科学的培训。1963 年,受斯金纳(B.F. Skinner)"程序教学"思想和布卢姆(B.S. Bloom)"教育目标分类"思想的影响,美国斯坦福大学的艾伦教授在对师范生进行教学技能训练时对"角色扮演"进行了改造。他们发现在"角色扮演"的过程中存在许多问题,主要有。

(1) 初登讲台的实习生很难适应正式的教学环境;
(2) 每个实习生试讲时间太长,指导教师很难自始至终认真地听讲、记录和评估;
(3) 给实习生的评价意见多属印象性的,较笼统,实习生难以操作和改正,也没有机会立即改正;
(4) 试讲学生对自己的教学没有直观感受,难以进行客观的自我评估。

于是,他们对这一过程进行了改造,把摄像机引入课堂,并缩短每个实习生试讲的时间,对教学技能进行分类,每次只进行一项技能的训练,通过重放录像,使反馈和评价及时、客观、具体、准确,使实习生在短时间内掌握一定的教学技能。后来又逐步完善,最终形成了微格教学。

微格教学自1963年提出后,很快推广到世界各地,成为教师培训的基本课程。美国及一些欧洲国家的师范教育首先接受了这一新的培训方法。在英国,微格教学被安排在四年制的教育学士课程内,共用42周,每周5学时,共计210学时。这门课一般安排在大学四年级,接受微格教学训练后,这些教育学士师范生再到各中学进行教育实习。香港中文大学教育学院从1973年开始,采用微格教学的方法来训练学生,为了加强真实性,1975~1978年间实行以真实学生当作角色扮演中的听讲对象,用录像的方法记录训练的过程。1983年在进修的在职教师中进行了实验,证明了微格教学对在职教师培训也有很大帮助。微格教学在日本和澳大利亚也得到了认真的研究和发展。悉尼大学和新南威尔士大学教育学院开设的课程每周4课时,上13周,共52课时。对于在职教师的进修培训也开设微格教学实习课,时间是每周2小时,共13周。其中悉尼大学的教育工作者们经过了近十年的研究和实践开发的微格教学课程,是移植、改进最成功的一例,获得了世界声誉。在广泛进行理论研究和实践的基础上,编写出了《悉尼基本教学技能》教材,这套教材主要是为了提高师范生和在职教师对可观察的教学技能的实践能力和识别能力。教材和示范录像已在澳大利亚80%的师资培训机构以及英国、南非、巴布亚新几内亚、印度尼西亚、泰国、加拿大、美国和香港地区的一些师范院校采用。后来,欧洲和亚洲其他国家和地区也开始了微格教学的研究与应用。

20世纪80年代初,微格教学进入我国,北京教育学院是我国最早开展微格教学的单位。从1983年起,北京教育学院受国家教委师范司的委托,举办了两期外国专家微格教学讲习班,五期国内微格教学讲习班。20世纪80年代后期,微格教学在我国开始受到重视。1988年10月,中国第一次派代表参加联合国教科文组织在香港举行的"亚太地区微格教学国际交流会",正式把微格教学列入国内研究项目,随之各地逐步开展微格教学实验。如北京丰台区教科所从1989年秋季开始进行"利用微格教学培训教师掌握教学技能、提高教学水平实验",取得了较好的效果。又如海南琼山市教育局教研室从1992年秋季开始举办六期微格教学骨干培训班,并选定教师进修学校、琼山中学及四所小学作为微格教学的实验点,通过试点总结经验,1993年秋季开始在全市逐步推广微格教学。

我国开展微格教学近二十年来,对微格教学的研究取得了一定的成果。1991年,由全国微格教学协作组秘书长孟宪恺主编的《微格教学基本教程》出版。1992年,北京教育学院与河南平顶山矿务局教师进修学校合作出版了《微格教学(示范带)》五集,并先后在该院学报上出版了《微格教学研究》专刊五期。一大批关于微格教学的专著、论文相继出版和发表,为全国从事微格教学研究和教学的同志提供了参考资料。目前我国大部分地区和高等院校正在广泛开展微格教学研究与应用,特别是师范院校和教学研究单位,已逐步将微格教学应用于师范生和在职教师的教学技能训练。

2. 微格教学概念

微格教学(Microteaching),意为微型化教学,通常又被称为"微型教学"、"微观教学"、"小型教学"、"录像反馈教学"等。它是由美国斯坦福大学艾伦(D. Allen)教授等人创立的一种利用现代化教学技术手段来培训教师的实践性较强的教学方法。它以现代教育理论为指导,通过视听技术和反馈,按照严格的程序,对师范生和在职教师轮流进行培训,从而使他们更好地理解教学过程和掌握教学技能的一种教学技术。艾伦将微格教学定义为:"它是一种缩小了的可控制的教学环境,它使准备成为或已经是教师的人有可能集中掌握某一特定的教学技能和教学内容。"根据实践体会,广西师范大学《现代教育技术》课程小组认为:"微格教学是在有控制的条件下进行学习的实践系统。它是以现代教育教学理论为指导,利用现代视听技术,通过反馈评价,以集中解决某一特定的教学行为技能为目的,对教师教学技能进行系统训练的方法。"

3. 微格教学特征

微格教学具有如下特征:

(1) 由少数学习者(5～10人)组成"微型课堂",以真实的学生或受训者的同学充当"模拟教师"和"模拟学生",使课堂微型化;

(2) 把教师教学技能分解为若干个环节,学习者根据训练目标,选择一小段"微型内容"进行教学设计并编写教案;

(3) 被训练者利用5～10分钟的时间进行一段"微型课程"的教学实践,从中训练某一两项教学技能;

(4) 在进行"微型课程"的教学实践过程中,利用视听设备系统将实践过程记录下来。

由于微格教学的一次训练内容少、人数少、时间短,这样被训练者的紧张感和焦虑感不会很大,从而减轻了被训练者心理紧张的问题;在微格教学培训中,由于扮演学生的人都是自己的同学,因此被训练者不会有太大的心理压力,即使试教中产生失误也不会对扮演学生的人产生不良影响,他们不必为影响学校的正常教学而担心。这种训练为师范生将来的教育实习打下了基础,增加了他们的自信心,减少了他们在学习中的心理压力。

微格教学技术自诞生后,得到了迅速推广和大量研究,尤其受到各国师范教育界的重视。在欧美,微格教学已成为教师培训的基本课程。

9.2.2 微格教学系统的组成与使用

1. 微型教学系统的组成

微型教学系统由一间或多间微型教室、控制室、观摩室、示范室等组成,最简单的由微型教室与控制室组成,如图9.9和图9.10所示。

1) 微型教室

一般的微型教室装有话筒和摄像机,用来拾取模拟教师的声音和传统的教学活动形象。最好再有一台摄像机,用来拾取模拟学生的学习情况。室内还设置一台电视机,用来重放已记录的教学过程录像,供同学们进行评价分析,如图9.11和图9.12所示。

2) 控制室

装有电视特技台(视频切换器)、调音台(混音器)、录像机、视频分配器、监视器等设备。从每间微型教室送来的模拟教师、模拟学生教学活动的两路视频信号经电视特技台控制,一路送到录像机进行录像,另一路则可经视频分配器把教学实况信号直接送到观摩室,供同步评述分析,如图9.13所示。

3) 观摩室

观摩室是装有电视机的普通电教室。只要把控制室中经视频切换器选择后的视频信号送到电视机上,实时播放教学实习的实况,供指导教师现场评述,能让较多的学生观摩分析。

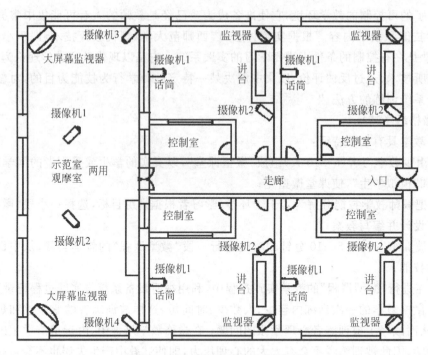

图 9.9 标准型微格教学系统剖面图

微型教室 2　　　　　微型教室 1　　　观摩室
　　　　　　……
微型教室 n　　　　　控制室　　　　　示范室

图 9.10 微格教学系统平面图

图 9.11 微格教室（前向）

图 9.12　微格教室（后向）

图 9.13　微格教室控制室

4）示范室

示范室与各间微型教室、控制室组成一个闭路电视双向传输系统。在示范室可以选择收看任意一间微型教室的教学训练活动的实况；也可以将在示范室的教学活动情况同步传输到各间微型教室；示范室还可以作为学校闭路电视台的演播室，摄制新闻节目、艺术节目、采访节目、知识竞赛节目等。

2. 使用原理

1）微型教学法

微型教学法是美国斯坦福大学（Stanford University）教育系在1963年首创的。微型教学法是一种借助现代电教设备——摄像机、录像机，专门训练学生掌握某种技能的小规模教学活动。

(1) 微型教学的方法。

微型教学方法是在一个装备有电视摄录机设备系统的微型电教室里,以很少的(3~5个)模拟学生为教学对象,实习模拟教师只用很短的(3~5分钟)时间,试练一种教学技能(如组织教学、提问、复习旧课或布置作业等)。实习时,实习教师与模拟学生的活动行为被录像机记录下来,然后指导教师与实习教师、模拟学生一起观看重放的录像,共同分析,评价其教学技能的优缺点,然后再做训练直至掌握正确的教学技能为止。

(2) 微型教学过程的模式。

在微型教学中整修复杂的教学过程可以分解为四个步骤,如图9.14所示。

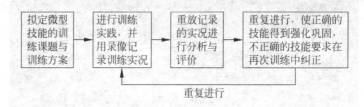

图 9.14 微格教学过程模式

2) 微型教学系统的特点

(1) 训练项目单一。

微型教学是将训练内容分解为一项一项的技能,每次课只训练一种教学技能,如导入技能中的设疑导入等。在训练中还把某一技能的细节加以放大,便于观察、讨论、反复练习。这样,集中对某一项教学技能或某一侧面而不是整堂课的教学过程进行训练,就容易达到预期的目的。

(2) 训练时间周期短、规模小、效率高。

在训练过程中模拟学生不以大班为对象,以小组为单位,每组约几人,每个模拟教师一般训练某项技能几分钟,这样就提高了训练效率。

(3) 训练手段现代化。

首先利用录像机播放优秀教学录像或浏览网上虚拟教学,向受训学生展示正确规范操作。然后,用摄录机记录每个模拟教师的实际操作过程。最后,用录像慢放、定格画面等手段评价训练结果。

(4) 训练评价技术科学。

传统训练中的评价主要是凭经验和印象,带有很大的主观性。微型教学的评价主要是指导教师、模拟教师、模拟学生可以通过重播模拟教师教学过程录像来评价其优缺点,从而减少评价的主观性,增加评价的科学性。

(5) 训练心理负担小。

因为微型教学训练时间短、教学内容少、参与受训练的人数不多,又因为参与者大多与受训者比较熟悉,所以可以减轻受训者心理紧张的问题。又由于评价既要指出不足,更要肯定其优点,便会增加受训者的自信心与成功感。

3) 微型教学系统的功能

(1) 分组训练。

指导教师布置好课题,将学生分组到各自的微型教室,扮演各自的角色(模拟教师和模拟学生),每个模拟教师对规定的内容进行训练,一般为几分钟。

(2) 交互学习。

通过控制室的有关设备,进行小组之间的实况联播。指导教师可以将某一微型教室的训练活动切换到另外的一间、二间、三间等教室的电视机上,可同时向模拟师生做同步的评析,让各间教室的模拟师生相互学习、讨论。

(3) 示范教学。

在开展微型教学前,指导教师先示范播放分析教学技能训练、模拟教学、优秀教师课堂教学录像,为受训学生提供典型示范,让受训学生对照模仿。

(4) 讲评教学。

教学训练操作完成,指导教师与学生(模拟师生)一起在示范室内观看教学训练录像,指导教师对受训学生的教学技能进行分析、评价。此外,还可组织分组或全班进行评议。

9.2.3 微格教学实践与评价

1. 微格教学实践

1) 组成微型课堂

微型课堂由扮演教师角色(师范生或在职教师)、扮演学生角色(被培训者的同学、同事或真实的学生担当)、评价人员(被培训者同学、同事或指导教师等)、摄录像设备操作人员(专业人员或被培训者同学、同事)和指导教师五部分人员组成。如果由被培训者的同学、同事担当评价和操机任务,必须经过事先培训和现场指导。

2) 角色扮演

在微型课堂上被培训者讲一节课中的一部分,练习一两项教学技能,所用时间视技能的要求而定,一般为5~10分钟。在上微型课之前,被培训者要做一个简短的说明,以便明确所训练技能和教学内容之间的关系,以及所要达到的教学目标和教学设计的思想。

3) 准确记录

在进行角色扮演时,可用录音、录像等方法对教师的教学行为和学生的学习行为进行实况记录,以便能及时准确地进行反馈。记录的方法是否必须使用摄录像设备要看培训所具备的条件而定,录音对语言说明的技能也很适用。没有以上设备条件也可用照相、文字记录的方法,但不如录像反馈真实、准确、生动。

2. 反馈和评价

能否对被培训者的角色扮演过程给予准确、及时地反馈和恰如其分地评价,是被培训者通过微格教学能否得到提高的关键。

1) 重放录像

为了使被培训者及时地获得反馈信息,当角色扮演完成后要重放录像,让被培训者耳听目睹自己的教学行为,并与事先的设计相对照找出优势与不足。由于这种方法所产生的刺激强烈,被培训者看后印象深刻,对缺点改正快。指导教师、评价人员、学生角色在讨论分析的过程中有重点地重放录像,对于形成较为统一的意见,进而帮助被培训者改进,提供了有利的条件。

2) 自我分析

被培训者观看自己的角色扮演录像后,要进行自我分析。检查实践过程是否达到了自己所设定的目标,是否掌握了所培训的教学技能以及是否存在其他教学行为等问题,以便明确改进方向。

3) 讨论评价

作为学生角色、评价人员和指导教师都要从各自的立场来评价实践过程,总结出优点和所存在的问题,指出努力的方向。对微型课堂进行评价的方法主要有两种。

一种是根据每种教学技能培训目标的要求制作评价量表如表9.1所示,参考评价量表明确评价的内容和标准,对教师角色的教学行为进行评价。这种评价方法是,经过讨论后,每个评价人员根据自己的判断填写评价量表,然后将每位评价者的评价结果逐项输入计算机,计算机通过预先编制好的程序进行计算,就会以量的方式结合直方图或曲线直观、具体地输出评价结果。从结果中不但能看出被培训者掌握某项技能的总体水平,还可以看出每一项评价项目所达到的水平,是一种定性与定量相结合的评价方法。

表9.1 微格教学技能量化评价参考表

序号	技能	目的要求	优 (9～10)	良 (8～9)	中 (7～8)	合格 (7以下)
1	语言技能	标准、响亮、速度适中,吐字清晰,抑扬顿挫				
2	导入技能	简洁有力,含情有趣,联系课题紧密,有效创设学习情景氛围				
3	讲解技能	表达准确、清晰,重点突出,条理清晰,层次分明,旨意明确,例证丰富,有自我见解,无知识性错误				
4	板书技能	书写端正,字迹清楚,布局规范,结构严谨,出示合理,配合讲解,无错别字 (电子板书评分标准类同,但增加工具技术难度与生动形象两点)				
5	提问技能	意图明确,表述清楚,主题明确得当,难易程度适中,问法有启发性,给予时间及提示,把握时间与对象				
6	结束技能	对主体内容有全面总结,对目标有回应,课后有布置				
7	教态表现	衣着得体,仪表整洁,站立自然,巡堂从容,目光和善,面带微笑				
8	互动情况	目光交流自然,语言交流充分,情感交流明显				
9	文本解读	结合课前提示、课后思考练习及单元提示准确把握作者原意,不误读,有一定独立见解				
10	课标精神	文本解读、文章解读、师生交流都明显体现学生主体,学习主体的观念,自助、合作、多元、求真、求善、求美的精神贯穿始终				
11		总分				

另一种是在角色扮演时用计算机记录师生双方的教学行为,进行课堂教学相互作用分析。这种方法是把教师的教学行为和学生的学习行为都进行了范畴化。在角色扮演时把这些行为范畴按出现的顺序和延续的时间以数据的方式输入计算机,在程序软件的支持下就可以通过量、图形和文字说明的方式输出结果,用以分析教师的教学行为对学生学习行为的影响,以指导教学过程。

9.2.4 微格教学训练基本内容

1. 微格教学训练基本技能

微格教学中要把课堂教学技能分解成各种具体、单一的技能,对每一项技能进行训练。教学技能训练一般包括以下内容。

1) 导入技能

导入是教师在一个新的教学内容或活动开始时,引导学生进入学习的行为方式。在教学中采用正确而巧妙的方法进行导入,可以引起学生浓厚的学习兴趣,激发起求知的欲望,从而把他们的注意力引导到学习的课题上来。利用微格教学可将导入技能分解为开门见山直接导入、利用旧知识导入、利用直观演示导入、巧设实例导入、利用生动故事导入等多项不同技巧进行训练。

2) 变化技能

变化技能是教师利用对学生不同刺激的变化来组织学生的注意力,生动地传递知识和交流感情,促进学生学习的行为方式。变化技能有三种类型,即教态的变化、教学媒体的变化和师生相互作用方式的变化。对于师范生来说,开始主要是掌握教态的变化。利用微格教学可以把教态变化技能分解为面部表情变化、身体动作变化和声音变化等技巧来进行训练。

3) 讲解技能

讲解是一种常用的教学方法,是通过语言对知识的分析,揭示事物及其构成要素、发展过程,使学生把握事物的内在联系和规律。讲解技能是教师利用语言及各种教学媒体引导学生理解重要事实,形成概念、原理、规律、法则等行为方式。利用微格教学,可将讲解技能根据教学内容(事实、概念、原理、规律、规则等)的不同,分解为描述性讲解、描绘性讲解、论证性讲解、启发性讲解、归纳性讲解、演绎性讲解等多种技巧进行训练。

4) 板书技能

板书是课堂教学的重要组成部分,是传递教学信息的有效手段,是教师口头语言、书面表达的形式。板书板画技能是教师利用黑板以凝练的文字语言和图表等形式,传递教学信息的行为方式。利用微格教学可将板书板画技能分解为提纲式板书、语词式板书、表格式板书、线形式板书、图示式板书、简笔画、示意图的绘画等技巧进行训练。

5) 演示技能

演示一般指教师为了说明某个事实、过程等运用各种教学媒体提供感性材料的表演和示范操作,以及利用这些媒体指导学生进行观察、分析。因此,演示技能是教师根据教学内容特点和学生的需要,运用各种教学媒体把事物的形态、结构或变化过程等展示出来,指导学生理解和掌握知识、传递教学信息的行为方式。利用微格教学可将在课堂教学中的演示技能分解为事物、标本及模型的演示、挂图的演示、幻灯和投影的演示、电视教材的演示、课堂实验演示等技巧进行训练。

6）提问技能

提问是教学过程中师生之间进行相互交流的方式，提问技能是教师以提出问题的形式，通过师生的相互作用，检查学习、促进思维、巩固知识、运用知识、促进学生学习的行为方式。利用微格教学，可将课堂教学中的提问技能分解为回忆性提问、理解性提问、知识运用性提问、分析性提问、综合性提问和评价性提问等技能进行训练。

7）反馈强化技能

反馈是教师传出教学信息后，从学生那里取得对有关信息反应的行为方式。强化则是教师给学生的反馈信息，是促进和增强学生的某一行为变化朝更好方向发展的行为方式。利用微格教学，可将课堂教学中教师获得反馈信息的技能分解为课堂观察法、课堂提问法、课堂考查法、操作实践法等技巧，而进行强化的技能可分解为语言强化、符号（标志）强化、动作强化、活动强化等技巧进行训练。

8）结束技能

结束是将学生的注意力引导到一个特定的学习任务，即完成学习的步骤。结束技能是在完成一个教学内容或活动时，教师对知识进行归纳总结，使学生所学知识形成系统，转化升华的行为方式。利用微格教学，可将结束教学技能分解为归纳式、活动式、比较式、练习式、拓展延伸式等多种技能进行训练。

9）组织教学技能

组织是课堂教学的"支点"，是使教学得以顺利进行的保证。组织教学技能是教师在课堂教学中组织学生的注意力、管理纪律、引导学习、建立和谐的教学环境，促进学生进行学习的行为方式。利用微格教学可将组织教学技能分解为管理性组织、指导性组织、诱导性组织等多种不同类型技巧进行训练。

2. 微格教学技能训练评价量表

科学的评价体系对于微格教学技能训练有着重要的指导意义，科学的指标划分及权重分配有助于提升微格教学技能训练的效果，有助于使训练者找到自己的不足，并进行针对性的训练，提高训练者的训练水平。

具体量表请读者参见附录A《微格教学技能评价量表》及附录B《微格教学技能训练实验效果评价量表》。

思考与练习

1. 简述多媒体教室系统组成，并学会操作多媒体教室系统。
2. 什么是现代教育技术环境？
3. 列举多媒体教室的主要设备。
4. 网络教学系统一般应具备哪些功能？
5. 什么是微格教学？微格教学有哪些特点？
6. 简述微格教学的实施过程。
7. 组建微格教学训练小组，积极练习并掌握微格教学方法，提高自身教学技能。

附录 A 微格教学技能评价量表

表 A.1～表 A.12 为微格教学技能评价的相关量表。

表 A.1 语言技能评价记录表

课题：   执教：

评价项目	好	中	差	权重
1. 讲普通话，字音正确	☐	☐	☐	0.10
2. 语言流畅，语速、节奏恰当	☐	☐	☐	0.20
3. 语言准确，逻辑严密，条理清楚	☐	☐	☐	0.15
4. 正确使用专业名词术语	☐	☐	☐	0.15
5. 语言简明、生动有趣	☐	☐	☐	0.05
6. 遣词造句通俗易懂	☐	☐	☐	0.10
7. 语调抑扬顿挫	☐	☐	☐	0.05
8. 语言富有启发性	☐	☐	☐	0.10
9. 没有不恰当的口头语和废话	☐	☐	☐	0.05
10. 体态语配合恰当	☐	☐	☐	0.05
对整段微格教学片段的评价：				

（请听课后在以上适当评价等级处画"√"）

表 A.2 讲解技能评价记录表

课题：   执教：

评价项目	好	中	差	权重
1. 讲解传授的知识信息与本课题内容密切联系	☐	☐	☐	0.15
2. 描述、分析概念清楚	☐	☐	☐	0.10
3. 能创设情景，激起学生兴趣	☐	☐	☐	0.10
4. 能启发学生思考，培养思维能力	☐	☐	☐	0.10
5. 采用相关的例子，类比等变化方法	☐	☐	☐	0.10
6. 讲解内容、方法与学生认知水平相当	☐	☐	☐	0.10
7. 声音清晰，语速适中，有感染力	☐	☐	☐	0.10
8. 讲解用词语规范化，科学化	☐	☐	☐	0.10
9. 与其他技能配合，能与学生呼应	☐	☐	☐	0.10
10. 注意来自学生的反馈，并及时反应调整	☐	☐	0.05	0.05
对整段微格教学片段的评价：				

（请听课后在以上适当评价等级处画"√"）

表 A.3　导入技能的评价标准

课题：　　　　　　　　　　　　　　　　　　　　　　　　　　　执教：

评价项目	好	中	差	权重
1. 目的明确,能将学生导入课题情景	□	□	□	0.20
2. 导入吸引了全班学生的注意力	□	□	□	0.15
3. 导入的方法很有趣	□	□	□	0.15
4. 导入用的演示效果好	□	□	□	0.10
5. 导入具有启发性	□	□	□	0.10
6. 导入内容与要研究的概念联系紧密	□	□	□	0.10
7. 教师的教态自然,语言清晰	□	□	□	0.15
8. 导入的时间掌握好	□	□	□	0.10
9. 导入能面向全班学生	□	□	□	0.05
对整段微格教学片段的评价：				

（请听课后在以上适当评价等级处画"√"）

表 A.4　提问技能的评价标准

课题：　　　　　　　　　　　　　　　　　　　　　　　　　　　执教：

评价项目	好	中	差	权重
1. 提问的主题明确,与课题内容联系密切	□	□	□	0.15
2. 问题的难易程度适合学生认知水平	□	□	□	0.15
3. 提问有利于学生发展思维	□	□	□	0.10
4. 提问有层次,循序渐进	□	□	□	0.10
5. 提问能复习旧知识,引出新课题	□	□	□	0.10
6. 提问能把握时机,促使学生思考	□	□	□	0.10
7. 提问后稍有停顿,给予思考时间	□	□	□	0.05
8. 对学生的回答善于应变及引导	□	□	□	0.10
9. 能适当启发提示,点拨思维	□	□	□	0.10
10. 提问能得到反馈信息,促进师生交流	□	□	□	0.05
对整段微格教学片段的评价：				

（请听课后在以上适当评价等级处画"√"）

表 A.5　演示技能评价记录表

课题：　　　　　　　　　　　　　　　　　　　　　　　　　　　　　　　执教：

评价项目	好	中	差	权重
1. 演示的目的性介绍清晰扼要	□	□	□	0.10
2. 演示现象明显，能吸引全班学生的注意力	□	□	□	0.20
3. 演示中注重对学生观察与思维的引导	□	□	□	0.15
4. 操作演示动作科学、规范、有示范性	□	□	□	0.15
5. 演示程序清楚，关键步骤能重复	□	□	□	0.05
6. 演示与讲解等其他技能结合自然	□	□	□	0.10
7. 演示开始时能将仪器交代清楚	□	□	□	0.05
8. 演示时机选择、时量控制合理	□	□	□	0.10
9. 演示安全可靠、效果明显、结论明确	□	□	□	0.05
10. 对演示结果能实事求是地解释	□	□	□	0.05
对整段微格教学片段的评价：				

（请听课后在以上适当评价等级处画"√"）

表 A.6　板书技能评价标准

课题：　　　　　　　　　　　　　　　　　　　　　　　　　　　　　　　执教：

评价项目	好	中	差	权重
1. 板书设计与教学内容紧密联系，结构合理	□	□	□	0.20
2. 板书有条理，简洁	□	□	□	0.15
3. 文字书写规范	□	□	□	0.15
4. 板书大小适当，便于观看	□	□	□	0.15
5. 板书配合讲解，富有表达力	□	□	□	0.10
6. 能激发学生的思维和兴趣	□	□	□	0.15
7. 应用了强化手段，突出重点（如彩笔、加强符号等）	□	□	□	0.10
对整段微格教学片段的评价：				

（请听课后在以上适当评价等级处画"√"）

表 A.7 变化技能评价记录表

课题：   执教：

评价项目	好	中	差	权重
1. 能引起注意,有导向性	☐	☐	☐	0.10
2. 能强化教学信息传递	☐	☐	☐	0.10
3. 能有效激发学生兴趣	☐	☐	☐	0.10
4. 声音节奏、强弱变化适当	☐	☐	☐	0.15
5. 手势、动作变化自然得体	☐	☐	☐	0.15
6. 变化教学媒体,课堂生动活泼	☐	☐	☐	0.15
7. 师生相互作用变化	☐	☐	☐	0.15
8. 面对突发情况,能应变自如	☐	☐	☐	0.10
对整段微格教学片段的评价：				

（请听课后在以上适当评价等级处画"√"）

表 A.8 课堂结束技能评价记录表

课题：   执教：

评价项目	好	中	差	权重
1. 能准确概括知识要点,并使知识系统化	☐	☐	☐	0.20
2. 结束时安排有学生活动(练习,提问,小结等)	☐	☐	☐	0.15
3. 能有效地反馈教学效果,使学生对所学内容得到巩固、深化和运用,并能激发学生兴趣,引导学生进一步学习	☐	☐	☐	0.15
4. 有利于促进学生创造性思维	☐	☐	☐	0.10
5. 有效地组织和调动学生积极参与总结或练习	☐	☐	☐	0.10
6. 教师语言干净利索,情绪饱满	☐	☐	☐	0.10
7. 结束布置的作业及活动明确且面对全体学生	☐	☐	☐	0.10
8. 结束环节时间掌握紧凑、不拖沓	☐	☐	☐	0.10
对整段微格教学片段的评价：				

（请听课后在以上适当评价等级处画"√"）

表 A.9 课堂组织技能评价表

课题：   执教：

评价项目	好	中	差	权重
1. 语言恰当,要求明确,控制教学效果好	☐	☐	☐	0.15
2. 组织引导方法得当	☐	☐	☐	0.15
3. 能使学生始终处于积极状态	☐	☐	☐	0.15
4. 及时运用反馈,调整好教学	☐	☐	☐	0.10
5. 控制教学进度,时间掌握好	☐	☐	☐	0.10
6. 组织管理中能体现尊重学生	☐	☐	☐	0.10
7. 组织教学的方式灵活多样	☐	☐	☐	0.10
8. 面对各种情况,善于应变	☐	☐	☐	0.05
9. 处理少数和多数、个别和一般学生的策略方法恰当	☐	☐	☐	0.05
10. 教学进程自然,师生相互合作好	☐	☐	☐	0.05
对整段微格教学片段的评价：				

（请听课后在以上适当评价等级处画"√"）

表 A.10 说课量化评价表

项目	评价内容	等级分数			得分
		A	B	C	
教材分析 20%	说明教学内容的地位和作用	8	6	4	
	说明教学目标、要求及成因	7	6	4	
	教学重、难点及其成因分析	5	4	3	
教法分析 20%	阐述教法设计的理论依据和对激发兴趣、建构知识、培养能力、提高素质等方面的积极意义	8	6	4	
	说明实验或现代教育手段在突出重点、突破难点上的作用和优势	7	6	4	
学法指导 15%	说明教学反馈、控制与调节的措施及设计思想	5	4	3	
	能恰当分析学生的基础、能力、特点和素质	8	6	4	
	说明指导学生自我建构知识的措施、方法及成因	7	6	4	
	说明课堂引入的方式及其优越性	5	4	3	
过程分析 35%	重点说明教学过程中的关键环节对启发思维、建构知识、培养能力、提高素质等方面的作用	20	15	10	
	说明教学过程对体现新课程理念,实现教学目标的作用和意义	10	8	6	
教师素养 10%	教态端庄自然,语言简练生动,普通话准确且具有感染力;板书设计精练、有条理,辅助教学操作熟练	10	8	6	
满分	100分	得分			
特色加分	教学设计有创新可加1~3分,但总分不得超过100分				

表 A.11 评课技能评价量表

评价指标		评价等级
一级指标	二级指标	A B C D E
评课原则的掌握	客观公正,实事求是 兼顾整体,把握重点 理论联系实际,有理有据 语言精当,评议尺度适当 发现问题并提出解决方法或建议,指导性强	
评课量表的设计	指标体现评价目的 指标明确具体 分数权重分配合理	
总计		

表 A.12 基层课堂教学评价表

表现指标	表现好的例证	A B C D E	表现差的例证
教学设计	教学目标合理,内容选择适当,教学有明确重点,符合课程标准的要求		教学内容散乱 没有重点 重点明显偏离课标
	解决难点问题		回避难点
	符合学生的知识基础和能力水平 面向全体学生		内容明显低于学生的认知水平 多数学生难以理解
教学方法	教师能根据实际学习情况调整授课速度及内容		节奏过快或拖沓
	注意直观性,讲解结合 指导观察与思考 教学方法配合体现重点 灵活运用多种教学方法		照本宣科 不利用教材和教具 教学方法单一
	将概念和技能充分应用于日常情况,联系学过的材料		没有启发性 不注意知识的迁移
教学表达	教师的解释及指导均清楚并有系统 语言规范、简练、流畅 板书简要、工整、清晰、美观		教师的语言逻辑混乱,口齿不清、语速过快,板书杂乱
	抑扬顿挫、有激情		语调平板、不吸引学生
教师的学科知识	内容与科目相关且正确 教师掌握正确的应用技能 教师对学科的内容、应用及教学趋势有透彻的认识		出现科学性错误
教师态度及管理方式	教师教学投入、热情关心学生、有耐心		对学生冷淡、不耐烦
	师生关系融洽		教师是权威
	教师是指导者 用建议的方式解决纪律问题		用指责的方式解决纪律问题
学生情绪和课堂气氛	课堂气氛轻松活泼 学生情绪高涨,兴趣盎然		学生无精打采 气氛沉闷 师生缺乏交流
	活动的转换井然有序		课堂秩序混乱

附录 B 微格教学技能训练实验效果评价量表

表 B.1～表 B.4 为微格教学技能训练实验效果评价的相关量表。

表 B.1 微格教学技能训练实验效果评价表 1

姓名		班级、小组	
实验时间		实验项目	教学语言技能训练
教学内容			
小组成员自我量化评价（小组成员通过对自己讲课录像进行回放，并按照相应内容进行自我量化评估，以发现不足及时调整）	1. 身体动作 • 走动姿态自然大方(1分) • 走动频率适当(1分) 2. 面部表情 • 面部表情亲切自然不僵硬(1分) • 合理利用微笑对学生进行启发(1分) 3. 眼神运用 • 眼神能顾及所有学生(1分) • 眼神未有飘忽不定之感(1分) • 会利用眼神与学生进行交流(1分) 4. 手势运用 • 手势运用频率适当(1分) • 手势运用姿态大方自然(1分) • 准确把握手势的力度(1分) • 合理控制动作的范围(1分) 5. 教学口语 • 吐字清晰(1分) • 音量恰当，并有变化(1分) • 语速适中，结合教学需要，合理把握节奏，调节课堂气氛(2分) • 能利用语气、语调表达情感，增强口语表达的生动性(2分) • 用词准确，注意通俗化、口语化(2分) • 语法规范(1分)		
个人小结			
小组意见			

表 B.2　微格教学技能训练实验效果评价表 2

姓名		班级、小组	
实验时间		实验项目	导入与讲解技能训练
教学内容			
小组成员自我量化评价（小组成员通过对自己讲课录像进行回放，并按照相应内容进行自我量化评估，以发现不足及时调整）	1. 导入技能 • 导入自然，衔接恰当(1分) • 导入目的明确，针对性强(1分) • 新旧知识联系紧密，铺垫效果好(2分) • 导入时间恰当，安排紧凑(1分) • 能引起学生注意，激发学生需求(2分) • 能引起学生兴趣和积极性(2分) • 面向全体学生(1分) 2. 讲解技能 • 讲解内容、方法与学生的认知水平、能力相当(1分) • 语言科学，富有逻辑性，能为学生提供模仿范例(1分) • 内容组织合理，层次分明，条理清楚，结构完整(2分) • 注意强调、反馈，且时机恰当(1分) • 面向全体学生，激发学生兴趣，启发学生思维(2分) • 运用其他技能得当，构成讲解技能群，效果明显(2分) • 口齿清楚，感情充沛，有较强的感染力(1分)		
个人小结			
小组意见			

表 B.3　微格教学技能训练实验效果评价表 3

姓名		班级、小组	
实验时间		实验项目	教学问答技能训练
教学内容			
小组成员自我量化评价（小组成员通过对自己讲课录像进行回放，并按照相应内容进行自我量化评估，以发现不足及时调整）	1. 发问策略 • 问题要清晰(1分) • 保证高认知水平问题的适当比例(1分) • 能把学生的注意力组织在与学业内容有关的问题上(1分) • 依照具体目的，合理安排低认知水平和高认知水平问题的次序(1分) 2. 候答策略 • 发问后候答时间适当(1分) • 学生回答后候答时间适当(1分) 3. 叫答策略 • 保证每个学生有尽量多且均等的回答机会(1分) • 按一定形式(如座次、学号顺序、姓氏笔画等)依次请学生回答的、学生可预见的规则叫答方式(1分) 4. 理答策略 • 能对学生的正确回答给予恰当的肯定(1分) • 能在必要时给予恰当的表扬(1分)		
个人小结			
小组意见			

表 B.4　微格教学技能训练实验效果评价表 4

姓名		班级、小组	
实验时间		实验项目	强化与结束技能训练
教学内容			
小组成员自我量化评价（小组成员通过对自己讲课录像进行回放，并按照相应内容进行自我量化评估，以发现不足及时调整）	1. 强化技能 • 强化吸引了学生的注意力(2分) • 采用的目的明确，与教材联系紧密(2分) • 强化促进了学生参与教学活动(1分) • 强化时机恰当(1分) • 强化形式多样、灵活、自然(2分) • 教师运用强化技能时情感真诚(1分) • 强化技能的运用自然、流畅、科学(1分) 2. 结束技能 • 结束的目的明确(1分) • 结束的形式恰当，活动合理，符合学生特点(2分) • 结束的内容概括，与教学目标联系紧密(2分) • 注意调动学生积极性，激发学生兴趣(2分) • 注意对学生行为进行评价和反馈(1分) • 作业和练习明确、恰当，全体学生都能记下来(1分) • 时间掌握好，不拖堂(1分)		
个人小结			
小组意见			

参考文献

[1] 刘军,黄威荣.现代教育技术.北京:北京师范大学出版社,2010.
[2] 李世荣.现代教育技术.北京:清华大学出版社,2010.
[3] 雷体南,王峰.现代教育技术教程.武汉:华中科技大学出版社,2010.
[4] 程智.教师专业发展与现代教育技术.广州:暨南大学出版社,2007.
[5] 杨九民.现代教育技术.武汉:华中师范大学出版社,2005.
[6] 何克抗,郑永柏,谢幼如.教学系统设计[M].北京:北京师范大学出版社,2002.
[7] 祝智庭.现代教育技术——走向信息化教育[M].北京:教育科学出版社,2000.
[8] 王佑镁.基于 EPortfolio 的信息化教学评价策略研究[J].电化教育研究,2003(12).
[9] 王寅龙.信息化教学设计的过程、方法及评价要点探究[J].中国教育信息化,2011(06).
[10] 李桂芹.信息化教学评价量规的设计及应用研究[D].南京:南京师范大学,2005.
[11] 杨九民,梁林海.教学系统设计理论与实践[M].北京:北京大学出版社,2008.
[12] 信息化教学设计过程模式[DB/OL]. http://www.docin.com/p-222685883.html.
[13] 湖南第一师范学院网络精品课程:《多媒体 CAI 课件设计制作》.http://jpkc.hnfnu.edu.cn/2006-dmtcai/index.php.访问日期:2011.11.
[14] 百度百科:多媒体技术.http://baike.baidu.com/view/3503.htm.访问日期:2011.12.
[15] 尹敬齐.多媒体技术[M].北京:机械工业出版社,2010.
[16] 百度百科:多媒体.http://baike.baidu.com/view/3323.htm.访问日期:2011.11.
[17] 百度百科:多媒体课件.http://baike.baidu.com/view/620526.htm.访问日期:2011.11.
[18] 潘巧明.现代教育技术[M].北京:科学出版社,2009.
[19] 百度文库:多媒体课件的基本类型.http://wenku.baidu.com/view/a972ce659b6648d7c1c746a6.html.访问日期:2011.12.
[20] 张森.多媒体 CAI 课件基本原理与制作技术(第 2 版)[M].北京:北京航空航天大学出版社,2005.
[21] WordPress 中文文档:http://codex.wordpress.org.cn/.访问日期:2011.12.
[22] 微软中国官网:欢迎使用 Office.http://office.microsoft.com/zh-cn/.访问日期:2012.1.
[23] 如何制作一个好的 PowerPoint 课件.http://www.diyifanwen.com/kejian/PowerPointkejianzhizuojiaocheng/225909790.htm.访问日期:2012.1.
[24] PPT 模板.www.themegallery.com.访问日期:2012.1.
[25] 占松青,李小荣.利用 FlashMX 组件 MenuBar 制作网页导航菜单.景德镇高专学报[J].第 20 卷第 2 期.2005 年 6 月,p50~51.
[26] Macromedia Flash MX 2004"Flash 入门".
[27] Macromedia Dreamweaver MX 2004 入门和教程.
[28] Macromedia Dreamweaver 新手入门教程.http://www.wvdbs.com/thread-86-1-1.html.访问日期:2012.3.
[29] 陆峰,李新.Authorware 中结构化设计精品课件模板.现代教育技术,2006.4:p63~65.
[30] 陆峰.Authorware 多级菜单制作——热区交互实现菜单功能.现代计算机,2005.6:p98~100.
[31] Authorware 6.0 基础.http://www.eta.yn.edu.cn/peixun/dmtkfzz/pages/CH2NR/IN311.HTM.访问日期:2012.2.
[32] 李克东.数字化学习——信息技术与课程整合的核心,电化教育研究,2001(8):p49.
[33] 李克东.信息技术与课程整合的目标和方法.中小学信息技术教育.2002(4).

[34] Bruce Joyce & Marsha Weil. Models of Teaching(third edition). 1986:p2~3.
[35] 张升武.关于教学模式的探讨.教育研究,1988(5).
[36] 吴也显.课堂教学模式浅谈.教育研究与实验,1988(1).
[37] 柳海民.略论教学过程模式研究的意义.东北师大学报(教育版),1988(4).
[38] 叶澜.新编教育学教程.上海:华东师范大学出版社,1993:p104.
[39] http://wenku.baidu.com/view/73ad0c966bec0975f465e2f6.html.
[40] http://wenku.baidu.com/view/9f3d4a896529647d2728523f.html.
[41] 教育部.英语课程标准(实验稿)[S].北京:北京师范大学出版社,2003.
[42] 曾童.信息技术与英语课程整合的教学设计.上饶师范学院优秀本科毕业论文.
[43] 赵虎,程冬梅.高中物理《牛顿第二定律》整合案例.中小学电教,2004(4).
[44] http://www.cd.whjy.net/cdqshzzxxx/index.asp.
[45] 百度文库:多媒体教室方案.http://wenku.baidu.com/view/375eddc04028915f804dc262.html?from=rec&pos=2&weight=17&lastweight=17&count=3.访问日期:2012.2.
[46] 王春生.试谈多媒体教室建设[J].电脑编程技巧与维护,2010年14:p142~147.
[47] 硅谷动力:从种类划分和技术指标入手选择投影屏幕.http://www.enet.cn/article/2004/0521/A20040521310587.shtml.访问日期:2012.2.
[48] 郝荣.浅谈多媒体教室的构建和维护[J].中国集体经济,2011年03:p160~161.
[49] 姜辉.网络环境中多媒体教室的整体规划研究[J].黑龙江科技信息,2009年07:p117.
[50] 方向阳.多媒体教室集群管理平台的设计与实现[J].软件导刊(教育技术),2011.6.
[51] 陈宇红.多媒体教室管理的未来趋势[J].南通职业大学学报,2011年02:p51~53.
[52] 金智勇,卢子洲.可视化多媒体教室网络群控系统的组建实践[J].电化教育研究,2009年07:p49~52.
[53] 杨守斌.高校现代教育技术环境构建的研究[J].现代远距离教育,2008年04:p53~55.
[54] 张机.谈多媒体网络教室的发展与应用[J].中国职业技术教育,2006年09:p45-46.
[55] 广西师范大学网络精品课程:《现代教育技术》.http://wlzy.jky.gxnu.edu.cn/xdjyjs/Article_Show.asp?ArticleID=114.访问日期:2012.3.
[56] 奥威亚技术解决方案.http://www.ava.com.cn/.访问日期:2012.2.
[57] 吕梁高专电教中心:微格教学系统.http://www.llhc.edu.cn/djzx/weige/wg.htm.访问日期:2012.2.
[58] 新乡学院现代教育技术中心:微格教学系统.http://xjzx.xxu.edu.cn/edu/weigext.html.访问日期:2012.3.
[59] 道客巴巴:微格教学系统操作指南.http://www.doc88.com/p-67111643968.html.访问日期:2012.2.
[60] 百度百科:微格教学.http://baike.baidu.com/view/29943.htm.访问日期:2012.2.
[61] 周口师范学院教师教育训练中心:微格教学单项技能评价表.http://jsjy.zknu.edu.cn/news.asp?id=33.访问日期:2012.3.
[62] 百度文库:微格教学十种技能的评价表.http://wenku.baidu.com/view/e9f8fa40336c1eb91a375d88.html.访问日期:2012.2.
[63] 百度文库:微格教学技能训练实验效果评价表.http://wenku.baidu.com/view/b91e1713a216147917112824.html.访问日期:2012.2.
[64] 安阳师范学院精品课程:《现代教育技术》课程教案.http://jpkc.aynu.edu.cn/cmxy/xdjyjs/index.asp.访问日期:2012.3.
[65] http://www.cd.whjy.net/cdqshzzxxx/index.asp.
[66] 赵虎,程冬梅.高中物理《牛顿第二定律》整合案例.中小学电教,2004(4).
[67] 曾童.信息技术与英语课程整合的教学设计.上饶师范学院优秀本科毕业论文.
[68] 教育部.英语课程标准(实验稿)[S].北京:北京师范大学出版社,2003.
[69] http://wenku.baidu.com/view/9f3d4a896529647d2728523f.html.

[70] http://wenku.baidu.com/view/73ad0c966bec0975f465e2f6.html.
[71] Bruce Joyce & Marsha Weil. Models of Teaching(third edition).1986；p2~3.
[72] 张升武.关于教学模式的探讨.教育研究,1988(5).
[73] 吴也显.课堂教学模式浅谈.教育研究与实验,1988(1).
[74] 柳海民.略论教学过程模式研究的意义.东北师大学报(教育版),1988(4).
[75] 叶澜.新编教育学教程.上海：华东师范大学出版社,1993；p104.
[76] 李克东.信息技术与课程整合的目标和方法.中小学信息技术教育.2002(4).

图 书 资 源 支 持

感谢您一直以来对清华版图书的支持和爱护。为了配合本书的使用,本书提供配套的资源,有需求的读者请扫描下方的"书圈"微信公众号二维码,在图书专区下载,也可以拨打电话或发送电子邮件咨询。

如果您在使用本书的过程中遇到了什么问题,或者有相关图书出版计划,也请您发邮件告诉我们,以便我们更好地为您服务。

我们的联系方式:

地　　址: 北京海淀区双清路学研大厦 A 座 707

邮　　编: 100084

电　　话: 010-62770175-4604

资源下载: http://www.tup.com.cn

电子邮件: weijj@tup.tsinghua.edu.cn

QQ: 883604(请写明您的单位和姓名)

用微信扫一扫右边的二维码,即可关注清华大学出版社公众号"书圈"。

资源下载、样书申请

书圈